# Deutschbuch

Gymnasium

Berlin, Brandenburg, Mecklenburg-Vorpommern, Sachsen, Sachsen-Anhalt, Thüringen

**10**

## Arbeitsheft

Herausgegeben von
Andrea Wagener

Erarbeitet von
Angela Mielke, Deborah Mohr, Christoph Fischer, Donata Greis, Luzia Scheuringer-Hillus, Katharina Jansen, Andrea Wagener und Mareike Zastrow



Deine **interaktiven Gratis-Übungen** findest du hier:

1. Gib den unten stehenden Zugangscode in die Box ein.
2. Hab viel Spaß mit deinen Gratis-Übungen.

Dein Zugangscode auf go.cornelsen.de | 4vj8-x7-jyxb

Cornelsen

# Inhaltsverzeichnis

# Deutschbuch

Gymnasium

Berlin, Brandenburg, Mecklenburg-Vorpommern, Sachsen, Sachsen-Anhalt, Thüringen

**Arbeitsheft**
**Lösungen**

Illustration links: Christiane Grauert, Milwaukee (USA); Abbildung rechts: Shutterstock/bekulnis

**10**

Cornelsen

# Materialgestützt informieren

## Eine Informationstext untersuchen

### Seite 5

**2** Über die folgenden drei Aspekte wird im Hauptteil informiert:
- Einsatzbereiche von biometrischen Verfahren? ▶ Z. 20–24
- Vor- und Nachteile biometrischer Identifizierungsverfahren ▶ Z. 25–40
- Erklärung „Biometrie" und der Funktionsweise biometrischer Verfahren ▶ Z. 6–19

**3** An der folgenden Formulierung lässt sich ein Hinweis auf das verwendete Material erkennen:
- Aber wie schätzen Experten diese neuen Identifizierungsmöglichkeiten ein? Die Vorteile biometrischer Authentifizierungsmethoden liegen auf der Hand, erläutert der IT-Experte Dr. Michael Süß in einem Interview: Die Nutzer/-innen haben auf diesem Wege ihre Anmeldedaten immer bei sich und können sie weder vergessen noch verlieren. Außerdem haben biometrische Daten einen hohen Grad an Fälschungssicherheit, denn sie werden – anders als Passwörter – nicht handschriftlich notiert oder finden sich im Browserverlauf des Computers wieder. Dieser Meinung sind auch die Nutzer/-innen: So halten laut einer Umfrage 68 % der Befragten die biometrische Technologie für sicherer als die Identitätsprüfung über Passwörter. Andererseits ist die biometrische Identifizierung aber auch nicht unfehlbar, erklärt der IT-Experte. (▶ Z. 25–33)
- Wenn biometrische Daten gehackt werden, gibt es keinen Weg zurück, warnt der Experte Dr. Süß. (▶ Z. 38–39)

**4** a Jugendliche

b In der Einleitung (▶ Z. 1–5) und im Schlussteil (▶ Z. 41–44) werden die Leser/-innen persönlich mit „ihr" angesprochen. Daraus lässt sich schließen, dass die Adressaten Jugendliche sind. Zudem merkt man anhand der anschaulichen Beispiele und einfachen Erklärungen, dass der Informationstext an Leser/-innen ohne größere Vorkenntnisse gerichtet ist. (Ein Text über Biometrie für ein Fachpublikum, z.B. für Datenschutzbeauftragte aus dem Bereich der IT-Sicherheit, würde mehr Fachbegriffe beinhalten und auf einem anderen „Informationsniveau" einsteigen.)

**5** Mögliche Lösungen:
- Biometrische Erkennungsverfahren – Eine clevere Identifizierungstechnik?
- Biometrie – Identifizierungsmöglichkeiten 2.0

## Einen Informationstext verfassen

### Seite 10

**3** a + b

In den Materialien (▶ S. 6–9) finden sich Informationen zu den folgenden Aspekten (Themen).
- Gründe, warum Menschen gern in andere Rollen schlüpfen und an Cosplay interessiert sind
- Einfluss von Rollenspielen auf das Selbstbewusstsein, das Verhalten und unsere Identitätsfindung
- Mögliche negative Auswirkungen von Rollenspielen, z.B. Cosplay als Flucht vor Realität

**M1**

*Rollenspiele, zum Beispiel in Form von sogenanntem Cosplay (Costume Play), bei dem sich Anime- und Comic-Fans in ihre Lieblingsfiguren verwandeln, erfreuen sich immer größerer Beliebtheit. Doch warum gibt es diese Communitys? Was steckt hinter dieser Leidenschaft und warum gibt es Menschen, die gerne in andere Rollen schlüpfen und sich so völlig neu erfinden? Wir haben bei Psychologin Caroline Erb nachgefragt, was dahintersteckt.*

**In andere Rollen zu schlüpfen, warum tun Menschen das?**

Es gibt viele Gründe, warum Menschen in andere Rollen schlüpfen, sich mit der Verkleidung ihrer Lieblings-Comic-Helden eine neue Persönlichkeit geben oder bei Rollenspielen einfach mal ein Wochenende in die Welt des Mittelalters eintauchen. Es sorgt für Ablenkung und lässt manche den Alltag für eine kurze Zeit vergessen. Oft ist es auch einfach eine schöne Möglichkeit, seine verschiedenen Persönlichkeitszüge auszuleben. Menschen, die zum Beispiel Teil einer Cosplay- oder Rollenspiel-Community sind, treffen so eine Gemeinschaft mit ähnlichen

Interessen und es bilden sich Freundschaften. In andere Rollen zu schlüpfen, kann außerdem das Selbstbewusstsein stärken.

**Sind Rollenspiele auch eine Flucht vor dem Alltag?**

Es muss nicht unbedingt eine Flucht sein. Wenn Rollenspiele extrem betrieben werden, kann es natürlich eine sein. Aber das Spiel mit den Rollen kann auch so verstanden werden, als würde man sich den Alltag versüßen wollen, indem man wie beim kindlichen Spiel Gefühle artikuliert und ausdrückt, die sonst im Alltag zu kurz kommen. Man kann es auch ein bisschen als großes Selbsterfahrungsfeld ansehen, in dem man seine Fantasien durch dieses Rollenspiel auslebt. Es ist halt immer die Frage: Wird das nur als Hobby oder Freizeitbeschäftigung gesehen? Oder tritt es so stark in den Alltag, dass dann für anderes keine Zeit bleibt? Hier muss man sich individuell die Frage stellen, was da im Einzelnen dahintersteckt.

**Kritiker würden wohl behaupten, es sei eine Art, vor Problemen wegzulaufen?**

Auch das muss nicht sein. Wie gesagt, es kann sogar das Selbstbewusstsein stärken, ähnlich wie bei Kindern. Der ängstliche Typus kann sich vielleicht durch eine Heldenfigur stärker fühlen als sonst oder sich einfach in verschiedenen Rollen ausprobieren. Natürlich, wenn das einer als Flucht vor der Realität ansieht und alle möglichen Konfliktfelder stehen lässt und nicht löst, dann ist es anders zu bewerten, aber oft geht es auch um die Erfüllung von Wünschen und Sehnsüchten, die die Realität nicht immer leisten kann. Da gibt es einfach verschiedene Möglichkeiten, das auszulösen.

**Kann diese Art von Rollenspielen Einfluss auf das Selbstbewusstsein haben?**

Ja, sogar so weit, dass es das Selbstbewusstsein eigentlich eher stärken kann. Man kann sich in eine andere Figur hineinversetzen. Das kann sogar die Empathiefähigkeit, die Kreativität und die Fantasie beflügeln. Man kann Persönlichkeitsanteile zum Leben erwecken und fördern und stärken, die vielleicht sonst eher schlummern oder im Büro oder im Job nicht so eine große Entfaltung finden. Manchmal hilft auch die Maske, die Verkleidung, dass man plötzlich selbstbewusster dastehen kann, weil man nicht gleich in eine bekannte Schublade gesteckt wird.

**Kann das auch negative Auswirkungen oder Folgen haben?**

Es geht eigentlich um die Dosis. Wie weit spielt z.B. Cosplay in meinem Alltag eine so große Rolle, dass andere Dinge zu kurz kommen? Oder hänge ich in dieser Rolle fest und kann mich wieder schwer in den Alltag und die Realität einfinden? Das ist schon wichtig, dass man klar unterscheidet, dass man sagt: „Okay, am Abend oder bei dem Fest am Wochenende schlüpfe ich vielleicht mal hin und wieder in die und die Rolle, aber am Montag um acht in der Früh switche ich dann wieder in mein Alltagsprogramm und kann mich da auch wieder gut einleben und einfinden."

**Wo sind die Grenzen? Ab wann merkt man, dass jemand Gefahr läuft, sich in seiner Rolle zu verlieren?**

Das würde das Umfeld sicher sehr schnell merken, wenn man zum Beispiel Schwierigkeiten hat, den Alltag zu erledigen, und sich immer mehr von Freunden oder von der Familie, die dieses Hobby nicht so teilt, zurückzieht. Es lebe die Vielfalt! Es kommt auch immer drauf an, wie sehr die anderen Lebensbereiche davon beeinträchtigt oder belegt sind. Wichtig ist natürlich auch: Wenn es das Selbstbewusstsein stärkt, die Kreativität beflügelt, wenn man vielleicht auch neue Freunde dadurch kennen lernen kann und aus festgefahrenen Mustern hin und wieder ausbricht, kann das auch einen gewissen psychohygienischen Wert haben und dagegen ist grundsätzlich überhaupt nichts einzuwenden.

**M2**

Das Kostümieren hat eine lange Tradition. „Verkleidungen sind in ganz unterschiedlichen Kulturen seit vielen Jahrtausenden zu gewissen Zeiten Brauch", erklärt der Psychologe Karl-Heinz Renner. Es gibt psychologische Gründe, warum das Verkleiden für viele Menschen so reizvoll ist. Einer ist die Möglichkeit, der angestammten Rolle zu entfliehen. Denn im Alltag nehmen wir ganz verschiedene Rollen ein – meist ohne uns dessen bewusst zu sein. Wir sind Kinder, Mütter oder Väter, agieren als Freund oder Kollege und erfüllen im Beruf mehr oder weniger gut die Erwartungen, die unsere Position und Aufgabe uns vorgeben. Wenn wir uns jedoch verkleiden, schlüpfen wir in eine ganz andere Rolle – und tun dies bewusst. Wir entscheiden mit unserem Kostüm selbst, ob wir König oder Bettler, Engel oder Teufel sein wollen. Damit bietet uns die Verkleidung eine Chance, Verhaltensweisen zu zeigen, die wir in unseren Alltagsrollen nicht zeigen können oder wollen. Damit kann die durch unser Kostüm explizite Rolle auch einen Schutzraum bieten, um Verhaltensweisen zu erproben. „Ein schüchterner Mann kann, als Fürst oder König verkleidet, versuchen, selbstbewusster aufzutreten", sagt Renner. „Wenn er dabei nicht ankommt oder sogar Missfallen hervorruft, kann er immer sagen, das war jetzt nicht ich, sondern die Rolle, die ich

gerade spiele, das war ja gar nicht ernst gemeint." Wenn unsere explizite Rolle des Fürsten oder Königs aber ankommt, eröffnen sich ganz neue Möglichkeiten des Kontakts und der Kommunikation.
Welches Kostüm wir wählen, sagt einiges über unser Innenleben aus. Ein Beispiel ist das klassische und immer wieder beliebte Piratenkostüm: „Es repräsentiert unsere anarchische, wilde, freiheitsliebende Seite – ganz nach dem Motto: Ich nehme mir, was mir gefällt", erklärt die Psychologin Katja Mierke von der Hochschule Fresenius. Eine solche wilde Seite schlummere in vielen von uns, doch die Konventionen des Alltags erlauben es uns oft nicht, diese Eigenschaften auszuleben. Ein anderes Beispiel sind Verkleidungen, mit denen Menschen sich in ein Idol verwandeln: Ob Popstars wie Lady Gaga und Michael Jackson oder fiktionale Helden wie Luke Skywalker aus „Star-Wars" oder ein Superheld aus den „Avengers". Mit diesen Kostümen verleihen wir uns vorübergehend bestimmte Merkmale dieser Helden und Stars.
Das Spannende am Verkleiden ist aber nicht nur die Reaktion der anderen Menschen auf unser Kostüm: Die Verkleidung hat auch Rückwirkung auf unsere Gefühle und unser Verhalten – oft ohne dass wir uns dessen bewusst sind. „Allein durch das Tragen eines Piratenoutfits entstehen Gefühle, die wir mit dem Piratendasein assoziieren. Wir denken und bewegen uns dann auch anders als im Feenkleidchen oder im Anzug", sagt Mierke. Wer in ein Kostüm schlüpft, verwandelt sich deshalb auch innerlich ein wenig und wird seiner Rolle unwillkürlich ähnlicher. Psychologische Studien zeigen, dass Kleidung über das Tragegefühl auf der Haut und die mit ihr assoziierten Rollen auch unbewusste Prozesse in unserem Gehirn beeinflusst. „Trugen Teilnehmerinnen eines Versuchs einen Blazer, wurden eine seriösere Haltung und Gefühle von Macht und Kompetenz aktiviert", berichtet Mierke. Das sei auch auf Kostüme übertragbar.

M3

Wenn gut 60 Comic-Helden durch Berlin Kreuzberg ziehen, dann sorgt das für Aufsehen. Die Reaktionen sind dabei ganz unterschiedlich: Von Café-Besuchern, die sich augenrollend fragen: „Was sind das denn für Freaks?", über Tuscheleien hinter vorgehaltener Hand bis hin zu japanischen Touristen, die mit ihnen im Sekundentakt Fotos knipsen. „Man muss sich ein dickes Fell zulegen", sagt Diana, die die bunte Gruppe anführt. Die 28-Jährige ist seit sechs Jahren Cosplayerin. Der Begriff „Cosplay" setzt sich aus den englischen Wörtern „costume" und „play" zusammen. Ursprünglich aus Japan, schwappte der Kostüm-Trend in den 1990er-Jahren auch nach Deutschland. Wie groß die Szene hier mittlerweile ist, lässt sich schwer sagen. Genaue Zahlen, so Gabriele Rohmann, Leiterin des Archivs für Jugendkulturen in Berlin, „sind nur bedingt aussagekräftig." Beim Internetportal „Animex" sind etwa 100.000 Nutzer angemeldet, nationale Cosplay-Conventions wie die „AnimagiC" kommen auf circa 15.000 Besucher. Auch Diana reist viel in der Bundesrepublik herum und nimmt an den unterschiedlichen Cosplay-Events teil. Im Jahr kommt sie auf gut 20. Tendenz steigend.
Ihr Aussehen ist Diana besonders wichtig. Für sie ist Cosplay mehr als nur das bloße Kostümieren wie an Karneval. Es ist eher die hohe Kunst des Verkleidens. Denn Cosplayer schlüpfen nicht nur äußerlich in die Rolle ihres Helden, sondern nehmen auch dessen Verhalten an. Für Expertin Gabriele Rohmann ein spielerischer Weg zur eigenen Identitätsfindung: „Es stehen den jungen Menschen mehr Möglichkeiten offen, Sachen auszuprobieren. Sie erforschen den Umgang mit eigenen Selbstbildern und dem, was oder wer sie sein wollen." Diana ist heute das Wasserpokemon „Karpador", eine etwas dusselig guckende Kreuzung aus Karpfen und Drachen.
Ihr Kostüm hat sie selbst genäht – in knapp anderthalb Wochen. Kosten: 30 Euro. Insgesamt hängen in Dianas Kleiderschrank zwölf Kostüme, alle selbst geschneidert. Ihr teuerstes hat sie mehrere Hundert Euro gekostet. „Andere geben ihr Geld jeden Monat für Zigaretten, Alkohol und Partys aus und ich halt dafür", sagt die Berlinerin. Der Drang nach Perfektion kann bei Cosplayern auch negative Folgen haben. Die selbsternannte „lebende Barbie" Valeria Lukyanovas oder ihr Anime-Pendant Anastasiya Shpagina lassen sich operieren, schnüren sich für eine Wespentaille in Korsagen ein und hungern sich bis auf die Knochen ab. Es gibt Jugendliche, die so sehr eins mit ihrem Comic-Helden werden wollen, dass sie es mit ihrer Vollkommenheit maßlos übertreiben. „Da sind die Grenzen von Cosplay definitiv erreicht", sagt die 28-jährige Diana. Eine Puppe als Schönheitsideal, davon rät sie gerade jungen Mädchen ab.

**4** In den Materialien finden sich besonders viele Informationen zu folgenden drei Themenschwerpunkten:
- Gründe, warum Menschen gern in andere Rollen schlüpfen und an Cosplay interessiert sind
- Einfluss von Rollenspielen auf das Selbstbewusstsein, das Verhalten und unsere Identitätsfindung
- mögliche negative Auswirkungen von Rollenspielen, z.B. Cosplay als Flucht vor Realität

(Zwar werden im Text auch die Reaktionen auf das Outfit einer Cosplayerin in Berlin-Kreuzberg beschrieben, jedoch ist dies nur ein Nebenaspekt, zu dem die Materialien nicht besonders viele Informationen liefern. Das Gleiche trifft auf die Entwicklung der Entstehung der Cosplay-Szene zu, die in M2 erwähnt wird.)

**5** Cosplay ist ein Hobby, das man mit Freunden teilen kann und das zum Mitmachen anregt. Über 39 % der Cosplayer/-innen sagen, dass ihr Freundeskreis an Cosplay interessiert ist. 21 % aller Cosplayer/-innen haben sogar ihre Freunde zum Cosplay motiviert.

## Seite 11

**6** a Eine sinnvolle Gliederung für den Text ist die Gliederung links, also:
- Gründe, warum Menschen gern in andere Rollen schlüpfen und an Cosplay interessiert sind
- Einfluss von Rollenspielen auf das Selbstbewusstsein, das Verhalten und unsere Identitätsfindung
- mögliche negative Auswirkungen von Rollenspielen, z.B. Cosplay als Flucht vor Realität

(Über die negativen Auswirkungen des Cosplays (3. Aspekt) zu schreiben, bevor man sagt, warum Menschen in andere Rollen schlüpfen und an Cosplay interessiert sind (1. Aspekt), wäre inhaltlich nicht sinnvoll, weil die Leser/-innen zuerst allgemeine Informationen zum Thema erhalten sollten und dann über spezielle Themenaspekte informiert werden sollten. (Zudem behandeln die Aspekte 1 und 2 tendenziell positive Aspekte des Cosplay, während der 3. Aspekt das Cosplay problematisiert, weshalb die Aspekte 1 und 2 mehr zusammengehören.)

b So oder ähnlich sollte der Schreibplan aussehen:

1 **Gründe, warum Menschen gern in andere Rollen schlüpfen und an Cosplay interessiert sind**
- Ablenkung vom Alltag, Eintauchen in eine neue Welt
- angestammter Rolle entfliehen, neue Persönlichkeit/Persönlichkeitszüge ausprobieren, neue Verhaltensweisen zeigen und erproben (ängstlicher Typ → Held)
- Selbsterfahrungsfeld, Fantasien und Gefühle ausleben, die in Realität zu kurz kommen
- Cosplay-Community mit gleichen Interessen, Möglichkeit, neue Kontakte/Freundschaften zu knüpfen (Grafik)
- Stärkung des Selbstbewusstseins und der Kreativität

2 **Einfluss von Rollenspielen auf das Selbstbewusstsein, das Verhalten und unsere Identitätsfindung**
- Selbstbewusstsein kann gestärkt werden
- Selbsterfahrungsfeld: Man lernt sich selbst über die Rolle besser kennen / spielerischer Weg zur eigenen Identitätsfindung
- Persönlichkeitsanteile ausleben, die im Alltag keine Entfaltung finden, z.B. anarchische, wilde, freiheitsliebende Seite (Pirat) oder selbstbewusster auftreten (König)
- durch Maske/Verkleidung nicht direkt in bekannte Schublade gesteckt
- Verkleidung hat Rückwirkung auf Gefühle und Verhalten, Helden-/Piratenkostüm ermöglicht uns wilde, selbstbewusste Seite auszuleben
- sobald man in Rolle schlüpft, gleicht man sich dieser auch innerlich an (z.B. Nachweis in psychologischen Studien, in denen Blazer seriösere Haltung und Gefühle von Macht und Kompetenz aktiviert)

3 **Mögliche negative Auswirkungen von Rollenspielen, z.B. Cosplay als Flucht vor Realität**
- statt Abwechslung vom Alltag Flucht aus dem Alltag
- keine Zeit mehr für wichtigere Dinge; Schwierigkeiten dabei, den Alltag zu bewältigen
- Rückzug von Freunden und Familie; Beeinträchtigung anderer Lebensbereiche
- Misslingen des Wechsels zwischen Alltags- und Freizeitprogramm: in Rolle stecken bleiben und nicht mehr in Realität einfinden
- Drang nach Perfektion birgt Gefahr: Schönheitsoperationen oder Runterhungern, um sich der Lieblingsfigur optisch anzugleichen („lebende Barbie")

**7** Mögliche Lösung:

**Cosplay – Persönlichkeitsentwicklung durch Rollenspiele**
Einmal ein Superheld, ein Bösewicht oder ein engelsgleicher Elf sein und in eine andere Rolle schlüpfen? Beim sogenannten Cosplay, einem Begriff aus den englischen Wörtern „costume“ und „play“, verkleiden sich Menschen als ihre Lieblingsfiguren aus Anime und Comic. Doch was steckt hinter diesem Verkleidungstrend und warum schlüpfen Menschen in andere Rollen?

Für Psychologen wie Caroline Erb und Karl-Heinz Renner gibt es viele Gründe, warum Menschen gern in andere Rollen schlüpfen. Während man im Alltag meist auf wenige Rollen festgelegt ist, kann man beim Cosplay neue Rollen und Verhaltensweisen spielerisch ausprobieren. Ein ängstlicher Typ kann beispielsweise in die Rolle eines Helden schlüpfen und dessen Verhaltensweisen ausprobieren. Als Selbsterfahrungsfeld erlaubt Cosplay, Gefühle und Fantasien auszuleben, die in der Realität nicht ausgelebt werden können. Man kann in eine andere Welt eintauchen und den Alltag für eine Weile vergessen. Zudem bietet Cosplay auch die Möglichkeit, neue Kontakte oder sogar Freundschaften zu knüpfen, denn Cosplay macht erst richtig Spaß, wenn man es innerhalb einer Gemeinschaft ausübt. Cosplay ist auch ein Hobby, das zum Mitmachen anregt. So haben laut einer Umfrage über 39 % der Cosplayer/-innen gesagt, dass ihr Freundeskreis an Cosplay interessiert ist. 21 % aller Cosplayer/-innen haben sogar Freunde zum Cosplay motiviert.
Interessant ist auch der Einfluss, den Rollenspiele wie Cosplay auf unser Verhalten, unser Selbstbewusstsein und unsere Identität haben können. Laut Gabriele Rohmann, der Leiterin des Archivs für Jugendkulturen in Berlin, ist Cosplay ein spielerischer Weg zur eigenen Identitätsfindung. Über die verschiedenen Rollen lernt man sich selbst besser kennen, was einen spielerischen Weg zur eigenen Identitätsfindung darstellen kann.
Das Rollenspiel kann auch einen direkten Effekt auf unser Selbstbewusstsein haben, z.B. wenn ein schüchterner, ängstlicher Mensch in der Rolle eines Helden oder Königs selbstbewusster auftritt. Wie das funktioniert, macht die Psychologin Katja Mierke am Beispiel des anarchischen, freiheitsliebenden Piraten deutlich. Sobald man in eine solche Rolle schlüpfe, trete man auch selbstbewusster auf, denn die Verkleidung habe Rückwirkung auf unsere Gefühle und Verhaltensweisen. Dies bestätigen auch psychologische Studien: In einem Versuch trugen Teilnehmer/-innen einen Blazer, wodurch in ihnen eine seriösere Haltung und Gefühle von Macht und Kompetenz aktiviert wurden.
Kommen wir zur Frage, ob Cosplay auch negative Auswirkungen haben kann. Die Psychologin Caroline Erb meint, dass Cosplay dann zur Gefahr werde, wenn es zu einer Flucht aus dem Alltag werde. Sobald man durch das Cosplay andere Lebensbereiche wie etwa Familie, Freunde oder gar den Beruf vernachlässige, könne dies ein Anzeichen dafür sein, dass der Wechsel zwischen Alltag und Freizeitprogramm nicht mehr funktioniere und man in seiner Rolle festhänge, so Erb. Bedenken ergeben sich auch, wenn der Drang nach Perfektion so weit führt, dass man Schönheitsoperationen durchführt oder magersüchtig wird, um sich seiner Lieblingsfigur optisch anzugleichen.

Cosplay ist die ideale Gelegenheit, seine verschiedenen Identitätsfacetten auszuleben. Wer ein kreatives und außergewöhnliches Hobby sucht und Spaß am Verkleiden hat, findet mit Cosplay die optimale Gelegenheit, seinen Alltag mit all seinen Konventionen für einen Moment zu vergessen. Also: Warum nicht zur nächsten Cosplay-Conventions oder Gamescom gehen und neue Kontakte knüpfen?

Die **Überschrift** fasst den Inhalt des Artikels pointiert zusammen.

Die **Einleitung** führt ins Thema ein.

Der **Hauptteil**
- benennt Gründe, warum Menschen gern in andere Rollen schlüpfen und an Cosplay interessiert sind,
- beschreibt den Einfluss von Rollenspielen auf das Selbstbewusstsein, das Verhalten und unsere Identitätsfindung,
- erläutert mögliche negativen Auswirkungen von Rollenspielen, z.B. Cosplay als Flucht vor Realität,
- ist sachlich formuliert,
- gibt die die Informationen aus den Materialien sinngemäß und in eigenen Worten wieder,
- verweist auf die Quellen in den Materialien.

Der **Schluss** rundet den Artikel ab und fasst die Informationen treffend zusammen.

**+8** Individuelle Lösung

# Sich bewerben

## Ein Bewerbungsschreiben untersuchen

### Seite 12

**1** a Elemente in der Reihenfolge der Pfeile:
- Adresse der Absenderin
- Datum
- Adresse der Empfängerin
- Betreffzeile
- Höfliche Anrede
- Grußformel mit Unterschrift

b Mögliche Lösung:
Erster Satz kommt gleich auf den Punkt; Erläuterung der eigenen Stärken und Eignung für die Ausbildung; Begründung für die Wahl des Unternehmens

## Eine Bewerbungsschreiben verfassen

### Seite 13

**1** Mögliche Markierungen:

**Steckbrief von Jean**
**Persönliche Eigenschaften:**
ungeduldig, chaotisch, teamfähig, kommunikativ, aufgeschlossen, kreativ, sportlich
**Erfahrungen:**
Kinderbetreuung in Abenteuer-Feriencamps, Berufspraktikum im Jugendzentrum (9. Klasse)
**Interessen:**
Natur, Sprachen, Fußball, Gitarre

**2** Im Kopf des Bewerbungsanschreibens müssen noch die Adresse des Empfängers, das Datum und die Betreffzeile ergänzt werden, z.B.:

Montessori-Kinderhaus Ribnitz
z.H. Simon Maurer
Hauptstraße 3
1xxxx Ribnitz-Damgarten

Magdeburg, den ...

**Bewerbung für ein Freiwilliges Soziales Jahr im Montessori-Kinderhaus**

### Seite 14

**3** a Geeigneter erster Satz für das Bewerbungsanschreiben:
- ich habe viel Freude an der Arbeit mit Kindern und großes Interesse, einen Einblick in die Montessoripädagogik ...

b Mögliche Begründung:
klingt interessiert und sympathisch, ist mit einem Bezug zur Montessoripädagogik konkret auf die Stelle zugeschnitten

**4** Mögliche Lösung:

> Meine Stärken liegen vor allem darin, dass ich sehr aufgeschlossen, kommunikativ und teamfähig bin. Bereits bei meinem Berufspraktikum in einem Jugendzentrum konnte ich zahlreiche Erfahrungen im Bereich der Kinderbetreuung sammeln. Auch mein Interesse für Sport könnte ich bei Ihnen gut einbringen und das Team z. B. durch die Begleitung sportlicher Aktivitäten unterstützen. Hinzu kommt meine Begeisterung für Musik, die ich sehr gerne an die Kinder weitergeben würde, z. B. durch das Angebot einer Gitarren-AG.
> Seit 2022 betreue ich regelmäßig Abenteuer-Feriencamps für Kinder. Hier konnte ich den Kindern mein Interesse für die Natur nahebringen und zahlreiche Erfahrungen in der Umweltpädagogik sammeln, die ich gut für die Tätigkeit bei Ihnen nutzen könnte.
> Große Freude macht mir auch die Arbeit in einem engagierten Team. Deshalb kann ich mir gut vorstellen, während meines FSJ in Ihrem Kinderhaus zu arbeiten.

**5** **a** Mögliche Begründung:
Verwendung von „echt klasse" klingt umgangssprachlich.
**b** Möglicher Schlusssatz:
Ich würde mich freuen, wenn Sie mich zu einem persönlichen Gespräch einladen würden.

**6** **a + b**
Individuelle Lösung

**+7** Individuelle Lösung

## Einen tabellarischen Lebenslauf schreiben

### Seite 15

**1** **a** zu viele unterschiedliche Schriften (Schriftarten und Schriftgrößen), uneinheitliches Layout und „Spielereien" (z.B. der Schatten bei Lebenslauf, das Einrücken des Blocks „Meine Erfahrungen"), teilweise ungenau und umgangssprachlich geschrieben (z.B. alle wichtigen Programme, kann gut mit Leuten reden), bei Hobbys sollte man weder „shoppen" noch „mit Freunden abhängen" angeben, weil das eher oberflächlich wirkt
**b** Hier findet ihr den korrigierten Lebenslauf, die korrigierten Stellen sind markiert:

# Lebenslauf

## Persönliche Informationen

| | |
|---|---|
| **Name:** | Carl Meyerhoff |
| **Anschrift:** | Sperberweg 54<br>1xxxx Eberswalde |
| **Telefon:** | 0157-1xxxx |
| **E-Mail:** | c.meyerh@xxx.com |
| **Geburtsdatum und -ort:** | 25.05.20XX in Eisenach |

**Schule**

| | |
|---|---|
| 01.08.20XX – 31.07.20XX | Astrid-Lindgren-Grundschule Eisenach |
| seit 01.08.20XX | Europa-Gesamtschule Eberswalde |
| voraussichtlich 07/20XX | Mittlerer Schulabschluss |

**Bisherige Erfahrungen**

| | |
|---|---|
| Oktober 20XX | Schülerpraktikum in der Stadtverwaltung |
| Mai 20XX | freiwillige Mitarbeit bei der Tafel |
| seit diesem Schuljahr | Schulsprecher |

**Persönliche Kenntnisse und Interessen**

| | |
|---|---|
| Computerkenntnisse | Textverarbeitungsprogramme, Tabellenkalkulationsprogramme |
| Sprachen | Englisch (gut), Spanisch (Grundkenntnisse) |
| Persönliche Stärken | Belastbarkeit, Verantwortungsbereitschaft, Kommunikationsfähigkeit |
| Hobbys | Breakdance, Schlagzeug |

Eberswalde, den 13. April 20XX

*Carl Meyerhoff*

+2 Individuelle Lösung

# Argumentieren und erörtern

## Eine Erörterung im Anschluss an einen Text untersuchen

### Seite 17

2 Fazit gegenüber der Position Rosendorns: Ablehnung

3 Elemente, die die Einleitung enthält:
Textsorte, Name der Autorin, Titel des Artikels, strittige Frage/Thema

4 Wendungen im ersten Teil des Hauptteils (▸ Z. 4–23), in denen der Bezug zum Kommentar von Rosendorn deutlich wird:
- Einleitend erläutert die Autorin ... (▸ Z. 4)
- Zu Beginn ihrer Argumentation macht Rosendorn ihre Position deutlich: Sie kann das Urteil des Gerichts nicht nachvollziehen. (▸ Z. 10 f.)
- Sie räumt zwar ein ... (▸ Z. 12)
- Aber, so das Gegenargument der Autorin: (▸ Z. 14 f.)
- Als weiteres Argument führt Rosendorn an, ... (▸ Z. 16)
- ... so die Schlussfolgerung Rosendorns. (▸ Z. 20)
- Ihre Intention wird in ihrem abschließenden Fazit besonders deutlich. (▸ Z. 20 f.)

5 Auseinandersetzung mit den Argumenten im zweiten Teil des Hauptteils (▸ Z. 24–39):
- Dem Argument Rosendorns wird teilweise zugestimmt: Es wird eine andere Schlussfolgerung gezogen, die durch ein Beispiel gestützt wird. (▸ Z. 27–33)
- Die Schlussfolgerung der Autorin wird mit einem Gegenargument entkräftet. (▸ Z. 34–39)
- Dem Argument Rosendorns wird widersprochen und ein Gegenargument angeführt. (▸ Z. 24–27)

6 Zusammenfassung der eigenen Position:
- Meiner Meinung nach ist das Gerichtsurteil, das die Mitnahme des Mülls als Diebstahl einstuft, auf jeden Fall gerechtfertigt ist. (▸ Z. 40–41)

Bezug auf den Ausgangstext:
- Die Haltung der Autorin teile ich also nicht. Das liegt vor allem daran, dass das Recht, über den Verbleib seines Eigentums selbst zu entscheiden, stärker wiegt als alle Argumente der Gegenseite. (▸ Z. 41–43)

+7 Mögliche Umformulierung:
Rosendorns Argument, dass die Skizzen möglicherweise neben der Mülltonne lagen und damit die Besitzverhältnisse unklar waren, überzeugt mich. Denn wir wissen nicht, wie weit der Wind die Papiere schon von der Mülltonne weggetragen hatte. Und dann ist tatsächlich nicht mehr offensichtlich, dass sie aus Gerhard Richters Tonne stammen müssen.

## Eine Erörterung im Anschluss an einen Text verfassen

### Seite 18

**1** a Mögliche Markierungen:
- Fasse die wesentlichen Aussagen des Textes „Krempel ‚zu verschenken' – Behaltet euren Scheiß!" (▶ S. 18 f.) von Katja Demirci zusammen und stelle die zentralen Gedanken (den Argumentationsaufbau) dar. Beschreibe, welche Intention die Autorin verfolgt.
- Erörtere unter Einbezug wichtiger Argumente aus dem Text die dargestellte Problematik zu den „Verschenke-Kisten" auf der Straße und ziehe dann ein Fazit

### Seite 19

**2** Die Leute sollen keine „Verschenke-Kisten" auf die Straße stellen, sondern ihre Sachen selbst entsorgen.

**3** a Individuelle Lösung/Markierung
b Mögliche Stoffsammlung:

<u>**Position der Autorin / Appell:**</u> Leute sollen keine „Verschenke-Kisten" auf die Straße stellen und ihre Sachen selbst entsorgen
1. **Argument:** Sachen sind kaputt oder dreckig, deshalb möchte sie keiner. Beispiel: „Per Anhalter durch die Galaxis", studentische Fachliteratur
2. **Argument:** wirklich sozial = brauchbare Sachen an karikative Organisationen spenden, z.B. saubere Kleidung und intakte Schuhe.
3. **Aufgreifen eines Gegenarguments, das entkräftet wird:** Tatsächlich gibt es Dinge, die zum Wegwerfen zu schade sind. Aber: Statt auf die Straße lieber sinnvoll weitergeben. Beispiele: über Kleinanzeigen, im Freundeskreis oder auf dem Flohmarkt verschenken
4. **Argument:** Pappkisten werden zu provisorischen Mülleimern
5. **Argument:** Den Spendern ist der schlechte Zustand der Gegenstände auch bewusst (operieren im Geheimen), Beispiel: fleckige Matratze

**Schlussfolgerung:** „Verschenke-Kisten" = Gegenteil von sozial, nämlich eine illegale Entsorgung von Sperrmüll

### Seite 20

**4** Hier sind individuelle Lösungen möglich.

**5** Mögliche Stoffsammlung, in der der Position der Autorin teilweise zugestimmt wird:

1. **Argument des Textes (teilweise Zustimmung):**
Sachen sind kaputt oder dreckig, deshalb möchte sie keiner.
Jein, stimme teilweise zu: Verschenke-Kisten gute Grundidee, aber falsche Umsetzung, z.B. könnte man beim Bestücken der Kisten darauf achten, nur Gegenstände hineinzutun, die tatsächlich noch jemand brauchen kann

2. **Argument des Textes (teilweise Zustimmung):**
wirklich sozial = brauchbare Sachen an karitative Organisationen spenden
Jein, stimme teilweise zu: Natürlich kann man die Sachen auch an karitative Organisationen spenden, aber das ist deutlich aufwendiger und karitative Organisationen nehmen auch nicht alle Gegenstände an. Diese auf dem Weg der „Verschenke-Kisten" zu verschenken, ist eine nachhaltige Idee

4. **Argument (teilweise Zustimmung):**
Pappkisten werden zu provisorischen Mülleimern
Ja und nein, stimme teilweise zu: Auch hier wird die Idee falsch umgesetzt: Man könnte die Kisten bei gutem Wetter rausstellen, sodass diese und die Gegenstände nicht aufweichen, und sie nach kurzer Zeit wieder wegnehmen bzw. tatsächlich entsorgen, bevor sich darin Müll ansammelt

## Seite 21

**6** **a–d** So könnte deine Erörterung im Anschluss an den Text „Krempel ‚zu verschenken' – Behaltet euren Scheiß!" aussehen:

| | |
|---|---|
| Katja Demirci setzt sich in ihrem Kommentar „Krempel ‚zu verschenken' – Behaltet euren Scheiß!" kritisch mit dem Thema „Verschenke-Kisten" auseinander. | Die **Einleitung** enthält alle wichtigen Angaben zur Textvorlage (Titel, Autorin) und zum Thema des Textes. |
| Schon in der Überschrift und in den ersten Zeilen des Textes macht Demirci ihre Position deutlich. Ihrer Meinung nach sollen Leute keine „Verschenke-Kisten" auf die Straße stellen, um ihre Sachen auf diesem Weg zu entsorgen. Um ihre Position zu stützen, führt sie mehrere Argumente an und entkräftet auch Gegenargumente. Die Gegenstände in den Verschenke-Kisten, so das erste Argument der Autorin, seien meist kaputt oder dreckig, weshalb sie keiner haben möchte. Als Beispiele nennt sie Bücher wie „Per Anhalter durch die Galaxis" und studentische Fachliteratur, die sie besonders häufig in „Verschenke-Kisten" entdeckt hat. Als weiteres Argument führt sie an, dass man nur dann wirklich sozial ist, wenn man brauchbare Sachen an karitative Organisationen spendet. Das Gegenargument, dass es tatsächlich Dinge gibt, die zum Wegwerfen zu schade sind, entkräftet sie mit dem Argument, dass man diese lieber auf anderem Wege weitergeben sollte, z.B. über Kleinanzeigen, im Freundeskreis oder auf dem Flohmarkt. Weiter argumentiert Demirci, dass die Verschenke-Pappkisten zu provisorischen Mülleimern verkommen. Abschließend stellt sie die Vermutung an, dass den „Spendern" der schlechte Zustand der Gegenstände auch bewusst sei, weil sie die Gegenstände, z.B. fleckige Matratzen, in der Regel heimlich abstellen. Daraus schlussfolgert sie, dass „Verschenke-Kisten" nicht sozial sind, sondern vielmehr eine illegale Entsorgung von Sperrmüll darstellen. Die Intention der Autorin ist dem Text klar zu entnehmen. Sie fordert ihre Leserschaft dazu auf, keine „Verschenke-Kisten" mehr auf die Straße zu stellen. | **1. Teil des Hauptteils:**<br>In der Zusammenfassung des Textes wird die Argumentation / gedankliche Struktur des Textes deutlich.<br>Die Intention der Autorin wird klar benannt.<br>Die Aufforderung an die Leser/-innen ist benannt. |
| Die Autorin führt an, dass die Sachen in den „Verschenke-Kisten" alle kaputt oder dreckig sind und deshalb keiner diese Dinge haben möchte. Dieses Argument kann ich nur teilweise teilen. Es ist natürlich richtig, dass viele Sachen in den „Verschenke-Kisten" unbrauchbar sind und sie deshalb niemand haben möchte. Allerdings sind die Kisten dennoch eine gute Idee. Wenn die Leute beim Bestücken der Kisten darauf achten würden, nur Gegenstände hineinzutun, die tatsächlich noch jemand brauchen kann, hätten wir das Problem nicht, da die Gegenstände schnell von Interessierten mitgenommen werden würden. Ich persönlich habe auch schon zweimal etwas aus einer solchen gut bestückten Kiste mitgenommen: einmal einen Blumentopf und einmal ein Buch. Beide Dinge waren völlig unbeschädigt und noch gut brauchbar. Natürlich ist Demircis Vorschlag, die Sachen an karitative Organisationen zu spenden, sinnvoll, weil die Gegenstände dann bei den Bedürftigen auch sicher ankommen. Man muss aber bedenken, dass das deutlich aufwendiger ist und karitative Organisationen auch nicht alle Gegenstände annehmen, auch wenn sie gut erhalten sind. Wenn man diese Gegenstände in „Verschenke-Kisten" auf die Straße stellt, ist das meiner Meinung nach auch eine nachhaltige Idee, mit der man auch mehr mögliche Interessenten erreicht. Dem von der Autorin angeführten Nachteil, dass Pappkisten im Alltag schnell zu provisorischen Mülleimern verkommen, kann ich nur teilweise zustimmen. Auch hier ist es in meinen Augen eine Frage der Umsetzung, also wie man beim Herausstellen der „Verschenke-Kisten" vorgeht. So kann man die „Verschenke-Kisten" z.B. nur bei gutem Wetter rausstellen, sodass diese und die Gegenstände nicht aufweichen, und sie nach kurzer Zeit wieder wegnehmen bzw. tatsächlich entsorgen, wenn die Gegenstände keine Interessenten finden. | **2. Teil des Hauptteils:**<br>Es erfolgt eine kritische Auseinandersetzung mit der Position der Autorin und ihren Argumenten.<br>Der Bezug zur Textvorlage ist deutlich.<br>Die eigenen Argumente werden eingeleitet. |

| Die Position der Autorin teile ich nicht vollständig. Natürlich sollten keine kaputten oder dreckigen Gegenstände über „Verschenke-Kisten“ auf der Straße entsorgt werden, weil das unsere Stadt tatsächlich immer mehr „vermüllt“. Allerdings könnte man die nachhaltige Idee der „Verschenke-Kisten“ besser umsetzen, indem man die Kisten nur mit brauchbaren Gegenständen bestückt, diese nur bei gutem Wetter vor die Tür stellt und die Reste nach kurzer Zeit selbst entsorgt. Diejenigen, die nur Unrat loswerden wollen, sollten dies selbstverständlich nicht über „Verschenke-Kisten“ tun, sondern dafür die Mülltonnen bzw. den Sperrmüll nutzen. | **Fazit:** Der **eigene Standpunkt** wird zusammengefasst. |
|---|---|

+7 Mögliche Tipps:
- Verschenke nur Dinge, die sauber und gut erhalten sind.
- Stelle die Kisten nur bei gutem Wetter vor die Tür.
- Betreue deine Kiste, indem du die Gegenstände, die niemand haben möchte, entsorgst.

## Materialgestützt eine Pro-und-Kontra-Erörterung verfassen

### Seite 22

1 a Mögliche Markierungen:
Containern, also das Mitnehmen weggeworfener Lebensmittel aus Abfallcontainern, ist in Deutschland verboten. Es gibt aber immer wieder Diskussionen darüber, das Containern zu legalisieren. Soll Containern grundsätzlich erlaubt werden? Verfasse für deine Schülerzeitung einen Beitrag, in dem du erörterst, was dafür (pro) und was dagegen (kontra) spricht. Ziehe dann ein Fazit, in dem du eine Empfehlung abgibst. Die folgenden Materialien M1 bis M5 (▸ S. 23–25) helfen dir, überzeugende Argumente zu finden und diese zu stützen.

b Die richtigen Wortgruppen sind markiert:
Ich soll Argumente für (pro) und gegen (kontra) die Legalisierung des Containerns gegenüberstellen. Zum Schluss (Fazit) soll ich eine Empfehlung abgeben, d.h., ich kann mich eindeutig für oder eindeutig gegen eine Legalisierung aussprechen oder ich formuliere eine Bedingung, unter der ich mich für oder gegen eine Legalisierung aussprechen würde. Meine wichtigsten Adressaten sind meine Mitschüler/-innen. In Bezug auf ihr Vorwissen kann ich davon ausgehen, dass sie noch nicht viel zum Thema „Containern“ gelesen haben.

2 a Individuelle Lösung/Markierungen

b Mögliche Lösung:
- Die Grafik M2 macht deutlich, dass im Handel 0,8 Mio. Tonnen Lebensmittelabfälle entstehen. Diese könnten durch Containern gerettet und somit genutzt werden, was für eine Legalisierung spricht. Man muss aber auch sagen, dass die größte Verschwendung mit 6,5 Mio. Tonnen in privaten Haushalten stattfindet.
- Die Grafik M5 zeigt, dass durch Lebensmittelverschwendung Wasser verschwendet und Treibhausgase ($CO_2$) unnötig freigesetzt werden, z.B. bei 1 kg Tomaten 214 l Wasser und 770 g $CO_2$; bei 1 kg Weißbrot 1610 l Wasser und 610 g $CO_2$. Auch das spricht für eine Legalisierung des Containerns, weil dadurch weniger Wasser und $CO_2$ verschwendet würden.

c Mögliche Stoffsammlung:

| **Material** | **Pro Legalisierung Containern**<br>Argumente + Stützung | **Kontra Legalisierung Containern**<br>Argumente + Stützung |
|---|---|---|
| **M1:** Containern: Gegen das Wegwerfen | Beitrag zum Klimaschutz<br>gesellschaftlich unschädliches Verhalten<br>man sollte eher die bestrafen, die die Lebensmittel wegschmeißen | unfair, weil andere für Lebensmittel viel Geld bezahlen<br>Supermarkt hat für die Lebensmittel viel Geld bezahlt |
| **M2:** Grafik: Wer wirft wie viele Lebensmittel weg? | 0,8 Mio. t Lebensmittel könnten gerettet werden | größte Verschwendung (6,5 Mio. t) findet in privaten Haushalten statt |

| Material | Pro Legalisierung Containern<br>Argumente + Stützung | Kontra Legalisierung Containern<br>Argumente + Stützung |
|---|---|---|
| **M3:** „Strafrecht sollte immer das letzte Mittel sein“ | Lebensmittel werden vor der Vernichtung gerettet<br>jeder ist selbst dafür verantwortlich, dass die Lebensmittel genießbar sind<br>kleinere Betriebe können Lebensmittel nicht anders spenden | |
| **M4:** „Lebensmittel spenden wir an Tafeln“ | | mögliche Gesundheitsrisiken sind nicht immer erkennbar<br>abgelaufene Lebensmittel können gespendet werden, um nichts zu verschwenden |
| **M5:** Grafik: Welche Folgen hat die Verschwendung? | verschwendete Lebensmittel haben viel Wasser verbraucht und Treibhausgas ($CO_2$) unnötig freigesetzt | |

## Seite 25

**3** a

| | richtig | falsch |
|---|---|---|
| Mit wenigen stichhaltigen Argumenten kann ich besser überzeugen als mit vielen weniger starken Argumenten. | x | ☐ |
| Es ist gut, möglichst viele Argumente anzuführen, auch wenn sie nicht alle stark sind. | ☐ | x |
| Ich sollte am besten die Argumente verwenden, die in mehreren Materialien auftauchen. | ☐ | x |
| Für meine eigene Position sollte ich die stärksten Argumente auswählen. | x | ☐ |
| Ich sollte für meine Position Argumente wählen, die ich gut stützen kann. | x | ☐ |
| Wenn ich schwache Argumente der Gegenseite wähle, kann ich diese besser entkräften. | x | ☐ |
| Mit möglichst starken Argumenten der Gegenseite kann ich besonders gut überzeugen. | ☐ | x |

b Individuelle Lösungen
c Individuelle Lösungen

## Seite 26

**4** a 1. Aussage: Pro und Kontra im Wechsel; 2. Aussage: Pro und Kontra in Blöcken
b Individuelle Lösungen

**5** Beispiel für eine Gliederung für das Legalisieren von Containern (in Blöcken)

**Einleitung:** Lebensmittelverschwendung geht uns alle an
**Hauptteil:**
1. Gegenargument: Es ist unfair, weil andere viel für die Lebensmittel bezahlen müssen
2. Gegenargument: gesundheitliche Risiken
1. Pro-Argument: gesellschaftlich unschädliches Verhalten
2. Pro-Argument: Beitrag zum Klimaschutz
**Fazit:** Containern sollte legalisiert werden

## Seite 27

**6** a–c So könnte deine Pro-und-Kontra-Erörterung lauten (die Argumente sind hier im Hauptteil in Blöcken angelegt):

| | |
|---|---|
| Lebensmittelverschwendung ist ein Thema, das uns alle angeht. Manche gehen aktiv gegen dieses Problem vor, indem sie containern, also weggeworfene Lebensmittel aus Abfallcontainern mitnehmen. Allerdings ist Containern nicht legal und wird im Fall der Fälle dementsprechend bestraft. Es lohnt sich also, darüber nachzudenken, ob Containern grundsätzlich erlaubt werden sollte. | Die **Einleitung** führt in das Thema ein und leitet dann zur **Streitfrage** über. |
| Gegner der Legalisierung des Containerns argumentieren, dass das Containern unfair sei, weil für diese Lebensmittel kein Geld bezahlt wird, während andere Menschen für dieselben Lebensmittel im Supermarkt viel Geld ausgeben. Das sei gerade bei stark steigenden Lebensmittelpreisen nicht gerecht. Ein weiteres Argument gegen das Containern ist, dass eine Legalisierung des Containerns gesundheitliche Risiken zur Folge hätte. So erklärt z.B. Kristine Schütz, die Sprecherin der Rewe-Group, dass sich in den Lebensmittelabfällen auch Waren befände, die ein Gesundheitsrisiko beinhalten, und diese Waren könne der Mülltaucher nicht immer klar erkennen.<br>Diesen Argumenten, die gegen eine Legalisierung des Containerns sprechen, kann man folgende Pro-Argumente entgegenhalten:<br>Zunächst einmal handelt es sich beim Containern um ein Verhalten, das niemandem schadet. Schließlich wird nichts beschädigt und die Lebensmittel würden ohnehin entsorgt werden. So argumentiert auch die die Anwältin Sarah Lincoln, die gegen die Verurteilung zweier Studentinnen wegen Containerns Verfassungsbeschwerde eingelegt hat, dass ein gesellschaftlich unschädliches Verhalten nicht bestraft werden sollte. Das für mich wichtigste Argument für die Legalisierung des Containerns ist jedoch, dass man mit Containern einen Beitrag zur Nachhaltigkeit und zum Klimaschutz leistet. Eine Grafik des Bundesministeriums für Ernährung und Landwirtschaft zeigt, dass im Handel 0,8 Mio. Mio Tonnen Lebensmittel weggeworfen werden. Diese könnten durch Containern gerettet und somit genutzt werden. Damit würden auch Ressourcen wie Wasser eingespart und weniger Treibhausgase ($Co_2$) freigesetzt werden. So benötigen z.B. 1 kg Tomaten 214 l Wasser und setzen 770 g $CO_2$ frei und 1 kg Weißbrot 1610 l Wasser und 610 g $CO_2$. | Im **Hauptteil** werden Pro- und Kontra-Argumente genannt und dann wird ein Fazit gezogen. (Hier werden zuerst die Kontra- und dann die Pro-Argumente genannt.)<br>– Zwischen den beiden Teilen (Kontra und Pro) gibt es eine Überleitung.<br>– Die Argumente und Beispiele werden sprachlich gut eingeleitet. |
| Wenn man bedenkt, dass das Legalisieren von Containern einen so großen Beitrag für den Klimaschutz leisten würde, **würde ich mir wünschen, dass Containern legalisiert wird.** | Im **Fazit** wird der eigene **Standpunkt** deutlich formuliert. |

**7** Eine passende Überschrift für den Beispieltext hier im Lösungsheft (pro Containern) wäre zum Beispiel:
Gegen die Verschwendung: Containern sollte endlich legalisiert werden!
Diese Überschrift klingt interessant und macht neugierig auf den Artikel, der in der Schülerzeitung erscheinen soll.

**+8** Weitere mögliche Überschrift:
Die Legalisierung des Containerns – Ein wichtiger Beitrag für den Klimaschutz!

# Eine Parabel interpretieren

## Eine Parabel erschließen und verstehen

### Seite 28

**1** Mögliche Lösung:
Der Titel „In Erwartung großer Stürme" kündigt im übertragenen Sinn eine Situation an, die eine ungewöhnlich große Herausforderung darstellt. Das kann z.B. ein schwieriges Gespräch im Familien- oder Freundeskreis sein oder auch eine wichtige Klausur, auf die man sich sehr intensiv vorbereiten muss, um sie bestehen.

### Seite 29

**2** a Mögliche Lösung:
Die Fischer können vor dem Sturm an den Strand fliehen, wo die Wogen ihre einzige Lebensgrundlage, nämlich ihre Boote, mit Sicherheit zerschlagen. Sie können aber auch mutig dem Sturm auf hoher See trotzen und sich so die Chance bewahren, ihre Leben und ihre Boote zu retten.

b Richtige Lösung: **Wagemut oder Furchtsamkeit**

**3** a Antwort **B** ist richtig.

b Mögliche Lösung:
Ein Ich-Erzähler berichtet, dass er in einem alten Buch über die Fischer der Lofoten auf die folgende Geschichte gestoßen ist. Bei schwerem Sturm begegnen die Fischer der Gefahr auf unterschiedliche Weise. Der letzte Satz stellt die Konsequenzen der unterschiedlichen Verhaltensweisen dar.

**4** Antwort **C** ist richtig.

### Seite 30

**5** a

| **Gesagtes**<br>(Text- bzw. Bildebene) | **Gemeintes**<br>(übertragene Bedeutung = Sachebene) |
|---|---|
| Fischer | alle Menschen |
| Schaluppe | ideeller oder materieller Besitz |
| Sturm | Gefahr |
| Navigation auf hoher See | Widerstand/Mut |
| Strand | Furchtsamkeit |

b Antwort **B** ist richtig.

**6** Mögliche Lösung:
Die Parabel soll möglicherweise darauf hinweisen, dass es bei aller Gefahr nötig ist, sich gegen die nationalsozialistische Diktatur zur Wehr zu setzen.

**7** Die Antworten A, B und C sind richtig.

**+8** Beispiellösung:
Liebespaar → zwei Menschen
Schaluppe → Liebe
Sturm → Beziehungskrise
Navigation auf hoher See → Aussprache, Klärungsversuch
Strand → Schweigen, Problemen ausweichen

## Die Parabel schriftlich interpretieren

### Seite 31

**1** a Bertolt Brechts Parabel „In Erwartung großer Stürme“ aus dem Jahr 1938 thematisiert am Beispiel der Fischer von den Lofoten die Konsequenzen unseres Handelns in einer außergewöhnlichen Gefahrensituation.

b Mögliche Lösung:
Zu Beginn der Parabel zitiert ein Ich-Erzähler aus einem alten Buch über die Fischer der Lofoten. Darin wird beschrieben, dass einige Fischer beim Aufziehen eines großen Sturms ihre kleinen Segelboote am Strand vertäuen. Andere hingegen stechen damit schnell in See, da sie dort sicherer sind als am Strand. Denn selbst bei großen Stürmen kann ein geschickter Steuermann sein Segelboot auf hoher See steuern und damit retten. Die anderen Fischer hingegen verlieren ihre Schaluppen und damit ihren Besitz. Die Konsequenz für sie ist, dass ihnen ohne Besitz ein schweres Leben bevorsteht.

c Mögliche Lösung:
Die Parabel von den Fischern kann in einem übertragenen Sinn als eine Geschichte über alle Menschen verstanden werden. Sinnbildlich für eine Gefahrensituation steht dabei das Aufziehen „großer Stürme“. Die „Schaluppen“ (Z. 3) können in diesem Zusammenhang als der materielle Besitz der Fischer gedeutet werden. Die Fischer versuchen, eilig in See zu stechen, sobald ein großer Sturm aufzieht, da sie ihre Schaluppen in Sicherheit bringen wollen. Dabei lässt sich die Navigation auf hoher See als Widerstand und Mut lesen, während der „Strand“ (Z. 4) eher für die Furchtsamkeit der Fischer steht. Betrachtet man die Konsequenzen für die Fischer, die ihre Segelboote am Strand vertäuen, dann ergibt sich als Lehre, dass sich diejenigen, die sich Gefahren und Problemen stellen, bessere Chancen haben, diese zu meistern. Diese Lehre lässt sich auf konkrete Lebensbereiche übertragen. Brecht wollte wahrscheinlich auf die politische Situation in Deutschland zur Zeit des Nationalsozialismus hinweisen und die Menschen dazu ermutigen, sich der nationalsozialistischen Diktatur mutig entgegenzustellen und Widerstand zu leisten.

d Mögliche Lösung:
Der Text weist mehrere typische Merkmale einer Parabel auf. Zum einen handelt es sich um eine kurze gleichnishafte Erzählung, in der das Gesagte noch nicht das Gemeinte ist, sondern in einem übertragenen Sinn gedeutet werden muss. Außerdem lässt sich eine Lehre aus der Geschichte ziehen. In diesem Fall: Es ist ratsamer, sich Gefahren zu stellen, als vor ihnen davonzulaufen.

e Mögliche Lösung:
Die Parabel zeigt, dass es klug ist, Gefahren oder Herausforderungen mutig zu begegnen. Diese Erkenntnis kann in vielen Situationen nützlich sein. Sie lässt sich z. B. anwenden, wenn man vor großen schulischen Problemen steht und die Wahl hat, die Probleme entweder auszusitzen oder in Angriff zu nehmen.

# Ein Gedicht interpretieren

## Ein Gedicht untersuchen und verstehen

### Seite 32

**1** Mögliche Markierungen im „Talking to the Text“:
Vielleicht hast du weitere Wiederholungen markiert. Auch die wörtliche Rede (V. 11/12) hast du vermutlich bemerkt und in der vorletzten Strophe eine gewisse Mehrdeutigkeit herausgelesen. – Manche deiner Notizen findest du in den folgenden Aufgabe sicherlich angesprochen. Du musst beim Schreiben der vollständigen Gedichtinterpretation (→ Aufgabe 1 auf S. 35) nicht alle deine Beobachtungen am Text nutzen, du solltest sie aber in Betracht ziehen.

### Seite 33

**2** a Folgende Zuordnungen sind richtig: **1C, 2D, 3E, 4B, 5A.**

b Mögliche Lösung:
Obwohl die Frauen gerade den Wochenlohn ihrer verstorbenen Männer erhalten haben, weinen sie, weil dieses wenige Geld nicht lange reichen wird. Es kann weder den persönlichen noch den finanziellen Verlust ihrer Männer ersetzen, die nun nicht mehr für die Familie Geld verdienen können.

c Formulierung **A** trifft als einzige die zentrale inhaltliche Aussage.

**3** Die falschen Aussagen sind durchgestrichen:
In dem Gedicht tritt ~~ein~~/kein lyrisches Ich in Erscheinung. ~~Es ist~~/ Es ist nicht genau erkennbar, wer von dem Ereignis in Haswell berichtet. Obwohl der Sprecher das Verhalten des Grubenbesitzers nicht direkt bewertet, / ~~Indem der Sprecher das Verhalten des Grubenbesitzers klar bewertet~~, wird deutlich, dass er auf der Seite der Verstorbenen und ihrer Familien steht.

## Seite 34

**4** a Die Reimform des Gedichts ist für jede Strophe so darstellbar wie für die erste: **abcb.**

b Das Metrum des Gedichts ist nicht regelmäßig: Mit einer Ausnahme (V. 15) hat jeder Vers drei Hebungen, die Zahl der Senkungen wechselt. So ergibt sich ein nicht ganz regelmäßiger Jambus.

c Richtig sind die Aussagen **A** und **D.**

**5** Einzusetzen sind bei **A** Metapher, **B** Wiederholung, **C** Anapher, **D** Ironie.

# Das Gedicht schriftlich interpretieren

## Seite 35

**1** a Mögliche Fortsetzung des Einleitungssatzes:
Georg Weerth problematisiert in seinem 1845/46 entstandenen Gedicht „Die hundert Männer von Haswell" das verantwortungslose und unbarmherzige Handeln von Unternehmern gegenüber ihren Arbeitern, das er an einem tragischen Beispiel vor Augen führt.

b + c + d
Der folgende Hauptteil ist eine Musterlösung, der die Teilaufgaben b bis d von Aufgabe 1 umfasst:

Die 1. Strophe berichtet, dass bei einem Grubenunglück im Ort Haswell 100 Männer gleichzeitig zu Tode gekommen sind. Die bedauernswerten Witwen begeben sich nach der Beisetzung ihrer Männer in Begleitung ihrer Kinder zum Grubenbesitzer. Sie fordern den Lohn für die Arbeit ihrer verstorbenen Männer (2. und 3. Strophe). Die letzten beiden Strophen legen dar, dass der Grubenbesitzer die Forderung insofern erfüllt, als er den ausstehenden Wochenlohn auszahlt. Damit betrachtet er seine Pflicht als erledigt und überlässt die Frauen ihrem Schicksal.

**Darum ist der Hauptteil gelungen:**
Am Anfang des Hauptteils wird der Inhalt strophenweise auf den Punkt gebracht. Dabei werden eigene Formulierungen gewählt.

In dem Gedicht gibt es weder ein lyrisches Ich, noch wird ein Adressat genannt. Nirgendwo im Gedicht (außer in der wörtlichen Rede der Frauen, V. 11/12) tritt ein „Ich", oder „Wir" auf, auch wird kein „Du" oder „Ihr" angesprochen. Es ist also nicht genau erkennbar, wer von dem Ereignis in Haswell berichtet und an wen er sich richtet. Dennoch bezieht der Sprecher klar Stellung für die Witwen und gegen den Grubenbesitzer. Dies wird zum Beispiel deutlich, wenn er den kläglichen Anblick der Frauen und ihr Weinen beschreibt (vgl. V. 8, 20).

Für die Bestimmung der Sprechsituation wird vor allem auf die **Pronomen** geachtet.

Das Gedicht besteht aus fünf Strophen mit je vier Versen. Der Reim entspricht dem Schema abcb, wodurch sich die Strophen meist in zwei klare und einfache Aussagen gliedern (im ersten/zweiten und dritten/vierten Vers). Das Metrum lässt sich nicht exakt bestimmen: Mit einer Ausnahme (V. 15) hat jeder Vers drei **Hebungen,** die Zahl der **Senkungen** wechselt. So ergibt sich ein nicht ganz regelmäßiger **Jambus.** Diese schlichte, aber eindringliche Gedichtform passt zu einem politischen Lied, das die Interessen sozial Benachteiligter vertritt.
Das Gedicht bedient sich einer klaren Sprache und eines einfachen **Satzbaus.** Als sprachliches Mittel fällt besonders die **Wiederholung** auf, die einzelne Aussagen unterstreicht und sehr eindringlich wirkt. Ein Beispiel dafür ist die **Anapher** in der 1. Strophe. Dreimal werden die Worte „Die starben ..." (V. 2–4) wiederholt, wodurch die Erschütterung über den Tod der 100 Männer greifbar wird. Eine ähnlich verstärkende Wirkung erzielt in der 1. Strophe auch die **Klimax** „an einem Tag" – „zu einer Stunde" – „auf einen Schlag". (V. 2–4) Darin spürt man auch die Anklage gegen den Grubenbesitzer, dessen Nachlässigkeit (siehe Anmerkung Georg Weerths) den Tod seiner Arbeiter zu verantworten hat. Mit der „Kiste" und den „eisernen Riegeln" (V. 18/19) ist wohl die Geldkassette des Herrn von Haswell gemeint. Aber als **Metapher** kann damit auch gemeint sein, dass er den Fall damit abschließt und sein Herz gegenüber dem Leid der Familien verhärtet. Die Aussage über den Grubenbesitzer „Der stand nicht lange an" (V. 14) kann als **Ironie** gedeutet werden. Denn der Herr von Haswell kann froh sein, dass er so billig wegkommt.

Formale und sprachliche Merkmale werden nicht nur beschrieben, sondern mit Zitaten belegt und auch gedeutet.
Passende **Fachbegriffe** werden zur Beschreibung von Form und Sprache verwendet.

Das 1845/46 entstandene Gedicht ist ein anschauliches Beispiel für die politische Lyrik des Vormärz, die zwischen 1830 und 1848 verortet wird und die sich unter anderem kritisch mit den Folgen der Industrialisierung für die Arbeiterschaft auseinandersetzt. Diese soziale Kritik besteht im Gedicht darin, dass einerseits die Folgen mangelnder Arbeitsschutzmaßnahmen dargestellt werden und andererseits die unzureichende soziale Absicherung der Arbeiterschaft inklusive ihrer Familien.
Die Lyrik des Vormärz benutzt häufig die Liedform. Dies gilt auch für „Die hundert Männer von Haswell". Denn das Gedicht ist formal und sprachlich zwar einfach gehalten, erzielt aber durch den Einsatz von Wiederholungen eine besondere Eindringlichkeit.

Bei der Zuordnung zu einer Epoche werden allgemeine Merkmale dieser Zeit und spezifische Merkmale des Gedichts aufeinander bezogen.

e Ein möglicher **Schlussteil:** Das Gedicht berichtet kommentarlos, aber in einer eindringlichen Sprache von einem tragischen Ereignis. Damit übt es unmissverständlich Kritik an den Arbeitsbedingungen und den sozialen Bedingungen seiner Zeit. Diese Einstellung des Sprechers kann ich teilen, weil das Leben der Männer wichtiger sein sollte als der Gewinn des Grubenbesitzers und weil die Hinterbliebenen sozial abgesichert sein sollten.

+2 Beispiel für einen inneren Monolog einer der Witwen:
Ich bin so wütend auf diesen feinen Herrn. Dieses Unglück zerstört mein Leben. Wie soll ich nur für meine Kinder sorgen ohne den Verdienst meines Manns? Ich bin völlig verzweifelt, wenn ich an die nächsten Monate und Jahre denke. Und mir fehlt mein Mann so sehr! Ein einziger Wochenlohn, das ist einfach lächerlich! Ins Gefängnis müsste der feine Herr, weil er die Grube überhaupt nicht gesichert hat. Mich tröstet nur, dass ich hier nicht alleine stehe, sondern mit den vielen anderen Frauen, denen es genauso geht. Wir sollten uns nicht so billig abspeisen lassen. Vielleicht können wir doch etwas erreichen, wenn wir zusammenhalten und uns gegenseitig helfen.

# Eine Dramenszene interpretieren

## Eine Dramenszene untersuchen und verstehen

### Seite 36

**1** Individuelle Lösung

### Seite 38

**2** Einordnung des Szenenauszugs in den Handlungsverlauf – Verlauf von Fausts Krise in der Szene „Nacht“: Fausts Klage über die Grenzen der Wissenschaft → erfolglose Hinwendung zur Magie: Beschwörung des Erdgeistes → **Gespräch zwischen Wagner und Faust** → Fausts Entschluss, sich das Leben zu nehmen → Glockengeläut zum Ostersonntag und glückliche Erinnerungen, die Faust von seinem Entschluss abbringen

**3** Analyse der Gesprächssituation – mögliche Lösung:
**Auftretende Figuren und deren Beziehung zueinander:** Es treten der Gelehrte Faust und sein Famulus Wagner auf. Faust ist Wagners Lehrer und Vorgesetzter, beide sind Wissenschaftler. Faust verachtet Wagner, der zwar wissbegierig ist, aber dessen Kopf seiner Meinung nach wesentliche Erkenntnisse nicht zu fassen vermag. Wagner ist an Fausts Können und Wissen interessiert und scheint nicht zu merken, dass sein Lehrer vor allem Spott für ihn übrig hat.
**Absichten der Figuren:** Wagner möchte von Faust die Kunst des Deklamierens lernen und sich mit ihm gelehrt unterhalten. Faust dagegen fühlt sich von Wagner gestört. Er verspottet ihn zunächst und möchte das Gespräch möglichst schnell beenden.
**Verlauf des Gesprächs:** Faust geht auf Wagners Fragen ein. Dabei wird immer deutlicher, dass beide unterschiedliche Auffassungen von Wissenschaft vertreten. Während Wagner ein Vertreter der Buch-Gelehrsamkeit ist, beharrt Faust darauf, dass man Erkenntnisse nur aus direkter Beobachtung gewinnt, und das auch nur, wenn Verstand und Gefühl zusammenwirken. Am Ende bricht Faust das Gespräch mit Verweis auf die vorgerückte Stunde ab.

**4** a + b Faust: **B:** Z. 26–37; **D:** Z. 44 f.; **E:** Z. 62–65, **G:** Z. 74–84
Wagner: **A:** Z. 11–16; **C:** Z. 39, **F:** Z. 67–71

### Seite 39

**5** a Mögliche Lösung:
Wagner ist der Meinung, dass man aus der Vergangenheit lernen kann (vgl. Z. 67–71). Geprägt von barocken Vorstellungen will er sein Wissen vor allem daraus schöpfen, dass er sich in die Schriften der klassischen Autoren vertieft (vgl. Z. 12 f., 53–60, 67 ff.). Faust hingegen bezweifelt, dass man aus der Geschichte lernen kann (vgl. Z. 74–84), und lehnt das Wissen aus Büchern ab (vgl. Z. 31–37, 62–65). Erkenntnis ist für ihn vorrangig an persönliche Erfahrung gebunden und damit an ein Zusammenwirken von Verstand und Gefühl (vgl. Z. 26–29, 36 f., 44 f., 62–65).

b Mögliche Lösung:
Auf Wagners Wunsch, von Fausts Rhetorikkünsten zu profitieren, reagiert Faust mit Spott. Seiner Ansicht nach überbewertet Wagner die Rhetorik, die zumeist nur ein hohles Wortgeklingel (vgl. Z. 43, 48–51) sei – „unerquicklich wie der Nebelwind“ (Z. 50). Nur Menschen, die nicht ernsthaft seien, z.B. „wenn der Pfarrer ein Komödiant ist“ (Z. 18), ließen sich dadurch beeindrucken. Faust erklärt Wagner, man könne andere nur überzeugen, wenn man von der eigenen Position wirklich überzeugt sei und diese auch fühle: „Wenn ihr's nicht fühlt, ihr werdet's nicht erjagen, [...] / Wenn es euch nicht von Herzen geht.“ (Z. 26–37) Wenn man etwas Wichtiges zu sagen habe, so Faust, könne man das auch mit einfachen Worten tun: „Es trägt Verstand und rechter Sinn / Mit wenig Kunst sich selber vor [...].“ (Z. 44 f.) Auch Wagners Versessenheit, aus den antiken Schriften zu lernen, sieht Faust kritisch, da die Buch-Gelehrsamkeit nur ein Wissen aus zweiter Hand sei („ein Ragout von andrer Schmaus“, Z. 31), dem die Rückbindung an persönliche Erfahrungen fehle: „Das Pergament, ist das der heil'ge Bronnen, / Woraus ein Trunk den Durst auf ewig stillt? / Erquickung hast du nicht gewonnen, / Wenn sie dir nicht aus eigner Seele quillt.“ (Z. 62–65). Als Wagner trotzdem betont, dass sich aus der Geschichte viel lernen lasse (vgl. Z. 66–71), kontert Faust mit dem Hinweis, dass die Vergangenheit uns verschlossen sei wie „ein Buch mit sieben Siegeln“ (Z. 75) und die Forscher in Wahrheit häufig nur ihre eigenen Vorurteile in die alten Texte hineinlesen würden (vgl. Z. 76 ff.). Von einem Fortschritt in der Geschichte zu sprechen, wie Wagner es tut (vgl. Z. 70 f.), verkennt laut Faust außerdem, dass die großen Individuen der Vergangenheit, die wirklich etwas erkannt hätten, beim „Pöbel“ (Z. 93) niemals Gehör gefunden hätten, sondern „gekreuzigt und verbrannt“ (Z. 94) worden seien.

**6** a–c Wagner tritt als **wissbegieriger** Assistent auf (vgl. Z. 13–16, 53–60, 102 f.). Er **gibt sich bescheiden,** wenn er damit kokettiert, **wie viel er noch lernen muss** (vgl. Z. 40, 55–60). Auf die Einwände Fausts geht er **nicht ein** (vgl. Z. 39 f., 67–71, 86 f.). Er träumt von Ruhm und Ansehen, weiß aber vieles nur **aus Büchern** (vgl. Z. 21 ff., 57 f., 67–71). Wagner drückt sich sehr **geschraubt** aus (vgl. z.B. Z. 11–16) und wirkt dadurch **einfältig und pedantisch.**

**7** Zutreffend sind die Aussagen **A** und **C,** nicht zutreffend **B** und **D.**

**8** a–c Im Text sind alle sprachlichen Mittel A–F zu belegen. Beispiele für Textbelege und Hinweise zu deren Wirkung:
**A Metapher:** „[...] Leimt zusammen, / Braut ein Ragout von andrer Schmaus / Und blast die kümmerlichen Flammen / Aus eurem Aschenhäufchen 'raus!" (Z. 30–33) → veranschaulicht Wagners Arbeitsweise und kritisiert sie als unfruchtbar
„[...] die Zeiten der Vergangenheit / Sind uns ein Buch mit sieben Siegeln." (Z. 74 f.) → unterstreicht die Unzugänglichkeit vergangener Epochen
„Mit gier'ger Hand nach Schätzen gräbt / Und froh ist, wenn er Regenwürmer findet!" (Z. 108 f.) → hebt anschaulich die Kleinheit von Wagners Erkenntnisambitionen hervor
**B Vergleich:** „[...] unerquicklich wie der Nebelwind, / Der herbstlich durch die dürren Blätter säuselt!" (Z. 50 f.) → kritisiert Rhetorik als störendes Beiwerk, das den Blick auf das Gesagte trübt
**C Anapher:** „Wenn ihr's nicht fühlt [...] / Wenn es nicht aus der Seele dringt / [...] / Wenn euch danach der Gaumen steht; / [...] / Wenn es euch nicht von Herzen geht." (Z. 26–37) → vierfache Wiederholung von „wenn" unterstreicht nachdrücklich persönliche Erfahrung und Gefühl als Bedingung echter Erkenntnis
**D Ausruf:** „O Tod!" (Z. 4) → verdeutlicht, wie sehr sich Faust durch Wagners Erscheinen gestört fühlt
„Such Er den redlichen Gewinn! / Sei Er kein schellenlauter Tor!" (Z. 42 f.) → nachdrücklicher Appell an Wagner, sich um echte Erkenntnis zu bemühen und in seinen Reden auf hohle Rhetorik zu verzichten
„O ja, bis an die Sterne weit!" (Z. 73) → ironischer Ausruf, der unterstreicht, dass eine Verständigung zwischen Faust und Wagner nicht möglich ist
**E rhetorische Frage:** „Und wenn's euch Ernst ist, was zu sagen, / Ist's nötig, Worten nachzujagen?" (Z. 46 f.) → verdeutlicht die Überflüssigkeit rhetorischer Raffinesse, wenn der Sprecher ein ernsthaftes Anliegen hat
„Das Pergament, ist das der heil'ge Bronnen, / Woraus ein Trunk den Durst auf ewig stillt?" Z. 62 f.) → unterstreicht das Unfruchtbare und Lebensferne der Buch-Gelehrsamkeit
**F Ironie:** „O ja, bis an die Sterne weit!" (Z. 73) → unterstreicht, dass eine Verständigung zwischen Faust und Wagner nicht möglich ist

## Die Dramenszene schriftlich interpretieren

### Seite 40

**1** a Zutreffend ist Aussage **C.** Die Aussagen **A, B** und **D** beziehen sich jeweils auf Aspekte, die in dieser Szene ebenfalls wichtig sind, kennzeichnen jedoch nicht die Szene als Ganzes.
b Deutende Textstellen sind markiert:
Faust kritisiert Wagners Positionen. Dessen Eintreten für das Studium antiker Quellen (vgl. Z. 66–71) kontert er mit dem Hinweis, dass „die Zeiten der Vergangenheit / [...] uns ein Buch mit sieben Siegeln" (Z. 74 f.) seien. Damit versucht er, Wagner für die Gefahr zu sensibilisieren, dass der Forscher nur seine eigenen Vorurteile in die alten Texte hineinliest: „Was ihr den Geist der Zeiten heißt, / Das ist im Grund der Herren eigner Geist, / In dem die Zeiten sich bespiegeln." (Z. 76 ff.)
c Formen der Redewiedergabe:
**wörtliches Zitat:** Wagner unterstreicht: „Zwar weiß ich viel, doch möcht' ich alles wissen." (Z. 103)
**indirekte Rede mit Konjunktiv:** Wagner betont, er wisse zwar viel, doch wolle er alles wissen (vgl. Z. 103).
**Paraphrase** (= Wiedergabe mit eigenen Worten): Wagner bekräftigt seinen großen Wissensdrang (vgl. Z. 103).

## Seite 41

**2** Die folgende Interpretation ist eine Musterlösung, die die Teilaufgaben 2 a bis e umfasst.
Die Interpretation ist im Präsens (Vorzeitigkeit = Perfekt; Redewiedergabe = Konjunktiv I), sachlich und in eigenen Worten verfasst.

| | |
|---|---|
| Der vorliegende Auszug aus der Szene „Nacht" des Dramas „Faust. Der Tragödie erster Teil" von Johann Wolfgang Goethe aus dem Jahre 1808 besteht aus einem Gespräch zwischen Faust, einem Wissenschaftler in der Krise, und seinem Assistenten Wagner. In den Figuren verkörpern sich dabei zwei entgegengesetzte Wissenschaftlertypen. | **Darum ist die Einleitung gelungen:** Die **Einleitung**<br>– enthält alle wesentlichen Angaben zu Stück und Autor,<br>– benennt das Thema. |
| Mit der Szene „Nacht" setzt die Dramenhandlung ein. Fausts erster Auftritt zeigt den Protagonisten dabei als einen Wissenschaftler, der mit seinen Erkenntnissen unzufrieden ist. Getrieben von dem Wunsch, den innersten Zusammenhang der Welt zu erkennen, wendet er sich der Magie zu und beschwört den Erdgeist in der Hoffnung, dass dieser ihm zu tieferen Einsichten verhelfen kann. Der Geist jedoch verhöhnt Faust und entzieht sich ihm. Mit dem Auftritt von Fausts wissbegierigem Assistenten Wagner, einem Vertreter barocker Buch-Gelehrsamkeit, lernen wir einen Gegentypus zum Wissenschaftler Faust kennen. Als Faust wieder allein ist, beschließt er aus Verzweiflung, sich mit Hilfe von Gift das Leben zu nehmen. Durch das Glockengeläut zum Ostersonntag, das ihn weniger an die christliche Botschaft als an glückliche Kindertage erinnert, wird er jedoch davon abgehalten, das Gift auszutrinken. | **Darum ist der Hauptteil gelungen:** Der **Hauptteil**<br>– beginnt mit einer knappen Einordung der Szene in den Handlungszusammenhang, |
| **Zu Beginn des Szenenauszugs** klopft Wagner zu nächtlicher Stunde an die Tür von Fausts Studierzimmer. Er hat Faust reden hören und hofft, ein gelehrtes Gespräch mit ihm führen zu können. Faust fühlt sich durch Wagners Erscheinen jedoch gestört und lässt sich daher nur widerwillig auf einen Gedankenaustausch mit seinem Assistenten ein. **Zunächst** bringt Wagner dabei den Wunsch vor, von Fausts Rhetorikkünsten profitieren zu wollen, ein Ansinnen, für das der Gelehrte jedoch nur Spott übrig hat. Wagner, an dem Fausts bissige Kommentare abzuprallen scheinen, stimmt **daraufhin** eine Klage darüber an, wie mühsam und langwierig doch das Studium der antiken Quellen sei. Auch das erregt Fausts Widerspruch, da er ein grundsätzlich anderes Verständnis von Wissenschaft hat und auch Wagners Überzeugung, dass man aus der Geschichte lernen könne, nicht teilt. **Der Szenenauszug endet** damit, dass Faust mit Verweis auf die vorgerückte Stunde das Gespräch **schließlich** abbricht und – wieder allein – resigniert feststellt, wie kleingeistig das Erkenntnisstreben seines Assistenten doch ist. | – fasst den Inhalt der Szene knapp mit Hilfe geeigneter **Satzanfänge** und **Satzverknüpfungen** zusammen, |
| Im Gespräch zwischen Faust und Wagner wird deutlich, dass ihre Ansichten über Rhetorik und Wissenschaft weit auseinanderliegen. So dient sich Wagner eingangs in Sachen Rhetorik Faust deshalb so beflissen als Schüler an, weil er der Überzeugung ist, mit Hilfe der Redekunst ließe sich als Wissenschaftler viel erreichen. „[...] heutzutage wirkt das viel. / Ich habe es öfters rühmen hören, / Ein Komödiant könnt einen Pfarrer lehren." (Z. 14–16) Auf diese Äußerung kann Faust nur mit Spott reagieren: „Ja, wenn der Pfarrer ein Komödiant ist [...]." (Z. 18) Seiner Ansicht nach ist Rhetorik nur ein hohles Wortgeklingel (vgl. Z. 43, 48–51). Nur Menschen, die nicht ernsthaft seien, „Kinder[] und Affen" (Z. 34), ließen sich durch „blinkend[e]" (Z. 48) Reden beeindrucken. Um andere wirklich überzeugen zu können, muss man nach Faust vor allem selbst von der eigenen Position überzeugt sein und diese auch fühlen: „Wenn ihr's nicht fühlt, ihr werdet's nicht erjagen, [...] / Wenn es euch nicht von Herzen geht." (Z. 26–37) Wenn man etwas Wichtiges zu sagen habe, so Faust, könne man das auch mit einfachen Worten tun: „Es trägt Verstand und rechter Sinn / Mit wenig Kunst sich selber vor [...]." (Z. 44 f.) | – untersucht den Gesprächsverlauf im Hinblick auf die von den Figuren vertretenen Positionen,<br>– deutet die Beziehung der Figuren und deren Gesprächsverhalten,<br>– führt Textbelege an. |

Wagner hofft mit Hilfe der Rhetorik die Menschen „durch Überredung leiten" (Z. 24) und so den Makel, dass er als Stubengelehrter die „Welt" wie „durch ein Fernglas, nur von Weiten" (Z. 23) kennt, aufwiegen zu können. Sein Interesse an der Rhetorik hat daher indirekt bereits mit seinem Wissenschaftsverständnis zu tun. In der Tradition barocker Buch-Gelehrsamkeit stehend läuft nämlich für Wagner der Zugang zur Wahrheit vorrangig über das Studium der antiken Schriften. Zwar sei der Gang „zu den Quellen" (Z. 58) mühsam und langwierig, wie er selbst beklagt; zugleich sei es aber auch „ein groß Ergetzen, / Sich in den Geist der Zeiten zu versetzen" (Z. 67 f.).

Faust widerspricht auch dieser Position seines Assistenten: Statt sich die Fernglas-Perspektive des Stubengelehrten zu eigen zu machen, strebt er eine Erkenntnis an, die auf persönlicher Erfahrung beruht und Verstand und Gefühl verbindet (vgl. Z. 26 f., 64 f.). Für Wagners Versessenheit, aus den antiken Schriften zu lernen, hat Faust denn auch nur Verachtung übrig. Die Buch-Gelehrsamkeit bezeichnet er als ein Wissen aus zweiter Hand („ein Ragout von andrer Schmaus", Z. 31), dem die Rückbindung an persönliche Erfahrungen fehle: „Das Pergament, ist das der heil'ge Bronnen, / Woraus ein Trunk den Durst auf ewig stillt? / Erquickung hast du nicht gewonnen, / Wenn sie dir nicht aus eigner Seele quillt." (Z. 62–65) Als Wagner trotzdem betont, dass sich aus der Geschichte viel lernen lasse (vgl. Z. 66–71), kontert Faust mit dem Hinweis, dass die Vergangenheit uns verschlossen sei wie „ein Buch mit sieben Siegeln" (Z. 75) und die Forscher in Wahrheit häufig nur ihre eigenen Vorurteile in die alten Texte hineinlesen würden: „Was ihr den Geist der Zeiten heißt, / Das ist im Grund der Herren eigner Geist, / In dem die Zeiten sich bespiegeln." (Z. 76 ff.) Von einem Fortschritt in der Geschichte zu sprechen, wie Wagner es tut (vgl. Z. 70 f.), verkennt laut Faust außerdem, dass die großen Individuen der Vergangenheit, die wirklich etwas erkannt hätten, beim „Pöbel" (Z. 93) niemals Gehör gefunden hätten, sondern „gekreuzigt und verbrannt" (Z. 94) worden seien.

So unterschiedlich die Ansichten, die Wagner und Faust vertreten, so unterschiedlich werden sie auch durch ihr Gesprächsverhalten und ihre Sprache charakterisiert. Wagner tritt fast unterwürfig als wissbegieriger Assistent auf (vgl. Z. 13–16, 53–60, 102 f.) und gibt sich bescheiden, wenn er damit kokettiert, wie viel er noch lernen muss (vgl. Z. 40, 55–60). Auf die Einwände Fausts geht er nicht ein (vgl. Z. 39 f., 67–71, 86 f.) – sei es, weil er sie nicht hört, sei es, weil er sie nicht versteht. Wagner **drückt sich sehr geschraubt aus** (vgl. z.B. Z. 11–16) und wirkt dadurch einfältig und pedantisch.

- deutet die Beziehung der Figuren und deren Gesprächsverhalten,
- **geht auf sprachliche Auffälligkeiten ein,**
- führt Textbelege an.

Ganz anders Faust: Er ist der überlegene Geist, der seinen Assistenten als einen „trockne[n] Schleicher" (Z. 7) mit kleinlichen Erkenntnisambitionen (vgl. Z. 106–109) verachtet und seine Kritik an dessen Positionen mit Hilfe unterschiedlicher sprachlicher Mittel hervorzuheben weiß. Wagners Arbeitsweise bezeichnet er in einer **Metapher** als Zusammenbrauen eines „Ragout[s] von andrer Schmaus" (Z. 31), dessen Ergebnisse als „kümmerliche Flammen" (Z. 32), die aus „Aschenhäufchen" (Z. 33) herausgeblasen würden. Betont wird hierdurch das Unfruchtbare der Buch-Gelehrsamkeit. Wagners Reden, denen es vorrangig um rhetorische Raffinesse geht, kritisiert Faust durch einen **anschaulichen Vergleich:** Sie seien „unerquicklich wie der Nebelwind, / Der herbstlich durch die dürren Blätter säuselt!" (Z. 50 f.) Mit Hilfe von **Ausrufen** (vgl. Z. 42 f.) und der **rhetorischen Frage** „Und wenn's euch Ernst ist, was zu sagen, / Ist's nötig, Worten nachzujagen?" (Z. 46 f.) will er seinen Assistenten von der Überbewertung der Rhetorik kurieren. Was für Faust selbst in der Wissenschaft und ihrer Vermittlung entscheidend ist, formuliert er so: „Wenn ihr's nicht fühlt, ihr werdet's nicht erjagen / Wenn es nicht aus der Seele dringt / Und mit urkräftigem Behagen / Die Herzen aller Hörer zwingt." (Z. 26–29) Der **parallele Satzbau** und die **Wiederholung von „wenn"**

(**Anapher,** Z. 26, 27, 35, 37) unterstreichen nachdrücklich persönliche Erfahrung und Gefühl als Bedingung echter Erkenntnis. Mit dieser Ansicht dringt Faust bei seinem Assistenten jedoch nicht durch. Als Wagner auf seinem beschränkten Programm beharrt, es sei ein Genuss, sich mit der Geschichte zu befassen und zu sehen, „[...] „wie wir's dann zuletzt so herrlich weit gebracht" (Z. 70) haben, bleibt Faust schließlich nur noch die blanke **Ironie:** „O ja, bis an die Sterne weit!" (Z. 73), antwortet er. Eine Verständigung ist nicht möglich.

Der Dialog mit Wagner unterbricht Fausts einsames nächtliches Grübeln und führt zwei Wissenschaftlertypen vor, die unterschiedlicher kaum sein könnten: Auf der einen Seite lernen wir in der Figur Wagners einen kleingeistigen Buch-Gelehrten kennen, dem es vorrangig um die Aneignung überlieferten Wissens geht und der mit Hilfe geschickter Rhetorik den oberflächlichen Erfolg als Wissenschaftler sucht. Auf der anderen Seite steht Faust, der sich mit den Grenzen des bestehenden Wissens gerade nicht abfindet, sondern unter Einsatz der ganzen Person nach neuen Erkenntnissen strebt. In dieser Gegenüberstellung ist der behandelte Auszug aus der Eröffnungsszene „Nacht" unverkennbar Teil der Exposition des Theaterstückes: Über die Kontrastfigur Wagner wird das Profil des von seinem Erkenntnisdrang geplagten Gelehrten Faust zusätzlich geschärft.

**Darum ist der Schluss gelungen:**
Der **Schluss**
- fasst wesentliche Interpretationsergebnisse pointiert zusammen und beurteilt den Stellenwert der Szene im Hinblick auf das Theaterstück als Ganzes.

+3 Mögliche Lösung:
Die Figur Faust trägt in mehrfacher Hinsicht Merkmale der Epoche des Sturm und Drang:
- Als Gelehrter ist Faust ein **geniales Individuum,** das die Grenzen des bestehenden Wissens nicht anerkennt, sondern sich kühn über alle Konventionen und Traditionen erhebt.
- Faust ist ein **leidenschaftlicher Denker,** der – in Abkehr von einem einseitigen Rationalismus – den eigenen **Gefühlen** große Bedeutung beimisst.
- Sein ewiger Drang, die Grenzen seiner wissenschaftlichen Studien zu überschreiten und Einsicht in die kosmische Ordnung zu erlangen (vgl. die Beschwörung des Erdgeistes in der Szene „Nacht"), lässt Faust zwischen **euphorischer Selbstberauschung** und **Absturz in Verzweiflung und Melancholie** hin- und herpendeln.
- Faust reklamiert für sich **radikale Selbstbestimmung,** die im Bruch mit religiösen Dogmen auch die **Freiheit** einschließt, seinem Leben selbst ein Ende setzen zu dürfen.
- Fausts **Sprechweise,** die reich ist an Ausrufen, anschaulichen Metaphern und Vergleichen, ironischen Reaktionen und rhetorischen Fragen, **unterstreicht** seine hohe **Leidenschaftlichkeit.**

# Einen argumentierenden Sachtext analysieren

## Einen Kommentar erschließen und verstehen

### Seite 42

**1** Richtig ist Antwort **B.**

**2** Individuelle Lösung

### Seite 44

**3** a Folgende Buchstaben und Ziffern müssen verbunden werden:
A – 3, B – 5, C – 2, D – 1, E – 4

b Die Zwischenüberschriften müssen in der folgenden Reihenfolge nummeriert werden:
2 – 5 – 1 – 4 – 3

c Folgende Schlüsselwörter können in den Absätzen 2 bis 5 markiert werden:
**Absatz 2:** Problem der Fundamentalkritik; Fokus; Mensch; Nutzer; Verantwortung
**Absatz 3:** Smartphone-Hersteller; nicht leicht; Gehirn; Designentscheidung; häufig interagieren
**Absatz 4:** Smartphone-Nutzer; nicht schutzlos; Systemeinstellungen ändern
**Absatz 5:** Graustufen; Eingrauen; mächtige Funktion

**4** Mögliche Lösung:
Aus Sicht des Autors lässt diese Grundsatzkritik außer Acht, dass nicht das Smartphone selbst das Problem ist, sondern die Nutzer/-innen, die sich den Funktionen des Smartphones ausliefern, indem sie auf die Designtricks der Hersteller hereinfallen und pausenlos mit dem Gerät interagieren.

### Seite 45

**5** a Der Text hat folgenden Aufbau:
Antithese – These – Fazit

b Mögliche Lösung:
Der Text steigt mit der Antithese ein, um diese dann entkräften zu können. Das Fazit im Anschluss an die eigene These wirkt umso folgerichtiger.

**6**
1. Antithese: Digital Detox als Rettung
1. Entkräftung: Missverständnis + Geschäft
2. These: Mensch hat Schuld
3. Einräumung: große Verführungskraft
4. Fazit: Möglichkeiten der Gegenwehr
5. Fazit + versteckter Appell: beste Gegenwehr + Gebrauchsanleitung

### Seite 46

**7** Der Text wirkt zuspitzend und provokant.

**8** Mögliche Markierungen:
**Stärkung der eigenen Position:** Missverständnis; Geschäft; System zu brechen; nicht schutzlos; mächtige
**Schwächung der Gegenposition:** schlimmsten Erfindung der Menschheit; versklavt; unsprengbare Ketten; Terror; Handy schreit; Alarm

**9** a Verbunden werden müssen: A – E – G; B – F – I; C – D – H

b Hyperbeln im 1. Absatz: „schlimmsten Erfindungen der Menschheit“; „versklavt“; „unsprengbare Ketten“ „Terror“; „geknechteten Handynutzern“

**10** a Individuelle Lösung

b Mögliche Lösung:
Den Text von Bastian Brinkmann finde ich sehr überzeugend, da der Autor einleuchtend darstellt, welche Möglichkeiten die Nutzer/-innen haben, sich gegen die Designtricks der Hersteller zu wehren.

## Eine Sachtextanalyse verfassen

### Seite 47

**1 + 2 + 3** Die folgende Sachtextanalyse ist eine Musterlösung, die die Aufgaben 1, 2 und 3 umfasst.

In seinem Kommentar mit dem Titel „Digital Detox: Es liegt nicht nur am Handy" aus dem Jahr 2019 setzt sich der Autor Bastian Brinkmann kritisch mit der These auseinander, dass das Smartphone einen wesentlichen Anteil an der Überlastung und dem Stress der modernen Gesellschaft habe.

Bastian Brinkmann eröffnet seinen Kommentar mit der Antithese. **Diese lautet**, dass nur „Digital Detox", und zwar im Sinne eines Komplettverzichts, vor dem Smartphone retten könne (vgl. Z. 3–7). Dabei fordert der Autor seine Leserinnen und Leser jedoch durch seine Wortwahl und insbesondere durch *Hyperbeln wie* „eine der schlimmsten Erfindungen der Menschheit" (Z. 3) oder „es versklavt uns" (Z. 3) indirekt zum Widerspruch heraus. Er selbst distanziert sich dann eindeutig von Digital Detox als Heilmittel gegen übermäßige Handynutzung, **indem** er digitales Entgiften als „Missverständnis" (Z. 9) bezeichnet und darauf aufmerksam macht, dass es im Wesentlichen den Zweck habe, Digital-Detox-Unternehmern gute Geschäfte zu bescheren (vgl. Z. 9–11). Im zweiten Absatz entfaltet der Autor seine These, nach der Digital-Detox-Fans nicht erkennen, dass nicht das Gerät an sich das Problem ist, sondern der Umgang der Nutzer/-innen mit demselben (vgl. Z. 12–17). Er untermauert seine Behauptung mit der Beschreibung des Nutzungsverhaltens vieler Smartphone-Nutzer, die sich durch die Funktionalitäten einzelner Apps dazu verleiten lassen, hundertfach am Tag aufs Handy zu schauen, und dabei von App zu App springen, um nur ja nichts zu verpassen. **Durch** die *direkte Leseransprache* mit der *rhetorischen Frage* „na, erwischt?" (Z. 22) führt er den Leser/-innen vor Augen, dass nahezu jede/-r dieses Verhalten an den Tag legt. Im 3. Absatz seines Textes räumt der Autor allerdings ein, dass das Gerät selbst eine große Verführungskraft besitzt, da Design und Programmierung der Apps genau dieses Verhalten der Nutzer/-innen provozieren, **indem** sie z. B. durch Push-Nachrichten zur permanenten Interaktion auffordern. Durch die *Personifikationen* „Das Handy schreit extra in Rot" (Z. 34) oder „Das Rot schießt direkt ins Gehirn und schreit Alarm" (Z. 38 f.) betont Brinkmann die Macht, die diese Funktionen des Smartphones auf das menschliche Gehirn und damit auch auf das Verhalten des Einzelnen ausüben.
**Trotzdem** bleibt der Autor dabei, dass die Smartphone-Nutzer/-innen dem Gerät nicht wehrlos ausgeliefert sind, wenn er im 4. Absatz seines Kommentars darlegt, dass jeder die Möglichkeit hat, bestimmte Funktionen des Handys aktiv auszuschalten und so der Manipulation entgegenzuwirken.

**Darum ist die Sachtextanalyse gelungen:**

Die **Einleitung**
- enthält alle wichtigen Angaben zum Text und benennt das Thema.

Der **Hauptteil**
- fasst die wichtigsten Kernaussagen des Textes so zusammen, dass die Gedankenführung klar wird,
- verwendet **Satzverknüpfungen,**
- benennt *sprachliche Mittel,*
- wiederholt den Text nicht einfach mit anderen Worten, sondern deutet auch,
- legt am Ende des Hauptteils die Intention des Kommentars dar.

Welche konkreten Möglichkeiten der Gegenwehr es gibt, erläutert Brinkmann im letzten Absatz seines Textes, **wenn** er vorschlägt, mit Hilfe der Systemeinstellungen die „Alarmschreier" (Z. 50) durch Eingrauen des Bildschirms auszuschalten und die Push-Nachrichten zu deaktivieren. **Mit** dem versteckten *Appell* „Das Eingrauen des Handys ist eine mächtige Funktion" (Z. 58) zieht der Autor zuletzt ein Fazit und bestätigt so nochmals, dass die Nutzer/-innen ihren Umgang mit dem Gerät selbst steuern können und dem Smartphone nicht hilflos ausgeliefert sind.

Bastian Brinkmann möchte mit seinem Kommentar darauf aufmerksam machen, dass der Mensch selbst die Verantwortung für die sinnvolle Nutzung seines Smartphones übernehmen kann und sollte, indem er die Manipulationsversuche der Programmierer/-innen durchschaut und ihnen z. B. durch das eigene Verhalten und durch die Wahl bestimmter Einstellungen aktiv entgegenwirkt

Aus meiner Sicht ist die Position des Autors nachvollziehbar, weil entscheidend für die Auswirkung der Smartphone-Nutzung auf den Einzelnen dessen täglicher Umgang mit dem Gerät ist. Jede Nutzerin und jeder Nutzer ist dazu in der Lage, durch bestimmte Einstellungen oder durch das zeitweise Abschalten des Smartphones dem Gerät nicht zu viel Macht zu verleihen. Dies reduziert den Stress, den das Smartphone bei vielen Nutzer/-innen verursacht, und macht eine teure „Digital-Detox-Kur" unnötig.

Der **Schluss**
- nimmt Stellung zur Position des Autors.

+4 Mögliche weiterführende Gedanken:
- Das zeitweise Abschalten der sozialen Netzwerke kann dazu beitragen, den Stress, den das Smartphone z. B. bei jugendlichen Nutzer/-innen verursacht, zu reduzieren.
- Das Stummschalten des Smartphones inklusive der Abschaltung des Vibrationsalarms kann dazu beitragen, die permanente Interaktion mit dem Smartphone zu unterbinden.
- Bewusste Auszeiten von der Smartphone-Nutzung tragen zur besseren Konzentrationsfähigkeit bei und senken den Stress, den die permanente Interaktion mit dem Smartphone verursachen kann.

## Eine Rede analysieren

### Eine politische Rede erschließen und verstehen

#### Seite 48

**1** b Richtig ist **C.**

#### Seite 50

**2** a Anlass: **D;** Redner: **C;** Zuhörer/-innen; **A;** Ort: **B**
b Richtig ist **B.**

**3** a Individuelle Lösung
b 1. Z. 1–5: **G** Begrüßung und Thema
2. Z. 6–16: **H** Soziale Medien als Taktgeber demokratischen Austauschs; Folgen
3. Z. 17–23: **A** Werte des öffentlichen Raums in einer Demokratie
4. Z. 24–31: **E** Macht durch Aufmerksamkeitslenkung aus Gewinnstreben
5. Z. 32–45: **B** Werte unserer Demokratie in Gefahr
6. Z. 46–53: **C** Forderung nach staatlichem Eingriff angesichts der Gefahren
7. Z. 54–61: **F** Fragen zur Umsetzung einer Regulierung sozialer Medien
8. Z. 62–67: **D** Aufruf zur Diskussion

c Mögliche Schlüsselwörter für die weiteren Sinnabschnitte:
3. **Sinnabschnitt:** öffentlicher Raum einer Demokratie, Mündigkeit, Ideale, Aufklärung
4. **Sinnabschnitt:** Macht, sozialen Medien, werbefinanziertes Geschäftsmodell, Aufmerksamkeit, Erregung und Empörung, Angst und Wut
5. **Sinnabschnitt:** Werte, Verantwortungsgefühl, keine Redaktion, Einseitigkeit und Unwahrheit, Demagogie, Geschäft mit Aufmerksamkeit, Gefahr für Demokratie
6. **Sinnabschnitt:** Lüge, Echokammer, Rechtsstaat gefordert, Existenz der Demokratie schützen
7. **Sinnabschnitt:** Regeln, Grenzen der Regulierung
8. **Sinnabschnitt:** Diskussion

**4** Der korrekte Text lautet:
Soziale Medien gefährden die Demokratie, weil sie aus Gewinnsucht auf Inhalte von großem Empörungspotenzial setzen. Die Selbstkontrolle dieser Medien funktioniert nicht. Deshalb muss der Staat die Kontrolle der sozialen Medien zur Wahrung der Demokratie verschärfen.

## Seite 51

**5** a Die richtige Antwort lautet „normative Argumente".
b Richtig ist **C.**

**6** Grundposition / Zentrale These
Erste Begründung
Vertiefende Begründung: Werte
Vertiefende Begründung: Gefahr
Fazit + Bestätigung der Position
Fragen + Appell

## Seite 52

**7** A Mittel: Antithese; Wirkungsabsicht: Gegensätze aufzeigen, um zu polarisieren
B Mittel: Metapher; Wirkungsabsicht: Veranschaulichung der Relevanz sozialer Medien
C Mittel: Hyperbel, Appell; Wirkungsabsicht: dramatisieren + Aufruf zum Handeln
D Mittel: Stigmawörter, Aufzählung; Wirkungsabsicht: Bedrohung aufzeigen + Verstärkung

**8** a Beispielsweise:
**Fahnenwörter:** Segen, Chance, Pluralität der Gesellschaft, neue Ideen, Mündigkeit, Ideale, Werte, Respekt, Wahrheit, Zivilität, Vernunft, Fakten, Verantwortungsgefühl, Ausgleich und Mäßigung, Vernunft und Wahrheit, Demokratie, Transparenz und Vertrauen
**Stigmawörter:** Fluch, Gefahr, Feinde, Erregung und Empörung, Angst und Wut, Einseitigkeit und Unwahrheit, Demagogie und Propaganda, Lüge, Gefahr, Feinde der Demokratie, Lug und Trug, Lüge, Dogma
**Antithesen:** Fluch und Segen, Chance und Gefahr, das Beste und das Schlimmste, schnelle Lüge – Vernunft und Wahrheit
**Hyperbeln:** das Beste und das Schlimmste, höchste Zeit
**Metaphern:** Allheilsbringer noch Abrissbirne, Mitarchitekten und Taktgeber, eiskalter Präzision, befeuern Schreikrampf
**Anredepronomen, „Wir"-Sätze:** Aber wir ... Wir wollen uns ...
b Steinmeier nutzt die vielen sprachlich-rhetorischen Mittel mit der rhetorischen Absicht, eine größtmögliche Wirkung zu erzielen, um seine Zuhörerinnen und Zuhörer auf eine bestimmte Haltung für die kommende Diskussion einzuschwören (Ablehnung der negativen Seiten sozialer Medien und Bereitschaft, diese streng zu regulieren).

## Die Rede schriftlich analysieren

**1+2+3** Möglicher Analyseaufsatz als maximale Lösung (Ausschnitte dieses Musteraufsatzes genügen für eine gute Leistung; es müssen beispielsweise nicht sämtliche rhetorischen Strategien und sprachlich-rhetorischen Gestaltungsmittel aufgeführt werden; nicht sämtliche möglichen Zitate müssen angeführt werden):

Bundespräsident Frank-Walter Steinmeier hält am 1. März 2021 auf dem elften Forum der Veranstaltungsreihe „Forum Bellevue zur Zukunft der Demokratie“ in Berlin eine Rede mit dem Titel „Demokratie und digitale Öffentlichkeit“. In den Auszügen seiner Rede übt er Kritik an den sozialen Medien und fordert deren staatliche Regulierung. Im Hinblick auf sein Publikum verfolgt er die Absicht, ihm wichtige Impulse zu geben und es so auf die anschließende Diskussion einzustimmen.

**Nach der Begrüßung** nennt Steinmeier das Thema seiner Rede. Er betont es nachdrücklich, indem er es wiederholt: „über die Demokratie [...], über die Demokratie“ (Z. 3 f.), und zwar unter den Bedingungen einer digitalen Öffentlichkeit, will er sprechen (vgl. Z. 5).
**Im Anschluss** legt er seine Grundposition dar, nämlich dass die Demokratie vor demokratiefeindlichen Tendenzen in den sozialen Medien geschützt werden müsse (vgl. Z. 7 f.). Er begründet die Relevanz dieser Position, indem er darauf hinweist, dass die sozialen Medien die Öffentlichkeit in Demokratien maßgeblich mitgestalten würden. Zur Veranschaulichung nutzt er die Metaphern „Mitarchitekten und Taktgeber“ (Z. 14). Für die Qualifizierung der sozialen Medien bedient er sich normativer Argumente und sprachlicher Mittel, die klar polarisieren. So nutzt er Antithesen wie „Chance und Gefahr“ (Z. 7) oder „Allheilsbringer und Abrissbirne“ (Z. 12 f.) und, verbunden mit einer klaren moralischen Wertung: „das Beste und das Schlimmste“ (Z. 11). Außerdem bedient er sich einiger Stigmawörter wie „Fluch“ (Z. 7) oder „Feinde“ (Z. 9), um die Dringlichkeit seines Anliegens und die Bedrohlichkeit der Situation zu unterstreichen. Dabei setzt er **von vornherein** auch auf das Einverständnis seines Publikums, wenn er es direkt anspricht und an es appelliert: „höchste Zeit, dass wir uns [...] kümmern“ (Z. 15 f.).
Steinmeier begründet seine Position **daraufhin** vertiefend, indem er auf Werte und Errungenschaften hinweist, die er mit dem öffentlichen Raum einer Demokratie verbindet und die von den sozialen Medien beschädigt werden könnten. Um aufzuzeigen, welche gesellschaftlich breit anerkannten Werte seiner Ansicht nach in Gefahr geraten, nutzt er Fahnenwörter wie „Pluralität der Gesellschaft“, „vernünftige Debatten“, „neue Ideen“, „verlässliche Informationen“ und „demokratische Mündigkeit“ (Z. 18–21).
Steinmeier bringt **im Folgenden** eine Reihe von Thesen vor, welche seine Grundthese – Demokratien müssten sich auch in sozialen Medien vor ihren Feinden schützen (Z. 7 ff.) – mit normativen Argumenten stützt. Er spricht in einer weiteren vertiefenden Begründung von der Gefahr, die von den sozialen Medien ausgehe, weil diese den „direkten Zugang zu den Smartphones und Laptops der Menschen“ (Z. 24 f.) hätten, aber inhaltlich nicht werteorientiert, sondern lediglich gewinnorientiert seien. Dabei entwirft er am Beispiel konkreter Internetfirmen (vgl. Z. 28 ff.) das Bild einer gesichtslosen und amoralischen Maschine, die mit Hilfe von „Algorithmen“ (Z. 28) und „mit eiskalter Präzision“ (Z. 29 f.) unsere Aufmerksamkeit auf Negativinhalte lenke, weil ebendiese sich am besten verkauften. Steinmeier kritisiert die Internetfirmen dafür, dass sie die psychologischen „Schwachstellen“ (Z. 43) des Menschen, nämlich besonders empfänglich zu sein für „Empörung und Erregung, Angst und Wut“ (Z. 31), ausnutzen würden, um sie an sich und ihre mitgelieferten

**Darum ist die Redeanalyse gelungen:**

Die **Einleitung**
- enthält alle formalen Angaben und die Intention (Aussageabsicht) der Rede (auch die mögliche Wirkung auf das Publikum).

Der **Hauptteil**
- erläutert die Position des Redners, wesentliche Aussagen und die Gedankenführung (Argumentationsaufbau).
- berücksichtigt folgende dreigliedrige Struktur in variabler Reihenfolge:
  - Beschreibung des Aspekts, um den es geht,
  - Textbeleg: entweder als direktes Zitat (Z. x) oder als Paraphrase (vgl. Z. x),
  - Analyse des Arguments / des sprachlichen Mittels mit Blick auf die Intention des Redners,
  
  (aus Gründen der besseren Lesbarkeit wird nur im ersten Absatz unterstrichen)
- zeigt rhetorische Strategien und die dafür genutzten sprachlich-rhetorischen Gestaltungsmittel in korrekter Zitierweise auf,
- gibt zentrale Aussagen in indirekter Rede (auch mit Hilfe der würde-Ersatzform) wieder,
- verdeutlicht die zeitliche Abfolge durch **entsprechende Wendungen** und **Zeitadverbien** und Zusammenhänge durch passende Verknüpfungswörter (Leserlenkung),

Werbebotschaften zu binden (vgl. Z. 30). Demokratische Werte würden diesen Firmen hingegen wenig gelten. Diese Werte benennt Steinmeier in einer eindringlichen Aufzählung von Fahnenwörtern, um seine Zuhörerinnen und Zuhörer durch den antithetischen Kontrast auf die gemeinsamen Werte einzuschwören: „Respekt, Wahrheit, Zivilität, Vernunft, Fakten, Verantwortungsgefühl" (Z. 34 f.). Im Gegensatz dazu stehen die mit Stigmawörtern bezeichneten Merkmale digitaler Medien wie etwa „Geschwindigkeit und Zuspitzung", „Einseitigkeit und Unwahrheit", „Demagogie und Propaganda", „schnelle Lüge", „Gefahr", „Feinde der Demokratie", „Lug und Trug" (Z. 38–44), mit denen Steinmeier noch einmal mit Nachdruck vor der Bedrohung warnt. Steinmeier argumentiert, dass die sozialen Medien „keine Redaktion, keinen Presserat und keine Konkurrenz" (Z. 35 f.) hätten, um auszugleichen und zu mäßigen, und behauptet, dass diese Merkmale der sozialen Medien eine „Gefahr für die Demokratie" (Z. 42) seien. Er bestätigt damit seine Ausganspositon und leitet daraus das Fazit ab, dass der Staat der Gefahr durch Regulierung begegnen müsse (vgl. Z. 45–53).
**Gegen Ende seiner Rede** zählt Steinmeier eine ganze Reihe konkreter Fragen auf, die er sich im Rahmen einer Regulierung sozialer Medien stellt (Z. 54–61).
**Er schließt seine Rede** mit dem Appell an die Zuhörerinnen und Zuhörer, die schwierige Situation gemeinsam anzugehen und diese Fragen mit ihm zu diskutieren (vgl. Z. 62–67).

- ist sachlich mit eigenen Worten und im Präsens verfasst.

Ich stimme Steinmeier teilweise zu. Einerseits gibt es in den sozialen Medien viele negative Kommentare, falsche Behauptungen und Lügen, welche die Ansprüche an ein demokratisches Miteinander untergraben können. (Nennung möglicher Beispiele) Andererseits bleibt Steinmeier Beweise für seine Behauptungen schuldig, dass die sozialen Medien tatsächlich eine Gefahr für die Demokratie darstellen.

*Oder*

Zum Thema Gefahr für ein demokratisches Miteinander im Rahmen sozialer Medien fällt mir Folgendes ein: Unterscheiden sich die Kommunikationsverhältnisse in den sozialen Medien so stark von denen im realen Leben oder reagieren wir nur deshalb empfindlicher auf Grenzüberschreitungen, weil sie eine größere Öffentlichkeit mitbekommt?

*Oder*

Zusammenfassend kann man sagen, dass Steinmeier die Richtung der anschließenden Diskussion durch seinen polarisierenden Vortrag schon vorbestimmt. Er wendet sich offensichtlich an ein Publikum, das bereits seiner Meinung ist und das er nun nur noch zum Handeln motivieren möchte.

Der **Schluss**
- enthält eine wertende Stellungnahme zum Thema *oder* einen weiterführenden Gedanken *oder* ein Fazit.

+4 Mögliche Bewertung:
Normative Argumente sind dann stark, wenn sie auf einen breiten Konsens bei den Zuhörerinnen und Zuhörern oder auch in der Gesellschaft treffen. Das trifft auf Steinmeiers Argumentation zu, weil er sich nur auf Grundwerte bezieht, die zuverlässig von der Mehrheit der Gesellschaft geteilt werden.
Eine Schwäche dieses Argumentationstyps ist die Schwarz-Weiß-Malerei. Einem vermeintlich Guten steht das vermeintlich Schlechte gegenüber. Argumente sind aber bei genauerem Hinsehen überzeugender, wenn sie ihren Gegenstand differenzierter betrachten.

# Sprachvarietäten untersuchen

## Was kannst du schon?

### Seite 54

**1** a + b

B: Dat finge ich joot! – Das finde ich gut!
B: Schleich di! – Geh weg!
B: Mer kumme! – Wir kommen!
C: cringe – peinlich/komisch
D: CUL8R – See you later! / Bis später!
A: In dubio pro reo! – Im Zweifel für den Angeklagten!
**Hinweis:** Für jede richtige Übersetzung bekommst du einen Punkt. Du kannst also für Aufgabe 1a 6 Punkte bekommen. Für jede richtig bestimmte Sprachvarietät bekommst du einen Punkt. Du kannst also für Aufgabe 1b 6 Punkte bekommen.

**2** Mögliche Lösung:
A) Situation: Internet-Post, Kommentar auf Social Media; Adressat/-in: Netzgemeinde, Follower
B) Situation: Schulhof, Klassenraum; Adressat/-in: Jugendliche, Mitschüler/-innen

**3** Die möglichen Alternativen sind markiert. Mögliche Lösung:
Für (~~Kiddies~~) Kinder bis zum 10. Lebensjahr ist es (~~echt easy~~) sehr einfach, mehrere Sprachen gleichzeitig zu lernen. Die meisten (~~kids~~) Kinder haben (~~total Bock~~) große Lust auf diesen bilingualen Spracherwerb, der (~~haufenweise Benefits~~) viele Vorteile mit sich bringt.
**Hinweis:** Für jeden korrigierten umgangssprachlichen Ausdruck bekommst du einen Punkt. Du kannst insgesamt 6 Punkte bekommen.

## Sprachvarietäten unterscheiden und korrekt verwenden

### Seite 55

**1** Die Sprachvarianten sind im Text wie folgt gekennzeichnet: Dialekt, Jugendsprache, Netzsprache
**Juwi in Paris**
Moin Leude! Endlich hab ich Zeit, euch upzudaten: Paris is so unfassbar nice!
Na ja, bis auf das Schietwedder ... aber hey, als Hamburgerin kein Problem ☹ Die Stadt is auf jeden Fall mega: Klar war ich bei den bekannten Sehenswürdigkeiten wie dem Eiffelturm und Montmartre sofort am Start ... Aber toll auch die Cafés, die kleinen Gassen, die alten Häuser. Einfach durch die Stadt cruisen – perfekt!
Krass anstrengend is der Sprachkurs: Jeden Tag vier Stunden. Das is manchmal echt 2much. Aber: Wat mutt, dat mutt!, sagte schon mein Opa ☺
Schönes WE! gn8, eure Juwi

### Seite 56

**2** a Mögliche Begründung:
Adressatenorientierung, denn ihre Leser/-innen sind Jugendliche (mehr Klicks + Likes); erzeugt Nähe und klingt modern
b Mögliche Lösung:
gn8 bedeutet **G**ute **Nacht.** Bei diesem Ausdruck steht „g" für „gute" und „n8" für „Nacht". Ein Wort (Gute) wird also abgekürzt und ein Wort (Nacht) durch eine Zahl mit gleichem Wortklang (8/Nacht) ersetzt.
c Die Bloggerin verwendet unterschiedliche Sprachvarietäten, z.B. Dialekt, Netzsprache und Jugendsprache.

**3** a Bildungssprache, Standardsprache
b Die umformulierten Passagen sind unterstrichen. Mögliche Lösung:
Die Stadt ist auf jeden Fall atemberaubend: Natürlich war ich sofort bei den bekannten Sehenswürdigkeiten wie dem Eiffelturm und Montmartre. Aber schön sind auch die Cafés, die kleinen Gassen, die alten Häuser. Einfach durch die Stadt laufen – perfekt!

## Seite 57

### Teste dich! – Sprachvarietäten erkennen

| | | richtig | falsch |
|---|---|---|---|
| 1 | Der Begriff „Sprachvarietät" bezeichnet verschiedene mögliche Schreibweisen eines Wortes, z. B.: Friseur – Frisör. | ☐ | X |
| | Der Begriff „Sprachvarietät" bezeichnet verschiedene Varianten einer Sprache, z. B. Standardsprache, Dialekt, Jugendsprache. | X | ☐ |
| | Bildungssprache ist in jeder Gesprächssituation und für jeden Adressaten geeignet, das heißt, ich kann sie immer verwenden. | ☐ | X |
| | Je nach Gesprächssituation und Adressat wechseln wir die Sprachvarietät. | X | ☐ |

**Hinweis:** Für jede richtige Antwort bekommst du einen Punkt. Du kannst also insgesamt 4 Punkte bekommen.

2 Die eingesetzten Begriffe sind unterstrichen.
Auf dem Schulhof herrscht „babylonische" Sprachenvielfalt: Je nach Gesprächspartner wechseln wir zwischen verschiedenen Sprachvarietäten. Das nennt man Code-Switching. Bittet man z.B. die Lehrerin oder den Lehrer um ein Gespräch, wählt man meist Standardsprache. Wenn man nachmittags mit Freunden spricht, nutzt man Jugendsprache oder Alltagssprache. Unterhält man sich mit jemandem, der aus der gleichen Region stammt, spricht man den passenden Dialekt. Zurück im Unterricht, wechseln die Schülerinnen und Schüler erneut das Sprachregister, wenn sie den Stickstoffkreislauf oder das Kommunikationsquadrat erklären. Denn hier soll vor allen Dingen Bildungssprache gesprochen werden.
**Hinweis:** Für jeden richtig eingesetzten Begriff bekommst du einen Punkt. Du kannst also insgesamt 8 Punkte bekommen.

# Grammatik

## Was kannst du schon?

## Seite 58

1 a + b Die eingesetzten Wortgruppen sind **gefettet.**
Manche Bücher sind eine wahre Bereicherung im oft **tristen Alltag.** Wie mag also eine Welt ohne **die aufregenden Leseerlebnisse** aussehen? Der Science-Fiction-Roman „Fahrenheit 451" von Ray Bradbury spielt in **einem fiktiven Staat,** in dem das Lesen von **allen Büchern** streng verboten ist. Mit Hilfe **einer umfunktionierten Feuerwehr,** die nicht mehr mit Wasserspritzen, sondern mit **Flammenwerfern** ausgerüstet ist, werden die Bücher aufgespürt und vernichtet.
**Hinweis:** Für jede richtig eingesetzte Wortgruppe bekommst du einen Punkt. Du kannst also insgesamt 6 Punkte bekommen.

2 Die richtigen Verbformen sind **gefettet:**
Bücher zu lesen und zu besitzen, **gilt** in dieser amerikanischen Stadt der Zukunft als systemfeindlich. Der Grund: selbständiges Denken und Handeln **sind** tabu. Stattdessen **sollen** Dauerbeschallung und Drogen die Gesellschaft bei Laune halten. Kein Bürger und keine Bürgerin **scheint** etwas zu vermissen.
**Hinweis:** Für jede richtige Verbform bekommst du einen Punkt. Du kannst also insgesamt 4 Punkte bekommen.

3 Die eingesetzten Verbformen im Konjunktiv I sind **gefettet.**
Die politische Führung ist der Meinung, das Wissen aus Büchern **trage** zu „antiozialem" Verhalten bei. Auch der Feuerwehrmann Guy Montag glaubt lange, er **mache** das Richtige, bis ihm eines Tages seine Nachbarin die banale Frage stellt, ob er glücklich **sei.**
**Hinweis:** Für jede richtig eingesetzte Verbform im Konjunktiv bekommst du einen Punkt. Du kannst also insgesamt 3 Punkte bekommen.

### Seite 59

**4** a + b Die passenden Konjunktionen sind **gefettet.**

A **Weil/Als** der Feuerwehrmann Guy Montag als Lesender enttarnt wird**,** flieht er aus der Stadt zu den „Büchermenschen" in die Wälder. (Kausalsatz (weil) oder Temporalsatz (als))

B **Damit** der Inhalt der Bücher vor dem Vergessen gerettet wird**,** haben diese Dissidenten zahlreiche Bücher auswendig gelernt. (Finalsatz)

C **Obwohl** die Stadt durch einen Krieg zerstört worden ist**,** gehen die Büchermenschen in der Hoffnung auf einen Neubeginn zurück. (Konzessivsatz)

**Hinweis:** Für jede richtig eingesetzte Konjunktion und für jedes richtig gesetzte Komma bekommst du einen Punkt. Du kannst für die Aufgabe 4a also insgesamt 6 Punkte bekommen. Für jeden richtig bestimmten Adverbialsatz bekommst du einen Punkt. Du kannst für die Aufgabe 4b also insgesamt 3 Punkte bekommen.

**5** Mögliche Lösung:

Wenn man die Aussagen über Zensur und Unterdrückung in diesem Roman mit unserer heutigen Realität vergleicht, entdeckt man viele Parallelen. Das ist erschreckend. Aus diesem Grund hat der Roman keineswegs an Aktualität verloren, obwohl er in den 1950er Jahren erschienen ist.

**Hinweis:** Für die Auflösung des Schachtelsatzes in mehrere kürzere Sätze bekommst du insgesamt 2 Punkte.

# Grammatikwissen wiederholen und anwenden

## Präpositionen bestimmen den Kasus

### Seite 60

**1** Die eingesetzten Wörter sind **gefettet.**

Der Debütroman „The Hate U Give" von Angie Thomas erzählt schonungslos ehrlich von Rassismus und Gewalt gegen Schwarze. Die 16-jährige Starr Carter lebt in **zwei Welten:** in **ihrem verarmten Viertel,** in dem sie wohnt, und in **der Privatschule,** an der sie fast die einzige Schwarze ist. Als sie mit **ihrem besten Freund Khalil** von **einer Party** nach Hause fährt, wird Khalil bei **einer Polizeikontrolle** vor **ihren Augen** von **einem weißen Polizisten** erschossen. Starr rückt als einzige Zeugin ins Zentrum der öffentlichen Aufmerksamkeit. Khalil war unbewaffnet. Bald wird landesweit über **seinen Tod** berichtet. Soll sie vor **dem Geschworenengericht** gegen **den Polizisten** aussagen?

## Auf Subjekt-Verb-Kongruenz achten

### Seite 61

**1** Die Subjekte sind markiert und die richtigen Verbformen **gefettet:**

Wohin ein übersteigertes Gemeinschaftsgefühl und eine unkontrollierte Gruppendynamik führen **können,** zeigt der Roman „Die Welle" (1981) von Morton Rhue:

Die Fragen und das Unverständnis seiner Klasse *(„seiner Klasse" ist ein Attribut und gehört zum Subjekt „die Fragen und das Unverständnis")* über das Mitläufertum der Menschen während des Nationalsozialismus **veranlassen** den Geschichtslehrer Ben Ross zu einem heiklen Unterrichtsexperiment: Er möchte seinen Schülern beweisen, dass Anfälligkeit für faschistoides Handeln und Denken *(„für faschistoides Handeln und Denken" ist ein Attribut und gehört zum Subjekt „Anfälligkeit")* in jedem von uns **steckt.** In den nächsten Unterrichtsstunden ruft er „Die Welle", eine autoritäre Gemeinschaft, ins Leben, der die Mehrheit der Schülerinnen und Schüler *(„der Schülerinnen und Schüler" ist ein Attribut zum Subjekt „Mehrheit")* begeistert **folgt/folgen** *(beides ist möglich).* Die „Bewegung", die er auslöst, **droht** ihn und sein Vorhaben zu überrollen: Das Experiment gerät außer Kontrolle.

**+2** Die eingesetzten Verbformen sind **gefettet:**

A Die radikale Veränderung der Figuren, die der Leser miterlebt, und der Ausgang des Experimentes **sind** an Spannung kaum zu überbieten.

B Besonders nachdenklich macht die Tatsache, dass der Roman samt seiner späteren Verfilmung auf einer wahren Begebenheit **beruht,** die sich 1967 an einer kalifornischen Highschool ereignete.

## Der Konjunktiv in der indirekten Rede

### Seite 62

1 Die Verbformen im **Konjunktiv I** sind gefettet:
- Klara ist der Meinung, „Ziemlich beste Freunde“ **sei** ein berührender Film, der **zeige,** wie unverhofft ein guter Freund in das Leben eines Menschen treten **könne.**
- Iliyas meint, ihm **gefiele,** dass das Thema Behinderung mit großer Wertschätzung, aber auch mit viel Humor behandelt **werde.**
- Luca sagt, es **fasziniere** ihn, dass diese ungewöhnliche Begegnung zwischen einem französischen Multimillionär und einem vorbestraften Kleinkriminellen tatsächlich stattgefunden **habe.**

### Seite 63

2 Die Verbformen im **Konjunktiv I und II** sind fett markiert:
Das, was sie beide von der ersten Sekunde an zusammengebracht **habe** *(Konjunktiv I),* sei der gemeinsame Humor gewesen, erzählt Abdel Sellou, denn mit Humor und gegenseitigem Respekt **könne** *Konjunktiv I)* man das Leben und die Welt verändern. „Ziemlich beste Freunde“ **sei** *(Konjunktiv I)* kein Film, der die Leute bloß amüsieren soll, so der ehemalige Intensivpfleger. Viele **glaubten** *(Konjunktiv II, weil Konjunktiv I (glauben) mit dem Indikativ Präsens identisch),* so Sellou, das Thema Behinderung **betreffe** *(Konjunktiv I)* sie nicht. Aber selbst diejenigen, die nie einen Unfall hatten oder erkrankten, **kämen** *(Konjunktiv II, weil Konjunktiv I (kommen) mit dem Indikativ Präsens identisch)* mit dem Alter in einen Zustand, in dem sie Hilfe **bräuchten** *(Konjunktiv II, weil Konjunktiv I (brauchen) mit dem Indikativ Präsens identisch).*
Abdel ist der Meinung, man **vergesse** *(Konjunktiv I)* dies allzu oft.

+3 Abdel Sellou sagt, dass er mittlerweile eine Hühnerfarm in Algerien betreibt und dass Monsieur Pozzo heute mit seiner Frau in Marokko lebt. Er fügt hinzu, dass sie sich trotzdem nach wie vor regelmäßig sehen.

### Seite 64

4 Die korrekten Verbformen sind **gefettet:**
Her Süß, Betreiber des Kinos „Micki“, erklärt, worin seiner Meinung nach der Erfolg dieses Filmes **liegt/liege** (beides ist möglich). Sein Kino in der Innenstadt von Mahneshausen **hat** zwei Säle und **wird** regelmäßig besucht. Aber beim Film „Ziemlich beste Freunde“ **geriet** das Kino zeitweise in einen Ausnahmezustand, so groß **war** die Nachfrage. Das Schicksal von Philippe **würde** im Film nicht mit falscher Sentimentalität vermittelt, sondern **sei** Stoff für einige wunderbar bissige Dialoge zwischen dem Adeligen und dem sehr direkten Driss, so der Kinobetreiber. Das **sei** sehr erfrischend und **trüge** maßgeblich dazu bei, dass der Film **gelänge,** fügt Süß hinzu**.** Driss **nehme** kein Blatt vor den Mund und keine falsche Rücksicht auf seinen Chef im Rollstuhl, meint die Mitarbeiterin Thea Hinkel vom Filmverleih STUZ, und genau das **käme** bei den Zuschauerinnen und Zuschauern an. Zwei Menschen aus vollkommen unterschiedlichen Welten, der eine aus einer Villengegend, der andere aus der Pariser Vorstadt, **träfen** aufeinander und **kriegen/kriegten** (*Konjunktiv I (hier identisch mit dem Präsens Indikativ) oder Konjunktiv II, beides ist möglich)* gemeinsam etwas hin. Das **packe** das Publikum, meint Ute Bassermann, die ein Programmkino in einer hessischen Kleinstadt betreibt. Überzeugend **sei** der Film aber auch durch seine beiden Hauptdarsteller Omar Sy und Francois Cluzet, meint Bassermann. Letzterer **brilliere** ausschließlich mit seinem Mienenspiel und seiner Stimme, ohne die Behinderung Philippes zu sehr in den Vordergrund zu rücken. Sy dagegen **bringe** die Zuschauer mit seiner guten Laune zum Lachen und **vermittle** eine große Portion Schwung, so Bassermann. „Die beiden Hauptdarsteller **versprühen** im Zusammenspiel eine Lebensfreude, die es einfach unmöglich **macht,** sich dem Charme der Geschichte und ihren Figuren zu entziehen“, so das Fazit der Kinobetreiberin.

+5 Die Ersatzform (würde-Form) ist **gefettet.**
Die beiden Hauptdarsteller **würden** im Zusammenspiel eine Lebensfreude **versprühen,** die es einfach unmöglich mache, sich dem Charme der Geschichte und ihrer Figuren zu entziehen, so das Fazit der Kinobetreiberin.
→ versprühten → versprühen (Konjunktiv I = Präsens Indikativ); versprühten (Konjunktiv II = Präteritum Indikativ) → würden versprühen (Ersatzform)

## Teste dich! – Grammatikwissen sicher anwenden

### Seite 65

1 Die eingesetzten Wortgruppen sind **fett gedruckt.**
Wider **alle Erwartungen** wurde „Ziemlich beste Freunde" der erfolgreichste französische Film aller Zeiten. Die Geschichte über den Pommery-Manager, der seit **einem Sportunfall** halsabwärts gelähmt ist, wurde 2017 sogar von **einem amerikanischen Filmteam** neu verfilmt. Trotz **der namhaften Besetzung** konnte das Remake aber nicht an **den Erfolg** des französischen Originals anknüpfen.
**Hinweis:** Für jede richtig eingesetzte Wortgruppe bekommst du einen Punkt. Du kannst also insgesamt 5 Punkte bekommen.

2 Die richtigen Verbformen sind **fett gedruckt:**
Driss' lässige Art und sein fehlendes Mitleid mit dem querschnittsgelähmten Ex-Manager **hinterlassen** einen bleibenden Eindruck bei Philippe. Obwohl die Härte und Kriminalität der Pariser Vorstadt nicht vertieft **werden, zeigt** der Film doch die Klassenschranken zwischen Arm und Reich. Dass Driss plötzlich eine Menge Luxusgegenstände zur Verfügung **steht/stehen** *(beides ist richtig)* und er mit einem Maserati durch die Gegend düst, ist für die Zuschauer amüsant und bewegend zugleich.
**Hinweis:** Für jede richtige Verbform bekommst du einen Punkt. Du kannst also insgesamt 4 Punkte bekommen.

3 Die Verbformen im Konjunktiv sind gefettet:
Laut der Filmkritikerin Celina Guckert **zeige** der Film, wie das Thema Behinderung mit angemessenem Respekt, aber auch jeder Menge Leichtigkeit angegangen werden **könne.**
**Hinweis:** Für jede richtige Verbform (hier fett gedruckt) in der indirekten rede bekommst du einen Punkt. Du kannst also insgesamt 2 Punkte bekommen.

# Leserfreundlich und stilistisch gut formulieren

## Schachtelsätze vermeiden

### Seite 66

1 Mögliche Lösung:
1) Der Roman „Effi Briest" von Theodor Fontane ist ein Klassiker der deutschen Literaturgeschichte und wurde 1896 als Buch veröffentlicht. Dem Roman liegt eine wahre Begebenheit zugrunde, nämlich ein Gesellschaftsskandal über Ehebruch und Rache.
2) Mit (erst) 17 Jahren heiratet Effi den 21 Jahre älteren Baron von Instetten auf Wunsch ihrer Eltern, weil der ihr eine gute gesellschaftliche Stellung bieten kann. Doch sie wird in ihrer Ehe von ihrem vielbeschäftigten Mann oft allein gelassen und fühlt sich unglücklich, sodass sie eine Affäre mit dem Offizier Crampas beginnt. Als der Ehebruch auffliegt, wird Effi von ihrem Ehemann, ihren Eltern, aber auch von der Gesellschaft verstoßen.

### Seite 67

2 Mögliche Lösung:
3) Theodor Fontane schildert mit seinem Roman „Effi Briest" die gesellschaftlichen Regeln und Zwänge im 19. Jahrhundert, die auch eine klare Rollenverteilung zwischen Mann und Frau vorsehen. Die Figur Effi zeigt, dass ein Verstoß gegen die bürgerlich festgelegten Rollen zwangsläufig zum Scheitern führt.
4) Dass die Treue zu den gesellschaftlichen Konventionen nicht glücklich macht, zeigt auch die Figur Instetten. Als er vom Ehebruch seiner Frau erfährt, fühlt er sich so verletzt in seiner Ehre, dass er sich für ein Duell mit Crampas und die Scheidung entscheidet. Damit zerstört er nicht nur Effis, sondern auch sein eigenes Lebensglück.

## Gedankliche Zusammenhänge sprachlich deutlich machen

### Seite 68

**1** a + b Mögliche Lösung:

- Sätze 1 + 2: Obwohl Effi den viel älteren Baron von Instetten nicht liebt, heiratet sie auf Drängen ihrer Eltern den früheren Verehrer ihrer Mutter.
- Sätze 3–5: Mit dieser Ehe beginnt für Effi ein eintöniges Leben fernab ihrer Heimat, denn Innstetten widmet sich voll und ganz seiner politischen Karriere, womit diese Vernunftehe von Anfang an zum Scheitern verurteilt ist.
- Sätze 6–7: Häufig von ihrem Mann allein gelassen, geht Effi, der das Lügen eigentlich zuwider ist, eine Liebesbeziehung mit dem Offizier Crampas ein.
- Sätze 8–9: Sechs Jahre nach Beendigung der Affäre entdeckt Instetten die Liebesbriefe von Crampas, die dieser damals an seine Frau Effi geschrieben hatte.

## Mit Synonymen abwechslungsreich und treffend formulieren

### Seite 69

**1** Die durch Synonyme ersetzen Wörter sind **fett gedruckt.** Mögliche Lösung:
**TIPP:** Du musst nicht alle Wörter ersetzen. Es dürfen sich auch Wörter wiederholen, denn gerade bei Fachwörtern wie „Roman" findet man nicht viele passende Synonyme.
Der Roman „Effi Briest", der die Geschichte einer Ehebrecherin **erzählt,** ist Fontanes berühmtestes **Buch.** Schon zu Fontanes Lebzeiten wurde es zum Bestseller und in mehreren Auflagen nachgedruckt. Das **Werk** des poetischen Realismus **beschreibt** die Geschichte der 17-jährigen Effi Briest, deren unglückliche Zwangsehe mit einem wesentlich älteren Mann eine Lawine tragischer Ereignisse auslöst. Geistreich und detailliert **kritisiert** Fontane in diesem **Roman** die bürgerliche Moral im ausgehenden 19. Jahrhundert, in der echte Emotionen keinen Platz hatten. Thomas Mann **charakterisiert** das **Buch** wie folgt: „Fontanes ethisch modernstes Werk, das am deutlichsten über die bürgerlich realistische Epoche hinaus in die Zukunft weist."

**+2** Individuelle Lösung

# Formen von Nebensätzen unterscheiden

## Adverbialsätze

### Seite 70

**1**

| Art des Adverbialsatzes | Frageprobe | Konjunktionen |
|---|---|---|
| **Kausalsatz** (Grund, Ursache) | Warum? Aus welchem Grund? | *da, weil,* |
| **Konditionalsatz** (Bedingung) | Unter welcher Bedingung ...? | *wenn, falls, sofern* |
| **Finalsatz** (Ziel, Absicht) | Wozu ...? Mit welcher Absicht ...? | *damit, dass* |
| **Konsekutivsatz** (Folge, Wirkung) | Mit welcher Folge ...? | *sodass (auch: so ... dass)* |
| **Konzessivsatz** (Einräumung) | Trotz welcher Umstände ...? | *obwohl, obgleich* |
| **Temporalsatz** (Zeitpunkt/-dauer) | Wann ...? Seit/bis wann ...? | *nachdem, als, während, bis, bevor, solange, sobald* |
| **Modalsatz** (Art und Weise) | Wie ...? Auf welche Weise ...? | *indem, als ob* |
| **Adversativsatz** (Gegenüberstellung) | Was passiert im Gegensatz zu ...? | *wohingegen, während* |

**2** Die Nebensätze sind unterstrichen und die Konjunktionen **fett gedruckt.**
**Wenn** sich ein deutscher Regisseur an Hip-Hop-Beats und Jugendsprache versucht, kann das auch schon mal schiefgehen. (*Konditionalsatz*) Dem Film „Das schönste Mädchen der Welt" gelingt das fast Unmögliche, **indem** er grandiose Dialoge, Humor und beste Rap-Einlagen auf die Leinwand bringt. (*Modalsatz*) So waren Kinopublikum und Kritik gleichermaßen begeistert, **als** diese deutsche Musikkomödie in die Kinos kam. (*Temporalsatz*)

### Seite 71

**3** a + b Die Nebensätze sind unterstrichen.
- Der 17-jährige Cyril wird von seinen Klassenkameraden gehänselt, weil er eine große Nase hat. (Kausalsatz)
- Obwohl er von seiner Klasse ständig verspottet und gemobbt wird (Konzessivsatz), hat er sein Selbstwertgefühl und das Vertrauen in sein Talent, das Rappen, nicht verloren.
- Da Roxy die Klassendynamik nicht kennt (Kausalsatz), setzt sie sich auf der Klassenfahrt nach Berlin einfach neben Cyril, der sie mit seinem Wortwitz überrascht.

**+4** Die einleitenden Konjunktionen bei den Adverbialsätzen sind **gefettet.** Mögliche Lösung:
A **Damit** er in den Rap-Battles unerkannt bleibt, setzt sich Cyrill nachts eine goldene Maske auf.
B **Wenn** er dann mit Schlagfertigkeit und Wortwitz auftrumpfen kann, fühlt er sich großartig.

## Relativsätze

### Seite 72

**1** a Die Relativpronomen, die die Sätze verbinden, sind **fett gedruckt.**
1) „Das schönste Mädchen der Welt" ist ein Film, **der** das 120 Jahre alte Versdrama „Cyrano de Bergerac" in die Gegenwart verlegt. 2) Die Geschichte des französischen Dichters mit der Riesennase, **der** letztendlich seine Angebetete von seinen inneren Werten überzeugen kann, ist unzählige Male neu erzählt und verfilmt worden.
b Die Relativsätze sind unterstrichen, die Relativpronomen **fett gedruckt.**
4) „Cyrano de Bergerac" verhandelt ein Thema, **das** an Aktualität nicht verliert: nämlich die Frage nach innerer und äußerer Schönheit. 5) Für eine Generation, **die** vom Vergleichszwang auf Instagram & Co. getrieben wird, hält auch diese Neuverfilmung eine wichtige Botschaft bereit: 6) Sei der, **der** du bist.

**+2** Der Relativsatz bezieht sich auf eine Ortsangabe („hinten im Kino").

## *das* oder *dass*? – Achte auf die Wortart

### Seite 73

**1** Die eingesetzten Wörter sind **fett gedruckt:**
**Dass** die allseits bekannte Geschichte von „Cyrano de Bergerac" damals wie heute das Publikum fasziniert, überrascht wenig. Dies liegt wohl auch daran, **dass** der Stoff so zeitlos und romantisch ist, meint Regisseur Ama Yarin. Cyranos Liebe zu Roxane geht so weit, **dass** er sogar seinem ärgsten Nebenbuhler sein poetisches Talent leiht, nur um seine angebetete Frau glücklich zu wissen. Auch in dem Film „Das schönste Mädchen der Welt" legt der Außenseiter Cyril dem „schönen" Rick die passenden Worte in den Mund. Als begnadeter Rap-Poet schreibt er für Rick coole Songs und romantische SMS. Dumm nur, **dass** Roxy glaubt, **dass** die Texte von Rick stammen. Wird das taffe und schlagfertige Mädchen, **das** in keine Schublade passt, dem Richtigen ihr Herz schenken?

**+2** Die eingesetzten Wörter sind **fett gedruckt:**
**Das** Coming-of-Age-Drama „Das schönste Mädchen der Welt" bietet gute Unterhaltung, einen tollen Soundtrack und Spaß für alle Altersgruppen und **das** sogar mit Anspruch! Kaum zu glauben, **dass das** Drehbuch, die Regie und Kamera-Arbeit „made in Germany" sind.

## Infinitivgruppen

### Seite 74

**1** a + b Die Infinitivsätze sind unterstrichen. Die Wörter, die ein Komma bei Infinitivsätzen verlangen, sind **fett gedruckt.**
Zu ahnen, dass die empfundene Liebe keine Erwiderung findet, ist schmerzlich. Seinen Schwarm aber dann noch in die Arme eines anderen zu treiben**, um** Schlimmeres zu verhindern, klingt verrückt. Verrückt und romantisch zugleich – und genau das ist der Plot der Komödie „Das schönste Mädchen der Welt". Durch seine Rolle als Außenseiter findet Cyril nicht den Mut, seiner Mitschülerin Roxy seine Gefühle zu gestehen. Als dann der hinterhältige Ober-Macho Benno ein Auge auf Roxy wirft, startet Cyril eine waghalsige Verkupplungsaktion**, um** Roxy vor Benno zu schützen. Der gutmütige, hübsche Rick soll quasi als Benno-Verhinderung das Herz von Roxy erobern. Doch es gibt ein Problem: Rick bringt in Anwesenheit von Roxy kaum ein Wort heraus. **Um** bei Roxy zu punkten, braucht Rick von dem begnadeten Rap-Poeten Cyril dringend ein paar Nachhilfestunden in Sachen Poesie. Als Ghostwriter für Rick schafft **es** Cyril, Roxy mit gefühlvollen Handy-Nachrichten und romantischen Songs zu beeindrucken. Doch wie lange kann Cyril seine eigenen Gefühle für Roxy verbergen?

**+2** Seine Unsicherheit hält Cyril davon ab, Roxy seine Liebe zu gestehen. Er vermeidet es zum Beispiel, mit Roxy offen zu sprechen, obwohl die Chemie zwischen den beiden stimmt.

## Teste dich! – Leserfreundlich schreiben, Nebensätze unterscheiden

**1** Mögliche Lösung:
Hermine Huntgeburths Kinofilm „Effi Briest" ist die fünfte Verfilmung von Fontanes Gesellschaftsroman, der vielen als Schullektüre vertraut ist. Der Film unterscheidet sich besonders am Ende deutlich von der literarischen Vorlage: Während Effi im Roman an der Trennung von Mann und Kind zerbricht, überwindet sie im Film die Krise und führt ein freies Leben in Berlin.
**Hinweis:** Für den überarbeiteten Schachtelsatz bekommst du insgesamt 4 Punkte.

**2** a + b Die Adverbialsätze sind unterstrichen.
A Obwohl „Harry Potter", „Tschick" und „Effi Briest" ganz unterschiedliche Storys haben, gibt es eine Gemeinsamkeit. (Konzessivsatz)
B Nachdem diese Werke zunächst als Bücher veröffentlicht wurden, erschienen sie später auch als Filme. (Temporalsatz)
**Hinweis:** Für jeden richtig markierten Adverbialsatz inklusive Komma bekommst du einen Punkt. Du kannst also für die Aufgabe 2a insgesamt 2 Punkte bekommen. Für jeden richtig bestimmten Adverbialsatz bekommst du einen Punkt. Du kannst also für die Aufgabe 2b insgesamt 2 bekommen.

**3** Die Infinitivgruppen sind unterstrichen.
Den Jugendroman „Tschick" von Wolfgang Herrndorf zu lesen, kann ich wirklich nur empfehlen. Zwei Jugendliche kommen auf die verrückte Idee, einen schrottreifen Lada zu klauen, um damit quer durch Deutschland zu reisen. Auch die Verfilmung des Buches ist großartig und schafft es, die Atmosphäre des Romans in actionreiche Bilder und witzige Dialoge zu übersetzen.
**Hinweis:** Für jede richtig markierte Infinitivgruppe inklusive Komma bekommst du einen Punkt. Du kannst also insgesamt 4 Punkte bekommen.

**4** Die richtigen Wörter sind **gefettet:**
Wer glaubt, **dass** die Verfilmung eines Bestsellers immer gelingt, irrt gewaltig. Der Regisseur Fatih Akin, der den Roman „Tschick" in ein mitreißendes Roadmovie verwandelte, sagt: „Mich hat am meisten interessiert, **dass** hier jemand in ein Mädchen aus seiner Klasse verliebt ist, **das** ihn aber nicht beachtet", so der Regisseur. „So etwas kenne ich auch aus meinem Leben sehr gut."
**Hinweis:** Für jedes richtig eingesetzte Wort bekommst du einen Punkt. Du kannst also insgesamt 3 Punkte bekommen.

# Rechtschreibung

## Was kannst du schon?

### Seite 76

1 A Stab (verlängern) – B Räuber (ableiten) – C Endspiel (zerlegen, verlängern)
**Hinweis:** Für jede richtige Schreibweise erhältst du 1 Punkt. Du kannst also insgesamt 3 Punkte erreichen.

2 amerikanische, Schreiben, Länge, tippen, Träumen, besten, schlafen, Ungewöhnliches, nachts
**Hinweis:** Für jede richtige Schreibweise erhältst du 1 Punkt. Du kannst also insgesamt 9 Punkte erreichen.

3 ruhig sitzen, Unterricht folgen, Schuleschwänzen, unterbrochen, blaumachen, Drehort lernen, zusammensitzen, genau hinschauen
**Hinweis:** Für jede richtige Schreibweise erhältst du 1 Punkt. Du kannst also insgesamt 8 Punkte erreichen.

### Seite 77

4 1 Als er 2018 das College abbricht, ist der 19-jährige Montero Lamar Hill zunächst arbeitslos. 2 Er will Musik machen, um als Rapper berühmt zu werden. 3 Seine Eltern sind von dieser Idee jedoch wenig begeistert, da das Musikbusiness allgemein als hart gilt und keine realistischen Erfolgsaussichten bietet. 4 Aber Hill gibt seinen Traum nicht auf und erwirbt einen Beat des Produzenten YoungKio, auf den er rappt. 5 Den Song, der auf diese Weise entsteht und den er „Old Town Road“ nennt, veröffentlicht Hill auf YouTube und SoundCloud. 6 Als Tanz-Challenge wird der Song auf TikTok schnell zum Erfolg. 7 Einen globalen Hype löst jedoch erst ein Remix mit Billy Ray Cyrus, einer Country-Legende, aus. 8 Hill, der sich nun Lil Nas X nennt, ist seitdem Stammgast in den internationalen Charts.
**Hinweis:** Für jedes korrekt gesetzte Komma erhältst du 1 Punkt. Du kannst also insgesamt 10 Punkte erreichen.

5 A (1, 3), B (4, 5, 8), C (7), D (2)
**Hinweis:** Für jede richtige Zuordnung erhältst du 1 Punkt. Du kannst also insgesamt 8 Punkte erreichen.

6 „Die tiefe und melancholische Stimme des Sängers ist ein Alleinstellungsmerkmal der Band“, schreibt ein Musikkritiker über AnnenMayKantereit.
**Hinweis:** Für jedes richtig gesetzte Satzzeichen erhältst du 1 Punkt. Du kannst also insgesamt 3 Punkte erreichen.

# Wiederholung: Rechtschreibstrategien

### Seite 78

1 B t oder d? > Verlängern: die Hände > die Hand
C eu oder äu? > Ableiten: das Feuer > kein verwandtes Wort auf au
D Doppelkonsonant? > Verlängern und auf offene/geschlossene Silbe achten: sol-len > geschlossene erste Silbe > sollte
E eu oder äu? > Ableiten: bauen > Gebäude
F d oder t? > Verlängern: die Brände > der Brand
G Doppelkonsonant? > Verlängern und auf offene/geschlossene Silbe achten: bren-nen > geschlossene erste Silbe > brennt
H Doppelkonsonant? > Verlängern und auf offene/geschlossene Silbe achten: ret-ten > geschlossene erste Silbe > gerettet

### Seite 79

2 Taschendieb, Bibliothek, erfolgreiche, sorglos, häufig, endgültig, Klang, bedeutsam

3 Wäsche, Leute, Stärke, Freund, geräucherter Fisch, Rätsel, männlich, heute

4 Schriftste**ll**erinnen, verö**ff**entlicht, ka**nn**, verfa**ss**te, Pla**tz**, Ma**ß**stab, me**ck**ert

+5 Regel/Strategie für **„Platz“:** Zuerst muss das einsilbige Wort **verlängert** werden (> Plätze). Dann wird geprüft, ob die erste Silbe offen oder geschlossen ist (> **Plät**-ze = geschlossen). Daher wird der Konsonant **verdoppelt.** Achtung! Statt **zz** schreibt man im Deutschen **tz!**
Regel/Strategie für **„Maßstab“:** Das Teilwort muss verlängert werden (> Maß → Maße). Dann wird geprüft, ob die erste Silbe offen oder geschlossen ist (> **Ma**-ße = offen). Abschließend muss kontrolliert werden, ob der s-Laut zischend oder summend ist (> Ma-**ße** = zischend). Der zischende s-Laut nach einer offenen Silbe wird mit einem **ß** geschrieben.
Regel/Strategie für **„meckert“:** Es wird geprüft, ob die erste Silbe offen oder geschlossen ist (> meckern = geschlossen). Daher wird der Konsonant **verdoppelt.** Achtung! Statt **kk** schreibt man im Deutschen **ck!**

# Groß- und Kleinschreibung

## Nominalisierungen und Denominalisierungen

### Seite 80

1 Es ist unglaublich: Bei ihrem **Erscheinen** im Jahr 1847 werden gleichzeitig drei Romane von drei Brüdern zum **großen** Erfolg. Die Romane „Sturmhöhe“, „Jane Eyre“ und „Agnes Grey“ sind das Gesprächsthema Nummer **eins** in Londons gebildeten Kreisen. Doch die drei Brüder umgibt etwas **Geheimnisvolles.** Niemand kennt sie oder weiß etwas **Genaueres.** Sie geben keine Interviews und erscheinen in keinem Salon. Das ist ungewöhnlich, denn auch scheue Autoren lieben im **Allgemeinen** den Ruhm. Am **wahrscheinlichsten** erschien damals die Vermutung, dass sich hinter den Pseudonymen Currer, Ellis und Acton Bell andere Männer verbargen. Nach langem **Rätseln** entpuppen sich aber die Schwestern Charlotte, Emily und Anne Brontë als die **wahren** Verfasserinnen. Eine Sensation! Ob die drei Schwestern das **Für** und **Wider** ihres Versteckspiels lange erwogen haben? Eher nicht! Die Gesellschaft schien **damals** noch nicht reif für drei Erfolgsautorinnen ihres Formats.

2 Emily Brontë hat den rauen englischen Landstrich, in dem sie aufwuchs, zeit ihres Lebens nur selten verlassen. Den heutigen Leserinnen und Lesern ihres Romans „Wuthering Heights“ (deutsch „Sturmhöhe“) kann das nur recht sein. Denn dank der stürmischen Hochmoore Yorkshires finden sich in dem Buch nicht nur unvergessliche Landschaftsschilderungen, der ganze Roman ist wild und leidenschaftlich.

## Schreibung von Zeitangaben und Wochentagen

### Seite 81

1 Richtige Schreibung: Donnerstagvormittag, gestrigen, morgens, Vormittag, Mittag, Nachmittag, Abend, nachts, heute, morgen, Freitagabend

2 Adverbien: morgens, nachts, heute, morgen

+3 Individuelle Lösungen

## Fremdwörter richtig schreiben

### Seite 82

1

| Nomen im Singular | Nomen im Plural | Adjektiv | Verb |
|---|---|---|---|
| die Sympathie | die Sympathien | sympathisch | sympathisieren |
| die Theorie | die Theorien | theoretisch | theoretisieren |
| der Philosoph / die Philosophin | die Philosophen / die Philosophinnen | philosophisch | philosophieren |
| das Theater | die Theater | theatralisch | XXXXXXXXXXXXXXX |
| das Drama | die Dramen | dramatisch | dramatisieren |
| die Szene | die Szenen | szenisch | inszenieren |
| die Intention | die Intentionen | intentional | intendieren |

2 Regie, Tragödie, inszeniert, Exposition, Konflikt, Katastrophe

+3 Übertreibung = die Hyperbel; Aufforderung = der Appell; Steigerung = die Klimax; Gegensatz = die Antithese

## Teste dich! – Groß- und Kleinschreibung

### Seite 83

1 A Der irische Schriftsteller Oscar Wilde war bekannt für sein kurioses **A/auftreten.** Ob Schal oder Mantel, er liebte das **B/bunte.** Er war ein echtes Original, das immer für **A/aufsehen** sorgte. Schon seine **L/langen** Haare verblüfften die Bürger. Am **K/kuriosesten** aber war, dass er an einem schönen **S/sonntagnachmittag** mit einem Hummer an der Leine spazieren ging.

B Ein kleines Mädchen soll **D/dank** Franz Kafkas Hilfe Trost gefunden haben. Es hatte das **K/kostbarste** auf der Welt verloren, seine Puppe. Kafka begegnete dem weinenden Mädchen **M/morgens** im Park und fragte, wer **S/schuld** an ihrem Elend sei. Nachdem er den Grund erfahren hatte, tat das Kind ihm **L/leid.** Er bat es, auf ihn zu warten, lief mit **G/großen** Schritten nach Hause und schrieb einen Brief. In diesem Brief erklärte die Puppe dem Mädchen, warum sie plötzlich verreisen musste. Als das Mädchen das **H/hörte,** konnte es wieder lächeln.

**Hinweis:** Für jede richtige Schreibweise erhältst du 1 Punkt. Du kannst also insgesamt 13 Punkte erreichen.

2 a richtig: **A, B;** falsch: **C, D**

**Hinweis:** Für jede richtige Antwort erhältst du 1 Punkt. Du kannst also insgesamt 4 Punkte erreichen.

b C Adjektive können Begleitwörter von Nomen sein.

D Superlative mit *am* werden kleingeschrieben.

**Hinweis:** Für jede Berichtigung erhältst du 1 Punkt. Du kannst also insgesamt 2 Punkte erreichen.

c A Sonntagnachmittag – B dank, schuld, leid – C sein kurioses Auftreten, einen schönen Sonntagnachmittag – D am kuriosesten

**Hinweis:** Für jedes richtig zugeordnete Textbeispiel erhältst du 1 Punkt. Du kannst also insgesamt 4 Punkte erreichen.

# Getrennt- und Zusammenschreibung

## Getrenntschreibung – Nomen + Verb, Verb + Verb

### Seite 84

1 Karriere beginnt; tanzen lernen; singen üben; Geräteturnen; Trampolinspringen; Menschenpyramide erklimmen

+2 Mögliche Lösungen:
Kluges **Fragenstellen** macht den Unterricht interessanter.
Beim **Spazierengehen** kann ich mich gut erholen.
Das **Glücklichsein** ist ein erstrebenswertes Ziel.

## Meist getrennt – Adjektiv + Verb

### Seite 85

1 a + b **richtigstellen:** den Sachverhalt (er)klären; **festnehmen:** jmd. verhaften; **schwerfallen:** etwas mühevoll versuchen oder bewerkstelligen; **sichergehen:** kein Risiko eingehen; **nahebringen:** etwas verständlich machen; **gutschreiben:** etwas anrechnen (z.B. auf dem Konto)

2 richtige Schreibweise: A schiefgehen B vielseitig talentiert C lustig macht D fertigstellen

+3 Mögliche Lösungen:
Um den neuen Zielort im Navigationsgerät **festlegen** zu können, muss ich ins Menü.
Ich habe eine bestimmte Reihenfolge festgelegt.

## Meist zusammen – Adverb + Verb, Präposition + Verb

### Seite 86

1 **getrennt:** B, C, G **zusammen:** A, D, E, F, H

2 **an:** andenken, anfordern, angehen, anlegen, annehmen, anregen, anstellen, antreiben
**auf:** auffordern, aufgehen, auflegen, aufnehmen, aufregen, aufstellen, auftreiben
**nach:** nachdenken, nachfordern, nachgehen, nachlegen, nachnehmen, nachstellen
**über:** überdenken, überfordern, übergehen, überlegen, übernehmen, überstellen, übertreiben
**vor:** vordenken, vorgehen, vorlegen, vornehmen, vorstellen, vortreiben

+3 Mögliche Lösungen:
auffordern: Ich **fordere** meinen Tanzpartner **auf.**
vornehmen: Häufig **nehme** ich mir am Wochenende etwas **vor.**

## Teste dich! – Getrennt- oder Zusammenschreibung?

### Seite 87

1 a **getrennt:** A, D, E, G – **zusammen:** B, C, F
**Hinweis:** Für jede richtige Antwort erhältst du 1 Punkt. Du kannst also insgesamt 7 Punkte erreichen.
b A: Satz C; B: Satz A, D, G; C: Satz B; D: Satz F; E: Satz E
**Hinweis:** Für jede richtige Zuordnung erhältst du 1 Punkt. Du kannst also insgesamt 7 Punkte erreichen.

2 Antwort **B** ist richtig.
**Hinweis:** Für die richtige Antwort erhältst du 1 Punkt.

# Zeichensetzung

## Die Kommasetzung in (komplexen) Satzgefügen

### Seite 88

**1** unterordnende Konjunktionen, **Relativpronomen**
Als John Lennon, Paul McCartney, George Harrison und Ringo Starr 1966 in Hamburg zwei Blitzkonzerte gaben, waren sie bereits weltberühmt. Dem üblichen Trubel bei ihrer Ankunft wollten die Beatles entgehen, indem sie einen Sonderzug nutzten und bereits vor den Toren Hamburgs ausstiegen. Die vier Musiker staunten daher nicht schlecht, dass sich Hunderte kreischender Fans auf dem Bahnsteig tummelten.
Aber die Ankunft der Beatles markierte erst den Anfang eines Tages, **der** Hamburg in eine Art von Ausnahmezustand versetzte. Vor der Konzerthalle herrschte abends ein derartiges Gedränge, dass die Polizei eingreifen musste. Viele Fans mit und noch mehr Fans ohne Eintrittskarten, **die** die Band unbedingt erleben wollten, verlangten nach Einlass. Die Polizei übernahm die Ticketkontrolle und verfuhr dabei mit großer Strenge. Funfact: Der Bandmanager wurde nicht hereingelassen, weil er keine Eintrittskarte vorweisen konnte. Es hätte ja schließlich jeder behaupten können, der Manager der berühmtesten Band der Welt zu sein.

### Seite 89

**2** 1 Eine Schattenseite des Ruhms ist der Verlust des Privatlebens. 2 Auch Paul McCartney, der an sich nicht menschenscheu war, brauchte nach einer langen Tournee, die ihn mit den Beatles durch zahlreiche Städte und Länder geführt hatte, eine Auszeit. 3 Sein Urlaubsziel: Frankreich! 4 Weil er aber wusste, dass er auch auf Frankreichs Straßen bekannt war wie ein bunter Hund, legte er sich eine Verkleidung zu, die ihn vor zudringlichen Fans schützen sollte. 5 Ein falscher Schnurrbart und eine Brille ohne Gläser, die verblüffend echt aussah, sollten ihn unkenntlich machen. 6 Das klappte zunächst auch ganz gut! 7 Niemand kümmerte sich um ihn. 8 Als er aber von dem Türsteher eines Nachtclubs, der ihn seiner Verkleidung nicht erkannte, abgewiesen wurde, wusste er, was zu tun ist. 9 Er lüftete sein Geheimnis. 10 Als Paul McCartney kommt man schließlich überall rein!

**3** 1. **Satzbauplan:** Satz 8; 2. **Satzbauplan:** Satz 4; 3. **Satzbauplan:** Satz 5; 4. **Satzbauplan:** Satz 2

**+4** Mögliche Lösungen:
Weil ich morgen früh aufstehen muss, damit der Bus nicht ohne mich fährt, gehe ich schlafen, obwohl ich eigentlich noch meine Serie weiterschauen will.

## Das Komma bei Infinitivgruppen und Partizipialgruppen

### Seite 90

**1** a + b + c **Einleitungswörter / hinweisende Wörter**, Infinitivgruppen, Partizipialgruppe
Pop, in koreanischer Sprache auch K-Pop genannt, wurde im Westen in den 2010er-Jahren bekannt. **Um** die sogenannte Koreanische Welle auszulösen, brauchte es aber Megastars wie die Jungs der Boyband BTS. Die Band, bestehend aus sieben Sängern, bricht seit der „Love-Yourself"-Trilogie alle Rekorde. Dabei kommt es ihr **darauf** an, ehrliche Musik mit echten Emotionen und keine Erfolgsnummern aus der Retorte zu produzieren. Für einen eigenen Weg in der koreanischen Musikbranche stehen auch die einzelnen Charaktere der Band. Suga hat zwar **die Möglichkeit** genutzt, der Boyband beizutreten, war aber bereits zuvor ein Musikproduzent und Underground-Rapper. Interviews nutzt er auch **dafür**, politische Statements gegen Hass und Diskriminierung abzugeben. Aber natürlich sind BTS auch ein Produkt der Medien. Die große Kunst ist **es**, in der Musikbranche zu bestehen, **ohne** sich dabei zu sehr zu verbiegen. Vielen gelingt das nicht. Dies bedenkend, so machen die sieben Jungs von BTS ihre Sache richtig gut.

## Die Zeichensetzung bei Zitaten

### Seite 91

**1**
A „Es gibt immer wieder Ärger zwischen Musikern und ihren Labeln."
B Dabei gehe es häufig um „Fragen des geistigen Eigentums".
C „Auseinandersetzungen um kreative Prozesse" stünden ebenfalls oft im Mittelpunkt.
D Dann betont sie: „Und natürlich spielt auch das Geld eine Rolle!"
E Mit dem Ausruf „Jetzt reicht es!" habe schon mancher seinen Vertrag zerrissen.
F „Solange alle an einem Strang ziehen", stellt sie klar, „gibt es keine Probleme. "
G „Aber wehe, wenn!", fügt sie hinzu.
H Wer kenne schließlich nicht den aktuellen „Fall von Taylor Swift".
I Die Künstlerin habe nach einem Streit zwei „alte Alben neu eingesungen".

### Seite 92

**1** **Klammer A:** erklärender Zusatz; **Klammer B:** geringfügige Veränderung; **Klammer C:** Auslassung

**2**
A Das ist das „neue[ ]Bild", das Adele für ihre Fangemeinde entwirft.
B „Sie erscheint als eine elegante [...] Dame von Welt."
C Damit hat sie [gemeint ist Adele] sich gekonnt ins Gespräch gebracht.

## Teste dich! – Zeichensetzung

### Seite 93

**1** **a** 1 Pharrell Williams ist Rekordhalter**,** weil er mit „Happy" ein Musikvideo von 24 Stunden Länge aufgenommen hat. 2 „Die Ärzte"**,** auch die „Beste Band der Welt" genannt**,** kamen mit dem kürzesten Videoclip ins Guinnessbuch. 3 Das kürzeste Konzert geht auf das Konto der „White Stripes"**,** die nur einen Akkord anschlugen. 4 Um das empfindliche Ökosystem nicht zu sehr mit Lärm zu belasten**,** gaben die Rocker von Metallica ihr Antarktiskonzert unter einer eigens errichteten Kuppel.
**Hinweis:** Für jedes richtige gesetzte Komma erhältst du 1 Punkt. Du kannst also insgesamt 4 Punkte erreichen.

**b** A: 4; B: 1; C: 2; D: 3
**Hinweis:** Für jede richtige Zuordnung erhältst du 1 Punkt. Du kannst also insgesamt 4 Punkte erreichen.

**2** Paul McCartney**,** berühmt als einer der führenden Köpfe der „Beatles"**,** erspielte sich im Jahr 2005 einen Weltrekord**,** indem er seine Musik live ins Weltall übertrug**,** wo sie die Astronauten der Internationale Raumstation pünktlich zum Frühstück erreichte.
**Hinweis:** Für jedes richtig gesetzte Komma erhältst du 1 Punkt. Du kannst also insgesamt 4 Punkte erreichen.

**3** „Geht es eigentlich nur noch um Rekorde?", fragt ein Musikkenner.
**Hinweis:** Für jedes richtige Satzzeichen erhältst du 1 Punkt. Du kannst also insgesamt 4 Punkte erreichen.

# Ich teste meinen Lernstand

## A Texte verstehen

### Seite 94

1 Richtig ist Antwort **D.**
**Hinweis:** Für die richtige Antwort erhältst du 1 Punkt.

### Seite 95

2 Gesagtes: lobende Mütter; Gemeintes: Stolz und Eitelkeit
Gesagtes: begabte Söhne; Gemeintes: Egoismus
Gesagtes: nüchterne Mutter; Gemeintes: Bescheidenheit
Gesagtes: unauffälliger Sohn; Gemeintes: Hilfsbereitschaft
**Hinweis:** Für jede richtige Zuordnung erhältst du 1 Punkt. Du kannst also insgesamt 4 Punkte erreichen.

3 Richtig ist Antwort **B.**
**Hinweis:** Für die richtige Antwort erhältst du 1 Punkt.

4 Mögliche Lösung:
Mich überzeugt die Erklärung von Mika mehr, da durch die Schlussfolgerung des alten Mannes deutlich wird, dass das Entscheidende die Hilfsbereitschaft ist, die diesen Sohn erst zu einem „richtigen" Sohn macht.
**Hinweis:** Für die richtige Entscheidung und eine gute Begründung erhältst du insgesamt 3 Punkte.

### Seite 97

5 **Richtig** sind die Antworten **B, C** und **D.** Antwort **A** ist **falsch.**
**Hinweis:** Für jede richtige Antwort erhältst du 1 Punkt. Du kannst also insgesamt 4 Punkte erreichen.

6 **Absatz 1:** verweist auf die Aktualität des Themas und stellt die Ausgangsfrage.
**Absatz 2:** erläutert die Antithese und entkräftet sie mit Blick auf Freiheitseinschränkungen.
**Absatz 3:** begründet die Einstellung der Autorin auf der Basis ihrer persönlichen Erlebnisse.
**Absatz 4:** betont noch einmal, wie wichtig Entscheidungsfreiheit für die persönliche Entwicklung ist.
**Absatz 5:** plädiert für das Recht auf einen Freiwilligendienst.
**Hinweis:** Für jede richtige Zuordnung erhältst du 1 Punkt. Du kannst also insgesamt 5 Punkte erreichen.

7 **Aufwertende** Formulierungen: **E, D**
**Abwertende** Formulierungen: **A, B, C, F**
**Hinweis:** Für jede richtige Zuordnung erhältst du 1 Punkt. Du kannst also insgesamt 6 Punkte erreichen.

### Seite 98

8 Richtig ist Aussage **B.**
**Hinweis:** Für die richtige Antwort erhältst du 1 Punkt.

9 Bei dem Text handelt es sich um einen meinungsbildenden Text, da die Autorin ihre Meinung klar artikuliert und diese sowohl mit den Freiheitsrechten des Einzelnen als auch mit eigenen Erfahrungen begründet.
**Hinweis:** Für die richtige Zuordnung und eine korrekte Begründung erhältst du insgesamt 2 Punkte.

10 Das Säulendiagramm zeigt, dass die Mehrheit der Einführung eines sozialen Pflichtjahres für junge Erwachsene positiv gegenübersteht. Dies entspricht den Aussagen der Autorin zu Beginn ihres Textes, denn dort verweist sie darauf, dass viele Menschen aus unterschiedlichen politischen Lagern ein Pflichtjahr befürworten. (Ergänzender Hinweis: In der Gruppe der Befragten zwischen 18 und 29 Jahren fällt die Zustimmung allerdings geringer aus.)
**Hinweis:** Für einen Bezug zum Text erhältst du insgesamt 4 Punkte.

## B Wortbedeutung und Grammatik

### Seite 99

11 Fehler sind im **Fett**-Druck berichtigt:
**Einen** Beweis dafür, dass Menschen soziale Wesen sind, **leiten** Forscherinnen und Forscher daraus ab, dass sie bereits in der Frühzeit in **einer** Sippe zusammengelebt haben. Ohne **diese** Gemeinschaft wäre es schwierig geworden, auf die Jagd zu gehen und den Nachwuchs aufzuziehen. Fürsorge und Hilfsbereitschaft sind jedoch nicht nur zweckmäßig, sondern **steigern** auch das Ansehen, sodass die soziale Bindung des Menschen an die Gruppe von manchen auch als Egoismus betrachtet **wird.** Übrigens setzen auch Tiere ihr Leben für ihre Familie ein, jedoch nicht wegen **des Ansehens,** sondern zum Schutz **ihrer** Art.
**Hinweis:** Für jede richtige Korrektur erhältst du 1 Punkt. Du kannst also insgesamt 8 Punkte erreichen.

12 Die korrekten Verknüpfungen sind markiert:
Altruismus ist das Gegenteil von Egoismus, denn Altruismus bedeutet völlige Selbstlosigkeit. Egoismus dagegen heißt, die eigenen Interessen in den Mittelpunkt zu stellen. Jedoch ist auch altruistisches Verhalten nicht immer selbstlos. Es ist nur scheinbar altruistisch, wenn es um nichts anderes als die Anerkennung in der eigenen Gruppe geht.
**Hinweis:** Für jeder richtige Verknüpfung erhältst du 1 Punkt. Du kannst also insgesamt 4 Punkte erreichen.

### Seite 100

13 1. Satz: B, 2. Satz: C, 3. Satz: A
**Hinweis:** Für jede richtige Zuordnung erhältst du 1 Punkt. Du kannst also insgesamt 3 Punkte erreichen.

14 Folgende Synonyme sind geeignet (beispielhafte Lösung):
- große: berühmte
- sagte: behaupteten
- selbstbezogener: egoistischer
- garantieren: gewährleisten
- heben hervor: betonen, unterstreichen, bemerken ausdrücklich
- sehr: außerordentlich, (ganz) besonders, enorm
- Gruppe: Sippe, Gemeinschaft
- leben: existieren

**Hinweis:** Für jedes geeignete Synonym erhältst du 1 Punkt. Du kannst also insgesamt 10 Punkte erreichen.

## C Rechtschreibung

### Seite 101

15 + 16 Korrigierte Textstellen sind **fett** gedruckt:
Wir alle sollten im Alltag **zusammenhalten** und **aufmerksam sein,** wenn es um unsere Mitmenschen geht. Es gibt viele Gründe dafür, anderen etwas **Gutes** zu tun. Mäzene**,** die Künstler und Künstlerinnen finanzieren**,** ohne eine direkte Gegenleistung zu erwarten**,** sind ein interessantes Beispiel dafür. Ohne ihre **großzügigen** Spenden könnten viele Kunstwerke **gar nicht** entstehen. **Dass** reiche Privatpersonen viele Abermillionen **spenden,** muss aber nicht immer auf Altruismus beruhen. Manche setzen sich **kraft** ihres Geldes auch selbst ein **Denkmal.**
**Hinweis zu Aufgabe 15:** Für jede richtige Schreibweise erhältst du 1 Punkt. Du kannst also insgesamt 9 Punkte erreichen.
**Hinweis zu Aufgabe 16:** Für jedes richtig gesetzte Komma erhältst du 1 Punkt. Du kannst also insgesamt 7 Punkte erreichen.

17 Die richtige Schreibung ist **fett** gedruckt:
Auch **das** Sponsoring ist eine gängige Form der Unterstützung. Es sollte jedoch jedem klar sein, **dass** Sponsoring eine Marketingmaßnahme großer Firmen ist. **Das** ist die Idee dahinter. Als Gegenleistung für **das** Geld, **das** der Sponsor gibt, erwartet er, **dass** sein Produkt oder **das** Firmenlogo öffentlichkeitswirksam präsentiert wird.
**Hinweis:** Für jede richtige Schreibweise erhältst du 1 Punkt. Du kannst also insgesamt 6 Punkte erreichen.

## D Materialgestützt eine Pro-und-Kontra-Erörterung schreiben

### Seite 102

**18** Die folgende materialgestützte Erörterung ist eine Musterlösung.

Darum ist der Text gelungen:

Die Zeit nach der Schule ist etwas ganz Besonderes im Leben Jugendlicher oder junger Erwachsener, denn in dieser Zeit haben sie zum ersten Mal die Möglichkeit, selbst zu entscheiden, welchen Weg sie einschlagen möchten. Während die einen direkt mit einer Ausbildung oder einem Studium beginnen und die anderen jobben und um die Welt reisen, entscheiden sich jedes Jahr ungefähr 8 % der Absolventinnen und Absolventen für einen Freiwilligendienst. Für die, deren Schulzeit sich dem Ende zuneigt, stellt sich also womöglich die Frage, inwiefern ein solcher Freiwilligendienst auch für sie sinnvoll ist.

Die **Einleitung** führt in das Thema ein und leitet dann zur Streitfrage über.

Für viele Befürworter/-innen eines Freiwilligendienstes ist es wichtig, dass die Teilnehmer/-innen an diesem Programm während dieser Zeit ein Taschengeld von bis zu 390 Euro im Monat erhalten und die Eltern weiterhin den Anspruch auf Kindergeld haben. So ist man finanziell besser abgesichert, als dies bei einem „Gap Year" der Fall wäre, in dem man beispielsweise um die Welt reist.

Zudem hat ein Freiwilliges Soziales Jahr den Vorteil, dass man sich nicht direkt nach der Schule festlegen muss, welche Ausbildung oder welches Studium man beginnen möchte. Stattdessen hat man die Möglichkeit, etwas Praktisches zu machen, in einen Beruf hineinzuschnuppern und durch die verpflichtenden pädagogischen Seminare gleichzeitig viel Neues zu lernen.

Als besonders positiv muss erwähnt werden, dass ein Freiwilligendienst eine Vielfalt von Möglichkeiten bietet. So gibt es zum Beispiel die Option, ein Freiwilliges Ökologisches Jahr (FÖJ) in einem Umweltprojekt zu absolvieren, oder man entscheidet sich für ein Freiwilliges Soziales Jahr (FSJ). Dieses kann sowohl in den klassischen sozialen Bereichen wie Krankenhaus oder Kindertagesstätte absolviert werden als auch in der Denkmalpflege, im Sport oder im Theater. Besonders diejenigen, die sich für die Arbeit in einem Sportverein entschieden haben, berichten von sehr positiven Erfahrungen, da sich die Kinder sehr über junge Trainerinnen und Trainer freuen und die jungen Erwachsenen selbst das Gefühl haben, etwas Sinnvolles für die Gemeinschaft zu tun.

Im **Hauptteil** werden Pro- und Kontra-Argumente genannt und dann wird ein Fazit gezogen.

- Zwischen den beiden Teilen (pro und kontra) gibt es eine Überleitung.
- Die Argumente und Beispiele werden sprachlich gut eingeleitet und verknüpft.
- Die Argumente sind steigernd angeordnet – vom jeweils schwächsten zum jeweils stärksten Argument.

Den Vorteilen eines Freiwilligendienstes stehen jedoch einige Nachteile gegenüber. So spricht gegen einen Freiwilligendienst, dass man als Teilnehmer/-in an einem solchen Programm zwar ein regelmäßiges Taschengeld erhält, dass der Stundenlohn aber im Vergleich zu sonstigen Jobs, die junge Erwachsene nach der Schule ausüben können, sehr gering ausfällt. So erhält man während eines FSJ einen Stundenlohn von ungefähr drei Euro im Vergleich zum Mindestlohn von ungefähr zwölf Euro bei anderen Tätigkeiten.

Hinzu kommt, dass die Tatsache, dass man sich nicht direkt nach der Schule für eine Berufsausbildung oder ein Studienfach entscheiden muss, diese Entscheidung häufig nur herauszögert. So zeigt die Erfahrung, dass vor allem diejenigen von der Teilnahme profitieren, die bereits vor Beginn des Freiwilligendienstes ein spezielles Berufsfeld im Auge hatten und nur überprüfen wollten, ob der Beruf für sie der richtige ist.

Dass Freiwilligendienste nur wenig attraktiv sind, zeigt auch eine Online-Umfrage unter Menschen ab 14 Jahren aus dem Jahr 2022, die belegt, dass sich nur 8 % eines Jahrgangs für diese Möglichkeit entscheiden, im Vergleich zu 32 %, die ein Studium beginnen wollen, bzw., die direkt nach der Schule eine Ausbildung anfangen möchten. Auch die Tatsache, dass fast ein Drittel aller Teilnehmer/-innen nach aktuellen Angaben der Bundesregierung den Freiwilligendienst abbricht, belegt, dass dieser oft nicht unproblematisch ist.
Ein besonders wichtiges Argument gegen ein freiwilliges Jahr ist jedoch, dass dieses häufig schlecht organisiert ist, konkrete Aufgabenbeschreibungen fehlen oder die Freiwilligen nicht richtig eingearbeitet werden. So werden die FSJ-ler/-innen zum Beispiel an Schulen häufig als Springer eingesetzt, wodurch keine nachhaltige Beziehung zu den Kindern entsteht. Zudem können sich die Teilnehmer/-innen wenig in die einzelnen Bereiche einarbeiten und fühlen sich dadurch oft alleingelassen.

Trotz Anerkennung der Argumente gegen die Teilnahme an einem Freiwilligendienst **überwiegen für mich die Argumente für ein Freiwilliges Jahr nach der Schule.** Entscheidend ist dabei für mich, dass hier zahlreiche neue praktische Erfahrungen gesammelt werden können und man Einblicke in den Berufsalltag erhält, die einem sonst verwehrt bleiben. Durch die Vielfalt an angebotenen Stellen hat zudem jeder die Möglichkeit, eine Einsatzstelle nach seinen Interessen und Fähigkeiten zu finden und sich in dem gewählten Bereich selbst auszuprobieren.
**Ich empfehle daher die Teilnahme an einem Freiwilligen Jahr nach der Schule**, da man vielfältige Erfahrungen sammeln, seine Vorstellungen von einem Beruf überprüfen kann und gleichzeitig die Möglichkeit hat, etwas Sinnvolles für die Gemeinschaft zu tun.

**Fazit**
Im Fazit wurde der eigene **Standpunkt** deutlich formuliert und eine **persönliche Empfehlung** abgegeben.

**Hinweise zur Bewertung:** Gehe die folgenden Punkte nacheinander durch. Vielleicht kann dir auch eine Mitschülerin oder ein Mitschüler bei der Beurteilung helfen. Notiere dir zu jedem Bereich, den du als gelungen bewertest, die angegebene Punktzahl.

- Ist deine Erörterung klar gegliedert? Ziehe Querlinien zwischen Einleitung, den Absätzen des Hauptteils und dem Schluss. (2 P)
- Hast du in der **Einleitung** ins Thema eingeführt: Hast du deine Leser/-innen auf das Thema neugierig gemacht? Hast du zur Streitfrage, die im Hauptteil verhandelt wird, übergeleitet? (3 P)
- Hast du im **Hauptteil** alle Aspekte der Aufgabenstellung bearbeitet und den jeweiligen Aspekt sachlich und gut verständlich dargestellt? Hast du dich dabei auch auf die zur Verfügung gestellten Materialien bezogen? (12 P)
- Hast du im **Schlussteil** ein Fazit gezogen und eine Empfehlung gegeben? (3 P)
- Prüfe: Hast du zwischen den einzelnen Absätzen gut übergeleitet? Hast du dank passender Satzverknüpfungen Zusammenhänge verdeutlicht? Ist deine Text insgesamt dank dieser passenden Satzverknüpfungen, aber auch dank kurzer und klarer Sätze gut lesbar? (5 P)

**Auswertung deiner gesamten Testergebnisse:**

- Nachdem du deinen Lernstandtest mit Hilfe des Lösungsteils korrigiert hast, hast du auf den Seiten 94 bis 102 des Arbeitsheftes bei jeder Aufgabe deine Punktzahl eingetragen.
- Rechne nun aus, wie viele Punkte du in den Bereichen A „Texte verstehen", B „Wortbedeutung und Grammatik", C „Rechtschreibung" und D „Materialgestützt eine Pro- und Kontraerörterung schreiben" erreicht hast.

| Gesamtpunktzahl für: | deine Punktzahl | Höchst-punktzahl | Hinweise |
|---|---|---|---|
| **A Texte verstehen** | | 31 | Du solltest von den 31 Punkten mindestens 17 Punkte erreicht haben. Wenn du weniger als 17 Punkte hast, solltest du den Bereich „Texte verstehen" im Arbeitsheft noch einmal üben (▶ S. 28–53). Außerdem solltest du verstärkt Texte lesen. Lies Texte genau und kläre alle Begriffe, die du nicht verstehst. Fasse bei jedem Text die wesentlichen Informationen zusammen. Die W-Fragen können dir dabei helfen. Bitte auch deine Deutschlehrerin oder deinen Deutschlehrer, dir entsprechende Übungen zu geben. |
| **B Wortbedeutung und Grammatik** | | 25 | Du solltest von den 25 Punkten mindestens 13 Punkte erreicht haben. Wenn du weniger als 13 Punkte hast, solltest du den Bereich „Wortbedeutung und Grammatik" im Arbeitsheft noch einmal üben (▶ S. 54–75). Wiederhole auch die entsprechenden Regeln zur Grammatik aus deinem Schülerbuch. |
| **C Rechtschreibung** | | 22 | Du solltest von den 22 Punkten mindestens 12 Punkte erreicht haben. Wenn du weniger als 12 Punkte hast, solltest du den Bereich „Rechtschreibung" im Arbeitsheft noch einmal üben (▶ S. 76–93).<br>Wiederhole auch die entsprechenden Regeln zur Rechtschreibung aus deinem Schülerbuch. |
| **D Schreiben – Materialgestützt erörtern** | | 25 | Du solltest von den 25 Punkten mindestens 13 Punkte erreicht haben. Wenn du weniger als 13 Punkte hast, solltest du den Bereich „Materialgestützt erörtern" im Arbeitsheft noch einmal üben (▶ S. 22–27).<br>Wiederhole auch die entsprechenden Regeln und Beispiele zum Argumentieren aus deinem Schülerbuch. |
| **den ganzen Test** | | 103 | |

| 103–80 Punkte | 79–45 Punkte | 44–0 Punkte |
|---|---|---|
| **Du liegst im guten bis sehr guten Bereich.**<br>Vielleicht siehst du dir trotzdem noch einmal die Bereiche (siehe Tabelle oben) an, in denen du dich noch verbessern kannst. | **Einiges gelingt dir gut, manches musst du aber noch einmal üben.**<br>Prüfe mit Hilfe der Tabelle oben, in welchen Bereichen (A, B, C oder D) du wenige Punkte hast. Diese Bereiche solltest du noch einmal üben. | **Du musst vieles wiederholen und noch einmal gründlich üben.**<br>Prüfe mit Hilfe der Tabelle oben, in welchen Bereichen (A, B, C oder D) du wenige Punkte hast.<br>Diese Bereiche solltest du noch einmal üben.<br>Frage auch deinen Lehrer oder deine Lehrerin, wie du vorgehen kannst, um dich zu verbessern. |

## Rechtschreibung

bearbeitet am | ☺ | 😐 | ☹



## Ich teste meinen Lernstand

bearbeitet am | ☺ | 😐 | ☹



So arbeitest du mit der Übersicht im Inhaltsverzeichnis:
Trage in die Spalte „bearbeitet am“ das Datum ein, an dem du die Übung gemacht hast.
Überprüfe deine Lösungen mit dem Lösungsheft und trage dann ein, wie dir die Übungen gelungen sind:
☺ gut gemacht 😐 das meiste richtig ☹ häufig unsicher

⊕ Dieses Symbol kennzeichnet im Arbeitsheft kniffelige Aufgaben oder Aufgaben für Schnellere.
Dieses Symbol weist auf Erklärfilme hin, die über die ***Cornelsen Lernen App*** zugänglich sind. Sie können deine Arbeit mit dem Heft begleiten und unterstützen.

# Materialgestützt informieren

## Einen Informationstext untersuchen

**Information** **Einen Informationstext verfassen**

- In einem Informationstext fasst du knapp und gut **verständlich die wichtigsten Informationen über ein Thema** (z. B. Biometrie) zusammen.
- Gliedere deinen Text in **Einleitung** (z. B. Einführung in ein Thema), **Hauptteil** (über einzelne Aspekte oder Fragen zum Thema informieren) und **Schluss** (z. B. Zusammenfassung, Ausblick). Verdeutliche diese Gliederung durch Absätze.
- Stelle die Informationen verständlich dar. **Beschreibe und erkläre** wichtige Zusammenhänge oder (Fach-)Begriffe.
- Formuliere **sachlich** und in **eigenen Worten.** Gib Informationen aus den Materialien sinngemäß und in eigenen Worten wieder.
- Mache dir auch klar, wer deine **Adressatinnen und Adressaten** (Jugendliche, Erwachsene usw.) sind: Welches Vorwissen zum Thema haben sie? Welchen Schreibstil musst du anwenden?

**1** **Lies das Merkwissen oben und danach den folgenden Informationstext. Untersuche dann mit Hilfe der Aufgaben auf Seite 5, inwiefern dieser Informationstext gelungen ist.**

Es ist kinderleicht: Die Fingerkuppe wird auf das Display gelegt und schon ist das Handy entsperrt. Der Fingerabdrucksensor macht uns das Leben einfach. Aber wisst ihr auch, dass hinter dieser Technik die sogenannte Biometrie steckt? Der Begriff „Biometrie" leitet sich von den griechischen Wörtern „bios" (Leben) und „metron" (Maß) ab und kann mit „Vermessung menschlicher Lebewesen" übersetzt werden. Dahinter stecken Verfahren, die es ermöglichen, Menschen anhand ihrer biologischen Merkmale automatisch zu erkennen. Wie diese Technik funktioniert? Zuerst werden die biologischen Merkmale eines Menschen erfasst, z. B. sein Fingerabdruck, sein Irismuster oder seine Stimme. Hierzu liest ein biometrischer Scanner diese Merkmale ein und verwandelt sie in digitale Informationen. Beim späteren „Matching" vergleicht das System die gespeicherten Daten mit dem aktuell präsentierten Datensatz, wie er z. B. beim Fingerabdrucksensor eingespielt wird. Kommt es zu einer Übereinstimmung („match"), meldet das System die Erkennung, wodurch die Nutzerin bzw. der Nutzer authentifiziert ist.

Biometrische Erkennungsverfahren sind überall dort einsetzbar, wo die Identität einer Person eine Rolle spielt. So bieten schon einige Fluggesellschaften und Hotels ihren Kunden die Möglichkeit, per Gesichtserkennung einzuchecken. Auch im Bereich des Online-Bankings werden beim Konto-Login biometrische Verfahren wie Fingerabdruck oder Gesichtserkennung immer beliebter. Es gibt mittlerweile sogar schon Supermärkte, in denen das Zahlen per Fingerabdruck möglich ist.

Aber wie schätzen Experten diese neuen Identifizierungsmöglichkeiten ein? Die Vorteile biometrischer Authentifizierungsmethoden liegen auf der Hand, erläutert der IT-Experte Dr. Michael Süß in einem Interview: Die Nutzer/-innen haben auf diesem Wege ihre Anmeldedaten immer bei sich und können sie weder vergessen noch verlieren. Außerdem haben biometrische Daten einen hohen Grad an

Fälschungssicherheit, denn sie werden – anders als Passwörter – nicht handschriftlich notiert und finden sich auch nicht im Browserverlauf des Computers wieder. Dass biometrische Daten fälschungssicherer sind, denken auch die Verbraucher/-innen: So halten laut einer Umfrage 68 % der Befragten die biometrische Technologie für sicherer als die Identitätsprüfung über Passwörter. Andererseits ist die biometrische Identifizierung aber auch nicht unfehlbar, erklärt der IT-Experte. Fehler beim Auswerten können z. B. dazu führen, dass der gültige Benutzer oder die gültige Benutzerin nicht erkannt wird. Das kann z. B. der Fall sein, wenn sich das äußere Erscheinungsbild durch das Alter oder beispielsweise eine Brille verändert. Außerdem können sogar biometrische Daten gefälscht werden, z. B. durch die Verwendung eines Silikon-Fingerabdrucks oder einer 3-D-Maske. Das Wichtigste ist jedoch die sichere Speicherung der biometrischen Daten, denn diese sind Teil unserer Identität. Wenn biometrische Daten gehackt werden, gibt es keinen Weg zurück, warnt der Experte Dr. Süß. Kennwörter können geändert werden, der Fingerabdruck oder die Netzhaut einer Person jedoch nicht.

Biometrische Verfahren gewährleisten sicherlich ein unkompliziertes Identifizierungsverfahren. Als Privatperson solltet ihr euch aber genau überlegen, wo und zu welchem Zweck ihr biometrische Daten preisgeben wollt. Datenschutzexperten empfehlen immer eine Kombination aus Passwort und biometrischem Verfahren, um sich vor einem Identitätsdiebstahl zu schützen.

**2** **Beim materialgestützten Schreiben wählst du aus verschiedenen Materialien (z. B. Texte und Grafiken) Informationen aus und verfasst zu einem vorgegebenen Thema einen neuen, zusammenhängenden Text. Dabei gliederst du das Thema (z. B. biometrische Identitätsprüfung) in einzelne Themenschwerpunkte (Aspekte), über die du dann nacheinander informierst.**

**a Kreuze die drei Aspekte an, über die im Hauptteil des Textes (▶ Z. 6–40) informiert wird.**

**b Gib mit Zeilenangaben an, in welchem Textabsatz über die jeweiligen Aspekte informiert wird.**

- ☐ Einsatzbereiche von biometrischen Verfahren — Z. ______
- ☐ Die Geschichte der Erfindung der Biometrie — Z. ______
- ☐ Technische Verbesserungen bei der Biometrie im 21. Jahrhundert — Z. ______
- ☐ Vor- und Nachteile biometrischer Identifizierungsverfahren — Z. ______
- ☐ Erklärung „Biometrie" und der Funktionsweise biometrischer Verfahren — Z. ______

**3** **Beim Schreiben des Textes gibst du die Informationen aus den Materialien sinngemäß wieder. Unterstreiche im Mustertext (▶ S. 4 f.) die Passagen, in denen der Bezug auf das verwendete Material deutlich wird.**

**4** **a An wen richtet sich der Informationstext (▶ S. 4 f.)? Kreuze die richtige Lösung an:**

☐ Erwachsene ☐ Jugendliche ☐ Datenschutzbeauftragte

**b An welchen Stellen im Text wird deutlich, wer die Adressaten sind? Begründe deine Entscheidung.**

______

______

**5** **Formuliere eine treffende Überschrift für den Text. Schreibe sie auf die Zeile über dem Text (▶ S. 4).**

# Einen Informationstext verfassen

**Information** **Schritt für Schritt einen Informationstext verfassen**

Beim Verfassen eines Informationstextes erhältst du verschiedene Materialien (z. B. Texte und Grafiken), die du für deinen Text verwenden kannst. Gehe so vor:

1. Kläre, was die **Aufgabe** von dir verlangt:
   Über welches Thema sollst du informieren? Wer sind deine Leser/-innen?
2. Lege dir eine **Stoffsammlung** für deinen Text an:
   – Prüfe, zu welchen Themenaspekten du in den Materialien ausreichend Informationen erhältst.
   – Finde dann zwei bis drei Themenschwerpunkte, über die du mit Hilfe der Materialien informieren kannst. Notiere zu diesen Aspekten wichtige Informationen.
3. Schreibe den **Informationstext:** Gliedere ihn in **Einleitung** (Einführung in das Thema), **Hauptteil** (über Aspekte des Themas informieren) und **Schluss** (Zusammenfassung, Ausblick).
   - Stelle die Informationen verständlich dar und formuliere **sachlich** und in **eigenen Worten.**
   - Gib Informationen aus den Materialien sinngemäß und in eigenen Worten wieder.

**1** **Lies die folgende Aufgabe und markiere die Aspekte, die für deinen Informationstext wichtig sind.**

Während der Projektwoche „Facetten menschlicher Identität“ sollst du für eure Schülerzeitung einen Artikel zum Thema „Cosplay – das Spiel mit der Identität“ schreiben. Verfasse mit Hilfe der Materialien M1–M4 (▸ S. 6–9) diesen Informationstext. Finde auch eine treffende Überschrift für deinen Text.

**2** **Verschaffe dir nun einen Überblick über die Materialien (▸ S. 6–9), indem du sie zügig liest, ohne dich an Einzelheiten aufzuhalten, die du nicht sofort verstehst.**

**M1**

## Nachgefragt: Was steckt wirklich hinter Cosplay und Rollenspielen?

Von Lisa Staltner

*Rollenspiele, zum Beispiel in Form von sogenanntem Cosplay (Costume Play), bei dem sich Anime- und Comic-Fans in ihre Lieblingsfiguren verwandeln, erfreuen sich immer größerer Beliebtheit. Doch warum gibt es diese Communitys? Was steckt hinter dieser Leidenschaft und warum gibt es Menschen, die gerne in andere Rollen schlüpfen und sich so völlig neu erfinden? Wir haben bei Psychologin Caroline Erb nachgefragt, was dahintersteckt.*

**In andere Rollen zu schlüpfen, warum tun Menschen das?**

Es gibt viele Gründe, warum Menschen in andere Rollen schlüpfen, sich mit der Verkleidung ihrer Lieblings-Comic-Helden eine neue Persönlichkeit geben oder bei Rollenspielen einfach mal ein Wochenende in die Welt des Mittelalters eintauchen. Es sorgt für Ablenkung und lässt manche den Alltag für eine kurze Zeit vergessen. Oft ist es auch einfach eine schöne Möglichkeit, seine verschiedenen Persönlichkeitszüge auszuleben. Menschen, die zum Beispiel Teil einer Cosplay- oder Rollenspiel-Community sind, treffen so eine Gemeinschaft mit ähnlichen Interessen – und es bilden sich Freundschaften. In andere Rollen zu schlüpfen, kann außerdem das Selbstbewusstsein stärken.

**Sind Rollenspiele auch eine Flucht vor dem Alltag?**

Es muss nicht unbedingt eine Flucht sein. Wenn Rollenspiele extrem betrieben werden, kann es natürlich eine sein. Aber das Spiel mit den Rollen kann auch so verstanden werden, als würde man sich den Alltag versüßen wollen, indem man wie beim kindlichen Spiel Gefühle artikuliert und ausdrückt, die sonst im Alltag zu kurz kommen. Man kann es auch ein bisschen als großes Selbsterfahrungsfeld ansehen, in dem man seine Fantasien durch dieses Rollenspiel auslebt. Es ist halt immer die Frage: Wird das nur als Hobby oder Freizeitbeschäftigung gesehen? Oder tritt es so stark in den Alltag, dass dann für anderes keine Zeit bleibt? Hier muss man sich individuell die Frage stellen, was da im Einzelnen dahintersteckt.

**Kritiker würden wohl behaupten, es sei eine Art, vor Problemen wegzulaufen?**

Auch das muss nicht sein. Wie gesagt, es kann sogar das Selbstbewusstsein stärken, ähnlich wie bei Kindern. Der ängstliche Typus kann sich vielleicht durch eine Heldenfigur stärker fühlen als sonst oder sich einfach in verschiedenen Rollen ausprobieren. Natürlich: Wenn das einer als Flucht vor der Realität ansieht und alle möglichen Konfliktfelder stehen lässt und nicht löst, dann ist es anders zu bewerten, aber oft geht es auch um die Erfüllung von Wünschen und Sehnsüchten, die die Realität nicht immer leisten kann. Da gibt es einfach verschiedene Möglichkeiten, das auszulösen.

**Kann diese Art von Rollenspielen Einfluss auf das Selbstbewusstsein haben?**

Ja, sogar so weit, dass es das Selbstbewusstsein eigentlich eher stärken kann. Man kann sich in eine andere Figur hineinversetzen. Das kann sogar die Empathiefähigkeit, die Kreativität und die Fantasie beflügeln. Man kann Persönlichkeitsanteile zum Leben erwecken und fördern und stärken, die vielleicht sonst eher schlummern oder im Büro oder im Job nicht so eine große Entfaltung finden. Manchmal hilft auch die Maske, die Verkleidung, dass man plötzlich selbstbewusster dastehen kann, weil man nicht gleich in eine bekannte Schublade gesteckt wird.

**Kann das auch negative Auswirkungen oder Folgen haben?**

Es geht eigentlich um die Dosis. Wie weit spielt z. B. Cosplay in meinem Alltag eine so große Rolle, dass andere Dinge zu kurz kommen? Oder hänge ich in dieser Rolle fest und kann mich wieder schwer in den Alltag und die Realität einfinden? Das ist schon wichtig, dass man klar unterscheidet, dass man sagt: „Okay, am Abend oder bei dem Fest am Wochenende schlüpfe ich vielleicht mal hin und wieder in die und die Rolle, aber am Montag um acht in der Früh switche ich dann wieder in mein Alltagsprogramm und kann mich da auch wieder gut einleben und einfinden."

**Wo sind die Grenzen? Ab wann merkt man, dass jemand Gefahr läuft, sich in seiner Rolle zu verlieren?**

Das würde das Umfeld sicher sehr schnell merken, wenn man zum Beispiel Schwierigkeiten hat, den Alltag zu erledigen und sich immer mehr von Freunden oder von der Familie, die dieses Hobby nicht so teilt, zurückzieht. Es lebe die Vielfalt! Es kommt auch immer drauf an, wie sehr die anderen Lebensbereiche davon beeinträchtigt oder belegt sind. Wichtig ist natürlich auch: Wenn es das Selbstbewusstsein stärkt, die Kreativität beflügelt, wenn man vielleicht auch neue Freunde dadurch kennen lernen kann und aus festgefahrenen Mustern hin und wieder ausbricht, kann das auch einen gewissen psychohygienischen[1] Wert haben und dagegen ist grundsätzlich überhaupt nichts einzuwenden.

1 **psychohygienisch:** der seelischen Gesundheit dienend

M2

## Warum verkleiden sich Menschen?

Das Kostümieren zu bestimmten Anlässen ist keine Erfindung der Neuzeit, sondern hat eine lange Tradition. „Verkleidungen sind in ganz unterschiedlichen Kulturen seit vielen Jahrtausenden zu gewissen Zeiten Brauch", erklärt der Psychologe Karl-Heinz Renner von der Universität der Bundeswehr München. Doch es gibt auch psychologische Gründe, warum das Verkleiden für viele Menschen so reizvoll ist. Einer ist die Möglichkeit, der angestammten Rolle zu entfliehen. Denn im Alltag nehmen wir ganz verschiedene Rollen ein – meist ohne uns dessen bewusst zu sein. Wir sind Kinder, Mütter oder Väter, agieren als Freund oder Kollege und erfüllen im Beruf mehr oder weniger gut die Erwartungen, die unsere Position und Aufgabe uns vorgibt.

Wenn wir uns jedoch verkleiden, schlüpfen wir in eine ganz andere Rolle – und tun dies bewusst. Wir entscheiden mit unserem Kostüm selbst, ob wir König oder Bettler, Engel oder Teufel sein wollen. Damit bietet uns die Verkleidung eine Chance, Verhaltensweisen zu zeigen, die wir in unseren Alltagsrollen nicht zeigen können oder wollen. Damit kann die durch unser Kostüm explizite Rolle auch einen Schutzraum bieten, um Verhaltensweisen zu erproben. „Ein schüchterner Mann kann, als Fürst oder König verkleidet, versuchen, selbstbewusster aufzutreten", sagt Renner. „Wenn er dabei nicht ankommt oder sogar Missfallen hervorruft, kann er immer sagen, das war jetzt nicht ich, sondern die Rolle, die ich gerade spiele, das war ja gar nicht ernst gemeint." Wenn unsere explizite Rolle des Fürsten oder Königs aber ankommt, eröffnen sich ganz neue Möglichkeiten des Kontakts und der Kommunikation.

Welches Kostüm wir wählen, sagt einiges über unser Innenleben aus. Ein Beispiel ist das klassische und immer wieder beliebte Piratenkostüm: „Es repräsentiert unsere anarchische, wilde, freiheitsliebende Seite – ganz nach dem Motto: Ich nehme mir, was mir gefällt", erklärt die Psychologin Katja Mierke von der Hochschule Fresenius. Eine solche Seite wilde Seite schlummere in vielen von uns, doch die Konventionen des Alltags erlauben es uns oft nicht, diese Eigenschaften auszuleben. Ein anderes Beispiel sind Verkleidungen, mit denen Menschen sich in ein Idol verwandeln. Ob Popstars wie Lady Gaga und Michael Jackson oder fiktionale Helden wie Luke Skywalker aus „Star Wars" oder ein Superheld aus den „Avengers": Mit diesen Kostümen verleihen wir uns vorübergehend bestimmte Merkmale dieser Helden und Stars.

Das Spannende am Verkleiden ist aber nicht nur die Reaktion der anderen Menschen auf unser Kostüm. Die Verkleidung hat auch Rückwirkung auf unsere Gefühle und unser Verhalten – oft ohne dass wir uns dessen bewusst sind. „Allein durch das Tragen eines Piratenoutfits entstehen Gefühle, die wir mit dem Piratendasein assoziieren. Wir denken und bewegen uns dann auch anders als im Feenkleidchen oder im Anzug", sagt Mierke. Wer in ein Kostüm schlüpft, verwandelt sich deshalb auch innerlich ein wenig und wird seiner Rolle unwillkürlich ähnlicher. Psychologische Studien zeigen, dass Kleidung über das Tragegefühl auf der Haut und die mit ihr assoziierten Rollen auch unbewusste Prozesse in unserem Gehirn beeinflusst. „Trugen Teilnehmerinnen eines Versuchs einen Blazer, wurden eine seriösere Haltung und Gefühle von Macht und Kompetenz aktiviert", berichtet Mierke. Das sei auch auf Kostüme übertragbar.

M3

## Schöne bunte Cosplay-Welt

Wenn gut 60 Comic-Helden durch Berlin-Kreuzberg ziehen, dann sorgt das für Aufsehen. Die Reaktionen sind dabei ganz unterschiedlich: Von Café-Besuchern, die sich augenrollend fragen: „Was sind das denn für Freaks?“, über Tuscheleien hinter vorgehaltener Hand bis hin zu japanischen Touristen, die mit ihnen im Sekundentakt Fotos knipsen. „Man muss sich ein dickes Fell zulegen“, sagt Diana, die die bunte Gruppe anführt. Die 28-Jährige ist seit sechs Jahren Cosplayerin. Der Begriff „Cosplay“ setzt sich aus den englischen Wörtern „costume“ und „play“ zusammen. Ursprünglich aus Japan, schwappte der Kostüm-Trend in den 1990er-Jahren auch nach Deutschland. Wie groß die Szene hier mittlerweile ist, lässt sich schwer sagen. Genaue Zahlen, so Gabriele Rohmann, Leiterin des Archivs für Jugendkulturen in Berlin, „sind nur bedingt aussagekräftig“. Beim Internetportal „Animex“ sind etwa 100.000 Nutzer angemeldet, nationale Cosplay-Conventions wie die „AnimagiC“, kommen auf circa 15.000 Besucher. Auch Diana reist viel in der Bundesrepublik herum und nimmt an den unterschiedlichen Cosplay-Events teil. Im Jahr kommt sie auf gut 20. Tendenz steigend.

Ihr Aussehen ist Diana besonders wichtig. Für sie ist Cosplay mehr als nur das bloße Kostümieren wie an Karneval. Es ist eher die hohe Kunst des Verkleidens. Denn Cosplayer schlüpfen nicht nur äußerlich in die Rolle ihres Helden, sondern nehmen auch dessen Verhalten an. Für Expertin Gabriele Rohmann ein spielerischer Weg zur eigenen Identitätsfindung: „Es stehen den jungen Menschen mehr Möglichkeiten offen, Sachen auszuprobieren. Sie erforschen den Umgang mit eigenen Selbstbildern und dem, was oder wer sie sein wollen.“ Diana ist heute das Wasserpokemon „Karpador“, eine etwas dusselig guckende Kreuzung aus Karpfen und Drachen. Ihr Kostüm hat sie selbst genäht – in knapp anerthalb Wochen. Kosten: 30 Euro. Insgesamt hängen in Dianas Kleiderschrank zwölf Kostüme, alle selbst geschneidert. Ihr teuerstes hat sie mehrere Hundert Euro gekostet. „Andere geben ihr Geld jeden Monat für Zigaretten, Alkohol und Partys aus und ich halt dafür“, sagt die Berlinerin.

Der Drang nach Perfektion kann bei Cosplayern auch negative Folgen haben. Die selbsternannte „lebende Barbie“ Valeria Lukyanovas oder ihr Anime-Pendant Anastasiya Shpagina lassen sich operieren, schnüren sich für eine Wespentaille in Korsagen ein und hungern sich bis auf die Knochen ab. Es gibt Jugendliche, die so sehr eins mit ihrem Comic-Helden werden wollen, dass sie es mit ihrer Vollkommenheit maßlos übertreiben. „Da sind die Grenzen von Cosplay definitiv erreicht“, sagt Diana. Eine Puppe als Schönheitsideal, davon rät sie gerade jungen Mädchen ab.

M4

## Welche Erfahrungen hast du mit Freunden und Cosplay gemacht?

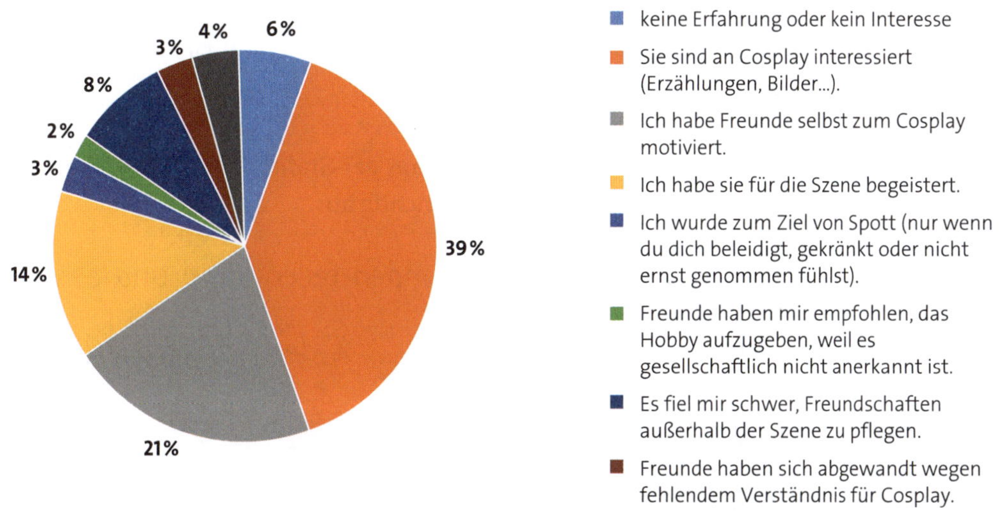


Befragt: 436 Personen

**Information** **Themenschwerpunkte für den Text finden**

- Gliedere das in der Aufgabe vorgegebene Thema (z. B.: „Cosplay – das Spiel mit der Identität") in einzelne Themenschwerpunkte (Aspekte), über die du dann nacheinander informierst.
- Deine Themenschwerpunkte müssen sich aus den Materialien ergeben. Frage dich: Zu welchen Aspekten liefern mir die Materialien ausreichend Informationen? Welche Aspekte sind für meine Adressaten interessant? Lies die Materialien dazu vergleichend und markiere Informationen zu gleichen Aspekten in gleicher Farbe.

**3** **In deinem Informationstext zum Thema „Cosplay – das Spiel mit der Identität" musst du zwei bis drei Themenschwerpunkte setzen. Suche in den Materialien (▶ S. 6–9) nach solchen Themenschwerpunkten. Gehe so vor:**

**a** **Lies die Materialien zuerst intensiv und unterstreiche mit Bleistift wichtige Informationen. Erste Unterstreichungen sind vorgegeben.**

**b** **Mache dir dann klar, zu welchen Themenschwerpunkten die Materialien ausreichend Informationen liefern. Lies sie dazu noch einmal vergleichend und markiere Informationen zu gleichen Themenschwerpunkten in gleicher Farbe, z. B.:**

- **Gründe, warum Menschen gern in andere Rollen schlüpfen und an Cosplay interessiert sind**
- **Einfluss von Rollenspielen auf ...**

**4** **Lege die thematischen Schwerpunkte für deinen Text fest. Frage dich: Welche Aspekte sind besonders relevant? Zu welchen Aspekten finden sich in den Materialien besonders viele Informationen? Kreuze dann drei Themenschwerpunkte an:**

Die drei Themenschwerpunkte für meinen Text:

- ☐ Gründe, warum Menschen gern in andere Rollen schlüpfen und an Cosplay interessiert sind
- ☐ Cosplayer/-innen in Berlin-Kreuzberg: Reaktionen auf das Outfit und die Cosplayer/-innen
- ☐ Einfluss von Rollenspielen auf das Selbstbewusstsein, das Verhalten und unsere Identitätsfindung
- ☐ Geschichte und Entstehung der Cosplay-Szene seit den Anfängen in Japan bis heute
- ☐ Tradition des Verkleidens und wie unser Kleidungsstil unser Gehirn beeinflusst
- ☐ mögliche negative Auswirkungen von Rollenspielen, z. B. Cosplay als Flucht vor Realität

**5** **Werte die Grafik (▶ M 4) aus. Halte die Informationen aus der Grafik, die du für deinen Text verwenden kannst, fest. Fülle dazu die Lücken im folgenden Text richtig aus.**

Cosplay ist ein Hobby, das man mit Freunden teilen kann und das zum Mitmachen anregt. Über ______ % der Cosplayer/-innen sagen, dass ihr Freundeskreis an Cosplay interessiert ist. ______ % aller Cosplayer/-innen haben sogar ______ zum Cosplay motiviert.

**6 a Überlege dir eine sinnvolle Reihenfolge für deine Themenschwerpunkte. Entscheide dich für eine mögliche Gliederung und kreuze sie an.**

☐
- Gründe, warum Menschen gern in andere Rollen schlüpfen und an Cosplay interessiert sind
- Einfluss von Rollenspielen auf das Selbstbewusstsein, das Verhalten und unsere Identitätsfindung
- mögliche negative Auswirkungen von Rollenspielen, z. B. Cosplay als Flucht vor Realität

☐
- mögliche negative Auswirkungen von Rollenspielen, z. B. Cosplay als Flucht vor Realität
- Gründe, warum Menschen gern in andere Rollen schlüpfen und an Cosplay interessiert sind
- Einfluss von Rollenspielen auf das Selbstbewusstsein, das Verhalten und unsere Identitätsfindung

**b Erstelle einen Schreibplan für den Hauptteil deines Textes. Trage zu deinen drei Themenschwerpunkten stichwortartig passende Informationen aus den Texten zusammen.**

**7 Verfasse mit Hilfe deines Schreibplans einen zusammenhängenden Informationstext zum Thema „Cosplay – das Spiel mit der Identität". Schreibe in dein Heft. Formuliere auch eine treffende Überschrift.**

- Stelle die Informationen für deine Adressaten (Leser/Leserinnen) verständlich dar: Beschreibe und erkläre Zusammenhänge.
- Gib die Informationen aus den Materialien sinngemäß und in eigenen Worten wieder und verweise – wenn möglich – auf deine Quellen (▸ siehe Kasten rechts).

Laut einer Umfrage ... • XY zufolge ... • XY ist der Meinung • macht deutlich • stellt fest • beschreibt • meint • verweist auf • betont • nimmt an

Du kannst die folgenden Formulierungshilfen nutzen:

| | |
|---|---|
| **Einleitung** (Einführung ins Thema) | Einmal ein Superheld, ein Bösewicht oder ein engelsgleicher Elf sein und in eine andere Rolle schlüpfen? Beim sogenannten Cosplay, einem Begriff aus den englischen Wörtern ..., verkleiden sich Menschen ... Doch was steckt hinter diesem Verkleidungstrend und warum ...? |
| **Hauptteil** (nacheinander über Aspekte des Themas informieren) | Für Psychologen wie ... gibt es viele Gründe, warum Menschen gern in andere Rollen schlüpfen. Während man im Alltag meist auf wenige Rollen festgelegt ist, kann man beim Cosplay ...<br>Zudem bietet Cosplay die Möglichkeit, ...<br>Cosplay ist aber nicht nur ..., sondern auch ein Hobby, das zum Mitmachen anregt. So haben laut einer Umfrage ...<br>Interessant ist auch der Einfluss, den Rollenspiele wie Cosplay auf unser Verhalten, unser Selbstbewusstsein und unsere Identität haben können. Laut Gabriele Rohmann, der Leiterin vom Archiv für Jugendkulturen in Berlin, ist ...<br>Es gibt aber auch noch andere ...<br>Kommen wir zur Frage, ob Cosplay auch negative Auswirkungen ... |
| **Schluss** (Ausblick, Zusammenfassung) | Cosplay ist die ideale Gelegenheit, ...<br>Wer ein kreatives und außergewöhnliches Hobby sucht und ...<br>Also warum nicht ...? |

⊕ **8 In einem Psychologie-Blog sollst du zur Schlagzeile Thema „Cosplay – gut fürs Selbstbewusstsein!" eine kurze Nachricht verfassen. Verfasse diese Nachricht (vier bis sechs Sätze). Überlege, was zum Thema passt und was für deinen Adressatenkreis besonders interessant sein könnte.**

# Sich bewerben

## Ein Bewerbungsschreiben untersuchen

**Information** **Ein Bewerbungsschreiben (per Post) enthält folgende Elemente:**

- **Adressen des Absenders / der Absenderin** und **des Empfängers / der Empfängerin**
- **Ort und Datum / Betreffzeile** mit Thema des Schreibens (**fett** gedruckt)
- **höfliche Anrede**
- **Bewerbungstext:** Einleitung: Worum geht es? Hauptteil: Darstellung der Qualifikation für diesen Beruf und Begründung für die Bewerbung, z. B.: *Hobbys, Teilnahme an AGs, Erfahrungen durch Praktika oder Nebenjobs, Fähigkeiten, die zu der Stelle passen.* Schluss: Bitte um Vorstellungsgespräch
- **Grußformel** und **Unterschrift**
- **Auflistung der Anlagen,** z. B. Lebenslauf (► S. 15), Zeugnisse, Praktikumsbescheinigungen

Ella Weber
An den Eichen 23
01xxx Dresden ← Adresse des Absenders
E-Mail: e.weber@xxx.de

Agentur für Veranstaltungsmanagement
z.H. Frau Carina Menezes ←
Alleestraße 265
04xxx Leipzig

Dresden, 24.02.20XX

**Bewerbung um eine Ausbildungsstelle als Veranstaltungskauffrau** ←

Sehr geehrte Frau Menezes, ←

seit ich vor einem Jahr ein Praktikum in Ihrer Agentur machen durfte, steht für mich fest, dass Veranstaltungskauffrau genau der richtige Beruf für mich ist. Konzerte, Theateraufführungen oder Festivals sind schon von klein auf meine Leidenschaft. Bereits seit der 5. Klasse engagiere ich mich deshalb im Festkomitee meiner Schule und habe dort an der Organisation von Schülerkonzerten, Sommerfesten oder dem Tag der offenen Tür mitgewirkt. Dabei kam mir stets zugute, dass ich gute Nerven habe und nicht nervös werde, wenn etwas schiefgeht oder anders läuft als geplant. Da ich kommunikativ bin, habe ich zudem keinerlei Berührungsängste mit neuen Situationen und mir unbekannten Menschen. An Ihrer Agentur gefällt mir besonders die offene Kommunikation und das junge, motivierte Team, das ich bereits kennen gelernt habe.

Ich freue mich darauf, mich persönlich bei Ihnen vorzustellen.

Mit freundlichen Grüßen
Ella Weber ←

**Anlagen:** Lebenslauf, Halbjahreszeugnis Klasse 10, Praktikumszeugnis

**1** **a** Beschrifte mit Hilfe des Merkwissens die einzelnen Elemente des Bewerbungsschreibens.
**b** Notiere in Stichworten, warum der Bewerbungstext gelungen ist.

Erster Satz kommt gleich auf den Punkt

# Ein Bewerbungsschreiben verfassen

**1** Lies die Stellenanzeige und den Steckbrief von Jean. Markiere in Jeans Steckbrief Eigenschaften, Erfahrungen und Interessen, die zu der Stellenausschreibung für ein Freiwilliges Soziales Jahr (FSJ) passen.

Du hast Lust, mit Kindern zu arbeiten, und möchtest Einblicke in die Arbeit als Erzieher/-in bekommen?

**Dann komm für ein FSJ zu uns ins Montessori-Kinderhaus Ribnitz**

Wir sind ein junges, engagiertes Team. Im Mittelpunkt unserer Arbeit stehen die Entwicklung und Interessen der Kinder, ganz im Sinne von Maria Montessoris Motto: „Hilf mir, es selbst zu tun!"

**Das wünschen wir uns von dir:**
- Begleitung bei Sportaktivitäten, Ausflügen
- Kreative Angebote selbst vorbereiten und durchführen, z. B.: Kochen, Musikmachen, Naturpädagogik, Sport
- Betreuung der Schüler/-innen in den Pausen

Interessiert? Dann freuen wir uns auf deine Bewerbung an:
Montessori-Kinderhaus Ribnitz, z.H. Simon Maurer, Hauptstraße 3,
1xxxx Ribnitz-Damgarten

## Steckbrief von Jean

**persönliche Eigenschaften:**

ungeduldig, chaotisch, teamfähig, kommunikativ, aufgeschlossen, kreativ, sportlich

**Erfahrungen:**

Kinderbetreuung in Abenteuer-Feriencamps, Berufspraktikum im Jugendzentrum (9. Klasse)

**Interessen:**

Natur, Sprachen, Fußball, Gitarre

**2** Vervollständige den „Kopf" des folgenden Bewerbungsschreibens. Ort und Datum kannst du erfinden.

Jean Bogdanski
Burgstraße 89
3XXXX Magdeburg
Tel.: 0151-456XXXX
E-Mail: j.boganski@xxx.de

______________________

______________________

______________________

______________________

______________________

______________________

**Bewerbung für** ______________________

______________________

**3** **a** **Kreuze an, mit welchem der folgenden Sätze Jean seine Bewerbung am besten beginnen sollte:**

- ☐ wie ich Ihrer Stellenausschreibung entnehmen konnte, ...
- ☐ Ihre Ausschreibung für ein Freiwilliges Soziales Jahr ist interessant. Deshalb ...
- ☐ ich habe viel Freude an der Arbeit mit Kindern und großes Interesse, einen Einblick in die Montessoripädagogik ...

**b** **Begründe deine Wahl in Stichworten:**

Begründung: ______________________________

**4** **Formuliere für Jean einen kurzen Text, in dem er begründet, warum seine Eigenschaften und Erfahrungen zu der ausgeschriebenen Stelle für ein Freiwilliges Soziales Jahr (FSJ) passen. Nutze Jeans Steckbrief (► S. 13) und die folgenden Formulierungshilfen. Schreibe in dein Heft.**

Meine Stärken liegen ... • Bereits durch ... konnte ich Erfahrungen im Bereich ... sammeln. • Mein Interesse für ... könnte ich bei Ihnen gut einbringen und ... • Hinzu kommt meine Begeisterung für ... • Bei einem Praktikum ... konnte ich beweisen ... • Seit ... betreue ich regelmäßig ... Dadurch ... • Große Freude macht mir auch ... Deshalb kann ich mir gut vorstellen, ...

**5** **a** **Begründe in Stichworten, warum die folgende Formulierung für den Schluss eines Bewerbungsschreibens ungeeignet ist.** *Ich fände es echt klasse, wenn Sie mich zu einem persönlichen Gespräch einladen würden.*

Begründung: ______________________________

**b** **Notiere einen passenden Schlusssatz für das Bewerbungsschreiben von Jean.**

______________________________

**6** **a** **Notiere – wie in Jeans Steckbrief – deine Eigenschaften, Erfahrungen und Interessen in der Mindmap unten.**

**b** **Entscheide dich für einen möglichen Ausbildungsberuf und markiere alles, was deiner Meinung nach für diese Ausbildung wichtig ist.**

Für diesen Ausbildungsberuf interessiere ich mich: ______________________________

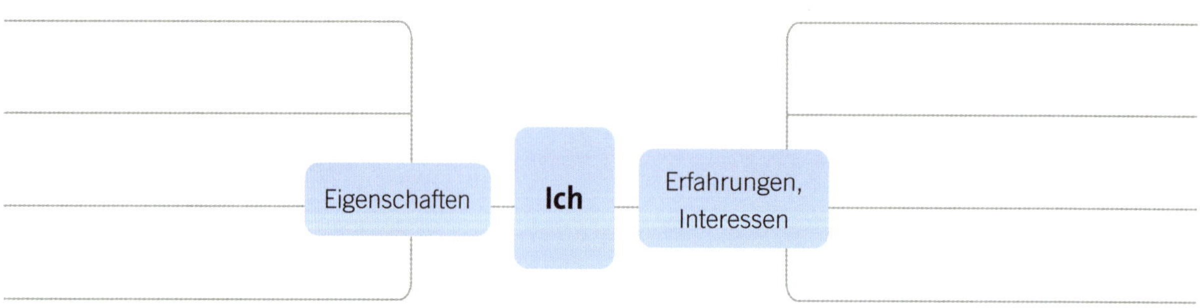


⊕ **7** **Verfasse am Computer ein Bewerbungsschreiben für deinen Traum-Ausbildungsplatz.**

# Einen tabellarischen Lebenslauf schreiben

**Information** **Einen Lebenslauf für eine Bewerbung verfassen**

Der Lebenslauf listet die wichtigsten Angaben des Bewerbers / der Bewerberin auf. Dazu gehören **persönliche Daten** (Name, Anschrift, Geburtsdatum und -ort), Informationen zur **Schulbildung,** zu **praktischen Erfahrungen** und **besonderen Kenntnissen** und zu **weiteren Interessen und Hobbys.** Abgeschlossen wird der Lebenslauf mit **Ort, Datum** und **Unterschrift.**
**TIPP:** Vermeide viele verschiedene Schriftarten, Einrückungen, Effekte und Spielereien. Dadurch wird dein Lebenslauf unübersichtlich und schwer lesbar.

**1 a Entspricht der Lebenslauf den Anforderungen an einen tabellarischen Lebenslauf? Begründe.**

Begründung: ______________________________

______________________________

**b Markiere in verschiedenen Farben alle Textstellen, die du formal und inhaltlich überarbeiten würdest.**

## LEBENSLAUF

**Persönliche Infos**

| | |
|---|---|
| **Name:** | **Carl Meyerhoff** |
| **Anschrift:** | **Sperberweg 54** |
| | **1xxxx Eberswalde** |
| **E-Mail:** | **c.meyerh@xxx.com** |
| **Geburtsdatum und -ort:** | **25.05.20xx in Eisenach** |

**Schule**

| | |
|---|---|
| 01.08.20XX – 31.07.20XX | Astrid-Lindgren-Grundschule Eisenach |
| seit 01.08.20XX | Europa-Gesamtschule Eberswalde |
| hoffentlich 07/20XX | Mittlerer Schulabschluss |

**Meine Erfahrungen**

| | |
|---|---|
| Oktober 20XX | Schülerpraktikum in der Stadtverwaltung |
| Mai 20XX | freiwillige Mitarbeit bei der Tafel |
| seit diesem Schuljahr | Schulsprecher |

**PERSÖNLICHES**

| | |
|---|---|
| Computer | alle wichtigen Programme |
| Sprachen | Englisch (gut), Spanisch (Grundkenntnisse) |
| persönliche Stärken | bin belastbar, übernehme Verantwortung, kann gut mit Leuten reden |
| Hobbys | Breakdance, Schlagzeug, Shoppen, mit Freunden abhängen |

Eberswalde, den 13. April 20XX *Carl Meyerhoff*

**2 Verfasse einen eigenen tabellarischen Lebenslauf, mit dem du dich bewerben kannst.**

# Argumentieren und erörtern

## Eine Erörterung im Anschluss an einen Text untersuchen

**Information** **Die Erörterung im Anschluss an einen Text**

Bei der Erörterung im Anschluss an einen Text erhältst du einen Sachtext (z. B. einen Zeitungsartikel), in dem eine strittige Frage oder ein Problem behandelt wird. Deine Aufgabe ist es, die Argumentation des Autors / der Autorin darzustellen und dich dann kritisch mit den Argumenten aus dem Text auseinanderzusetzen.

**Einleitung:** Mache Angaben zur Textvorlage (Titel und Autor/-in, ggf. Textsorte und Textquelle) und zum Thema des Textes (strittige Frage).

**Hauptteil:** In der Regel besteht der Hauptteil aus zwei Teilen:

**1) Zusammenfassung der zentralen Gedanken (Thesen und Argumente):** Benenne das Thema (These, Fragestellung) und fasse die zentralen Gedankengänge, Argumente und eventuell auch Schlussfolgerungen zusammen. Stelle die Intention (Aussageabsicht) des Autors / der Autorin dar.

**2) Kritische Auseinandersetzung mit der Argumentation:** Setze dich kritisch mit der Position des Autors / der Autorin und der Argumentation auseinander. Du kannst den Argumenten zustimmen, widersprechen oder teilweise zustimmen. Dabei führst du zusätzliche Argumente und Gegenargumente an und beziehst Stellung.

**Schluss (Fazit):** Fasse deine Position zusammen und ziehe ein Fazit.

**1** **Lies die Information im Merkwissen oben und danach die folgende Erörterung eines Schülers. Untersuche dann mit Hilfe der Aufgaben auf Seite 2, inwiefern diese Erörterung gelungen ist.**

In dem Kommentar „Wem gehört Gerhard Richters Müll?" setzt sich Felicitas Rosendorn mit der Frage auseinander, ob es strafbar sein sollte, den Müll anderer Personen an sich zu nehmen. Einleitend erläutert die Autorin den aktuellen Anlass ihrer Überlegungen: Der Maler Gerhard Richter, einer der teuersten Gegenwartskünstler, entsorgte 2016 vier Skizzen, die er für misslungen hielt. Ein Mann fischte die Skizzen aus der – angeblich vom Sturm umgekippten – Mülltonne heraus und versuchte, diese lukrativ zu verkaufen. Vor Gericht wurde er dafür zu einer Geldstrafe verurteilt, denn laut Gericht beging er einen Diebstahl. Zu Beginn ihrer Argumentation macht Rosendorn ihre Position deutlich: Sie kann das Urteil des Gerichts nicht nachvollziehen. Sie räumt zwar ein, dass das Gericht durchaus richtig argumentiert habe und der Inhalt der Mülltonne tatsächlich Privateigentum des Künstlers sei. Aber, so das Gegenargument der Autorin: Da die Skizzen nach Aussagen des Mannes auf der Straße lagen, waren sie dem Besitz des Künstlers nicht mehr eindeutig zuzuordnen. Als weiteres Argument führt Rosendorn an, dass es sich hier um Arbeiten gehandelt habe, die Gerhard Richter sowieso nicht mehr haben wollte, weil er sie für misslungen und wertlos hielt. Mit dem Wegwerfen habe er deutlich gemacht, dass er an seinem Eigentum nicht mehr interessiert sei. Somit sei das Aufheben der Skizzen eine Lappalie, durch die der Künstler keinen Schaden erlitten habe, so die Schlussfolgerung Rosendorns. Ihre Intention wird in ihrem abschließenden Fazit besonders deutlich. Sie möchte ihre Leserinnen und Leser davon überzeugen, dass es sich bei dem Aufsammeln der Skizzen um ein Bagatelldelikt handelte und die Staatsanwaltschaft deshalb das Verfahren gegen den Beschuldigten hätte einstellen sollen.

Ich kann die Argumente Rosendorns nicht vollständig nachvollziehen. Ihr Argument, dass die Skizzen möglicherweise neben der Mülltonne lagen und damit die Besitzverhältnisse unklar waren, überzeugt mich nicht. Denn wenn Papiere neben einer umgefallenen Tonne liegen, ist offensichtlich, dass diese aus der Tonne stammen müssen. Dem Argument, dass Gerhard Richter die aus seiner Sicht misslungenen Skizzen nicht mehr haben wollte, kann ich zustimmen. Es gibt tatsächlich keinen Zweifel daran, dass man etwas, das man entsorgt, nicht mehr haben möchte. Sonst würde man es nicht wegwerfen. Allerdings heißt das nicht, dass der Künstler damit einverstanden war, dass andere seine Skizzen an sich nehmen. So wäre es mir beispielsweise auch nicht recht, wenn jemand von mir entsorgte persönliche Briefe oder Fotos aus meiner Mülltonne nehmen würde. Denn ich habe entschieden, dass diese niemand mehr sehen soll, und sie aus diesem Grund bewusst dem Müll „anvertraut".

Die Schlussfolgerung Rosendorns, dass der Diebstahl der Skizzen eine Lappalie war, ist in meinen Augen nicht haltbar. Schließlich weist Rosendorn zu Beginn ihres Kommentars selbst darauf hin, dass der Mann die Skizzen verkaufen wollte. Da Gerhard Richter zu den teuersten Gegenwartskünstlern zählt, hätte der Mann mit den Skizzen auf dem Kunstmarkt einen guten Preis erzielen können. Man kann annehmen, dass dieses lukrative Geschäft dem Mann auch schon bei der Mitnahme der Skizzen bewusst war.

Meiner Meinung nach ist das Gerichtsurteil, das die Mitnahme des Mülls als Diebstahl einstuft, auf jeden Fall gerechtfertigt ist. Die Haltung der Autorin teile ich also nicht. Das liegt vor allem daran, dass das Recht, über den Verbleib seines Eigentums selbst zu entscheiden, stärker wiegt als alle Argumente der Gegenseite.

**2** **Kreuze an: Welches Fazit gegenüber der Position Rosendorns wird in der Erörterung gezogen?**

☐ Zustimmung ☐ teilweise Zustimmung ☐ Ablehnung

**3** **Kreuze an, welche Elemente die Einleitung enthält.**

☐ Textsorte ☐ Name der Autorin ☐ Epoche ☐ Position der Autorin

☐ Textquelle ☐ Titel des Artikels ☐ Erscheinungsjahr ☐ strittige Frage / Thema

**4** **Untersuche den ersten Teil des Hauptteils (▶ Z. 4–23) genauer, in dem die zentralen Gedanken des Textes wiedergegeben werden. Markiere Wendungen im Schülertext, in denen der Bezug zum Kommentar von Rosendorn deutlich wird. Eine Textstelle ist schon markiert.**

**5** **Untersuche nun den zweiten Teil des Hauptteils (▶ Z. 24–39). Es gibt verschiedene Möglichkeiten, sich mit den Argumenten des Textes kritisch auseinanderzusetzen. Notiere die passenden Zeilenangaben.**

☐ Dem Argument Rosendorns wird zugestimmt: Aber es wird eine andere Schlussfolgerung gezogen, die durch ein Beispiel gestützt wird. Z. ______

☐ Die Schlussfolgerung der Autorin wird mit einem Gegenargument entkräftet. Z. ______

☐ Dem Argument Rosendorns wird widersprochen und ein Gegenargument angeführt. Z. ______

**6** **Unterstreiche im Schluss/Fazit (▶ Z. 40–43) die Stelle gelb, wo abschließend die eigene Position zusammengefasst wird, und die Stelle blau, wo noch einmal auf den Ausgangstext Bezug genommen wird.**

⊕ **7** **Formuliere einen Abschnitt aus dem zweiten Teil des Hauptteils (▶ Z. 24–39) um, indem du die gegenteilige Meinung vertrittst.**

# Eine Erörterung im Anschluss an einen Text verfassen

## 1. Schritt: Die Textvorlage erschließen

**Information** **Die Textvorlage erschließen**

Die Erörterung im Anschluss an einen Text verlangt eine gründliche Auseinandersetzung mit der Textvorlage. Die folgenden Leitfragen helfen dir dabei:

- Um welches **Thema/Problem** geht es? Welche **Positionen (Thesen)** werden vertreten?
- Welche **Argumente** werden für die Position genannt?
- Werden **Gegenargumente** genannt und evtl. auch entkräftet?
- Enthält der Text eine **Schlussfolgerung?**
- Welche **Absicht** verfolgt der Text? Enthält er einen (versteckten) Appell?

**1** **a** **Lies die folgende Aufgabenstellung genau. Markiere die Aspekte, die du in deiner Erörterung berücksichtigen musst. Ein Anfang ist vorgegeben.**

- Fasse die wesentlichen Aussagen des Textes „Krempel ‚zu verschenken' – Behaltet euren Scheiß!" (▶ S. 18 f.) von Katja Demirci zusammen und stelle die zentralen Gedanken (den Argumentationsaufbau) dar. Beschreibe, welche Intention die Autorin verfolgt.
- Erörtere unter Einbezug wichtiger Argumente aus dem Text die dargestellte Problematik zu den „Verschenke-Kisten" auf der Straße und ziehe dann ein Fazit.

**b** **Lies den folgenden Kommentar einmal zügig durch.**

### Krempel „zu verschenken" – Behaltet euren Scheiß!

Von Katja Demirci

*Karton raus, Schild dran: zu verschenken. Die Straßen sind voll von Kram, den niemand braucht. Tragt das Zeug zum Trödel. Ein wütender Appell.*

Sie liegen überall, in Treppenhäusern und Hofeinfahrten, vor Eingangstüren oder einfach so mitten auf dem Bürgersteig. Kartons, die mittels angehefteter Schilder großzügig verkünden, ihr Inhalt sei „zu verschenken". Wer wollte, der könnte sich während eines Spaziergangs einkleiden – hier ein Pulli, dort ein Schuh – oder Lektüre finden. Besonders häufig liegt Douglas Adams' „Per Anhalter durch die Galaxis" auf Neuköllner Straßen. Oder studentische Fachliteratur, oft aus der Soziologie. Neuerdings vergeht kein Spaziergang durch die Nachbarschaft, ohne dass eben diese mir „Geschenke" vor die Füße wirft. Die ich nicht will. Die niemand will, denn sonst lägen sie nicht ewig dort. Leute, ehrlich, behaltet euren Scheiß!

Wer wirklich Gutes tun will, macht das anders. Der wirft nicht Kaputtes, Schmutziges und Angenagtes auf die

Straße, das er selbst nicht mehr brauchen kann. Es hat Gründe, dass karitative Organisationen für die Kleiderspende dazu aufrufen, saubere Klamotten abzugeben. Und intakte Schuhe nur paarweise, ohne Löcher. Natürlich, jeder stößt beim Aufräumen auf Dinge, für die er keine Verwendung mehr hat, die er dennoch für zu gut befindet, um sie einfach in die Mülltonne zu werfen. Wohin damit? Das Buch „Methoden der empirischen Sozialforschung", teuer erworben, zutiefst verhasst – einfach wegwerfen? Vielleicht könnte ja noch jemand … Nein! Könnte niemand! Verschenk den Krempel über Kleinanzeigen. Oder im Freundeskreis. Stell dich auf den Flohmarkt. Aber müll mir nicht das Treppenhaus zu.

Zumal der weitere Weg der Pappkisten vorgezeichnet ist. Sie enden als provisorische Mülleimer, in denen sich zwischen den „Geschenken" schnell benutzte Taschentücher und Coffee-to-go-Becher ansammeln. Oder sie vermodern zu surrealistischen Skulpturen, „Verfilzte Wollsocke, verschmolzen mit Pappe, Kreuzberg 2017".

Zugegeben: Noch nie habe ich einen der großzügigen Spender getroffen und fragen können, wieso er sein Zeug im Hausflur ablegt, statt es um die Ecke zum Kleidercontainer zu tragen, zum Trödelladen eine Straße weiter, zur Arbeiterwohlfahrt, zur Stadtmission, zur Flüchtlingshilfe. All diese Möglichkeiten könnte ich nennen. Aber die Schenker operieren im Geheimen, was wiederum den Verdacht nahelegt, dass sie um den schlimmen Zustand vieler ihrer Gegenstände wissen. Ahnend, dass die einzige Möglichkeit, diesen Sondermüll umstandslos loszuwerden, ist, ihn den Nachbarn zu überlassen.

Die Krönung der Selbstlosigkeit fand ich am vergangenen Wochenende: eine Matratze für ein Doppelbett, mit Flecken in vielerlei Farben – und einem Zettel dran. Zu verschenken! Sperrmüll, getarnt als Nächstenliebe. Kann sein, dass ich die Ironie nicht verstehe. Kann aber auch sein, dass die zunehmende Freigiebigkeit einfach das ganze Gegenteil von sozial ist.

**2** **Welche Position vertritt die Autorin Katja Demirci? Kreuze die richtige Aussage an.**

Die Leute sollen …

- ☐ nur das zum Verschenken auf die Straße stellen, was andere gut gebrauchen können.
- ☐ keine „Verschenke-Kisten" auf die Straße stellen, sondern ihre Sachen selbst entsorgen.
- ☐ ihre Verschenke-Kisten durch ein Schild kennzeichnen.
- ☐ ihre Sachen auf Flohmärkten verkaufen und das Geld spenden.

**3** **Lege dir im Heft eine Stoffsammlung für den ersten Aufgabenteil (Textzusammenfassung) an.**

**a** **Lies den Text ein zweites Mal und untersuche den Argumentationsaufbau. Unterstreiche hierzu zentrale Thesen, Argumente, Beispiele und Schlussfolgerungen. Erste Markierungen sind vorgegeben.**

**b** **Halte wichtige Kerngedanken (These, Argumente usw.) des Textes für die Zusammenfassung fest.**

<u>Position der Autorin / Appell:</u> Leute sollen …
**1. Argument:** Sachen sind …, deshalb möchte sie keiner. **Beispiel:** …
**2. Argument:** wirklich sozial = brauchbare Sachen an karitative …
**3. Aufgreifen eines Gegenarguments, das entkräftet wird:** Tatsächlich gibt es Dinge, die zum Wegwerfen zu schade sind. Aber: Statt auf die Straße lieber …
**4. Argument:** …
…
**Schlussfolgerung:** „Verschenke-Kisten" = Gegenteil von sozial, nämlich …
….
Forderung/Appell:

## 2. Schritt: Sich kritisch mit dem Text auseinandersetzen

**Information** **Kritische Auseinandersetzung mit den Argumenten**

Im zweiten Teil deiner Erörterung setzt du dich kritisch mit der Argumentation des Textes auseinander. Du kannst der Position (These) der Autorin / des Autors, aber auch den einzelnen Argumenten **zustimmen, widersprechen** oder **teilweise zustimmen.** Je nachdem kritisierst oder bestätigst du die genannten Argumente, führst **zusätzliche Argumente oder Gegenargumente** an und beziehst Stellung.

**4** **Kreuze zuerst an, wie du persönlich zur Position der Autorin stehst.**

Der Position der Autorin (Katja Demirci), dass die Leute keine „Verschenke-Kisten" auf die Straße stellen, sondern ihre Sachen selbst entsorgen.

☐ stimme ich zu. ☐ stimme ich teilweise zu. ☐ stimme ich nicht zu.

**5** **Lege dir eine Stoffsammlung für die kritische Auseinandersetzung mit dem Text an.**
**Notiere in Stichworten die Argumente aus dem Text, auf die du eingehen möchtest. Kritisiere oder bestätige die Argumente und führe zusätzliche Argumente oder Gegenargumente an. Schreibe in dein Heft.**
**TIPP: Die unten stehenden Argumente kannst du für deine kritische Auseinandersetzung mit dem Text nutzen. Kreuze die Argumente an, die du verwenden möchtest.**

1. Argument des Textes:
Die Sachen in den Verschenke-Kisten sind kaputt oder dreckig, deshalb möchte sie keiner.

Möglichkeit 1 (Bestätigung):
Ja, stimme zu: meist kaputte oder unvollständige Dinge, z. B. ...

Möglichkeit 2 (Widerspruch):
Nein, widerspreche: oft schöne, brauchbare Sachen, z. B. ...

Möglichkeit 3 (teilweise Zustimmung):
Ja und nein, stimme teilweise zu: Verschenke-Kisten gute Grundidee, aber falsche Umsetzung, z. B. ...

☐ Oft findet man in den Kisten auch schöne, brauchbare Sachen.

☐ Es ist nachhaltig, Dinge zu verschenken, anstatt sie wegzuwerfen.

☐ Es ist verboten, Gegenstände auf öffentliche Gehwege zu stellen.

☐ Die Kisten stehen im Weg und stören z. B. Rollstuhlfahrer/-innen oder Eltern mit Kinderwagen.

☐ Es gibt nicht überall gut erreichbare Alternativen wie z. B. karitative Organisationen oder öffentliche Bücherschränke.

## 3. Schritt: Die Erörterung im Anschluss an einen Text ausformulieren

**6** **Schreibe mit Hilfe deiner Stoffsammlungen (▶ Aufgaben 3–5, S. 19–20) die textgebundene Erörterung in dein Heft.**

**a** **Formuliere eine knappe, informative Einleitung, in der du Angaben zur Textvorlage und zum Thema des Textes machst. Du kannst einen der folgenden Bausteine zur Hilfe nehmen:**

- In dem Kommentar „..." von ... geht es um ...
- ... setzt sich in dem Kommentar „..." kritisch mit ... auseinander.
- Der Kommentar „..." von ... befasst sich mit ...

**b** **Formuliere den ersten Teil des Hauptteils: Fasse mit Hilfe deiner ersten Stoffsammlung (▶ Aufgabe 3, S. 19) die Argumentation des Textes und die Intention der Autorin knapp zusammen. Du kannst die folgenden Formulierungen nutzen:**

Schon in der Überschrift und den ersten Zeilen des Textes macht ... ihre Position deutlich. Ihrer Meinung nach ...
Um ihre Position zu stützen, führt sie mehrere Argumente an und entkräftet auch Gegenargumente. Die Sachen in den Verschenke-Kisten, so das erste Argument der Autorin, seien ...
Als weiteres Argument ...
....
Die Intention der Autorin ist dem Text klar zu entnehmen: ... fordert ihre Leserschaft dazu auf, ...

**c** **Formuliere den zweiten Teil des Hauptteils: Setze dich hier kritisch mit ausgewählten Argumenten aus dem Text auseinander und ziehe dann ein Fazit. Nimm hierzu den zweiten Teil deiner Stoffsammlung (▶ S. 20, Aufgabe 4–5) zu Hilfe. Du kannst die folgenden Formulierungen nutzen:**

| Ablehnung | Zustimmung | teilweise Zustimmung |
|---|---|---|
| • Das Argument ... ist nicht überzeugend, weil ...<br>• Gegen das Argument ... kann man einwenden, dass ...<br>• Das vermeintliche Problem ... sehe ich nicht. Denn ... | • Das Argument, dass ..., überzeugt mich. Auch ich ...<br>• Er/Sie argumentiert mit Recht ... Als Beleg ...<br>• Es gibt keinen Zweifel an ... Das sieht man auch an ... | • Es ist natürlich richtig, dass ... Allerdings ...<br>• Trotz ... muss man aber bedenken, dass ...<br>• Dem Nachteil ... steht aber ein Vorteil gegenüber: ... |

**d** **Ziehe zum Schluss ein Fazit, in dem du deine Position noch einmal deutlich machst. Du kannst die folgenden Bausteine zu Hilfe nehmen.**

- Meiner Meinung nach ... Deshalb bin ich der Ansicht ...
- Die Position der Autorin teile ich / teile ich nicht / teile ich nicht vollständig. Das liegt vor allem daran, dass ...

⊕ **7** **Ein Kompromiss zum Thema „Verschenke-Kisten" könnte so aussehen, dass die Leute die von Demirci angesprochenen Probleme vermeiden. Formuliere dafür drei Tipps in deinem Heft.**

# Materialgestützt eine Pro-und-Kontra-Erörterung verfassen

## 1. Schritt: Informationen auswerten, Stoffsammlung anlegen

**Information** **Eine Streitfrage pro und kontra erörtern**

Bei einer Pro-und-Kontra-Erörterung (dialektische Erörterung) setzt du dich mit einer strittigen Frage auseinander, indem du Pro- und Kontra-Argumente nennst und dann ein begründetes Fazit ziehst.

- In der **Einleitung führst du in das Thema ein und leitest dann zum Hauptteil (Streitfrage) über.**
- Im **Hauptteil** führst du Pro- und Kontra-Argumente (inkl. Beispiele) an und ziehst dann ein Fazit, indem du deinen Standpunkt formulierst. Das Fazit ist zugleich der **Schluss** deiner Erörterung.

**1** **a** **Lies die folgende Aufgabenstellung genau. Markiere die Streitfrage grün und orange alle anderen Aspekte, die du in deiner Erörterung berücksichtigen sollst.**

Containern, also das Mitnehmen weggeworfener Lebensmittel aus Abfallcontainern, ist in Deutschland verboten. Es gibt aber immer wieder Diskussionen darüber, das Containern zu legalisieren. Soll Containern grundsätzlich erlaubt werden? Verfasse für deine Schülerzeitung einen Beitrag, in dem du erörterst, was dafür (pro) und was dagegen (kontra) spricht. Ziehe dann ein Fazit, indem du eine Empfehlung abgibst. Die folgenden Materialien M1 bis M5 (▸ S. 23–25) helfen dir, überzeugende Argumente zu finden und diese zu stützen.

**b** **Mache dir klar, was du bei deiner Erörterung berücksichtigen musst. Streiche Falsches durch.**

Ich soll Argumente für (pro) / gegen (kontra) die Legalisierung des Containerns gegenüberstellen. Zum Schluss (Fazit) soll ich eine Empfehlung abgeben, d.h. ich kann mich eindeutig für oder eindeutig gegen eine Legalisierung aussprechen oder ich formuliere eine Bedingung, unter der ich mich für oder gegen eine Legalisierung aussprechen würde. Meine wichtigsten Adressaten sind meine Mitschüler/-innen / Lehrkräfte und Eltern. In Bezug auf ihr Vorwissen kann ich davon ausgehen, dass sie schon einiges / noch nicht viel zum Thema „Containern“ gelesen haben.

**2** **Lege dir eine Stoffsammlung für deine Erörterung an. Gehe so vor:**

**a** **Markiere in den folgenden Texten (▸ S. 23–24) Argumente, die für die Legalisierung des Containerns sprechen, grün, und die Argumente, die gegen die Legalisierung des Containerns sprechen, orange.**

**b** **Notiere neben den beiden Grafiken M2 und M5, welche Argumente bzw. Stützungen sich darin finden.**

**c** **Lege dir – am besten am Computer – eine Tabelle für deine Stoffsammlung an.**

| **Material** | **Pro Legalisierung Containern**<br>Argumente + Stützung | **Kontra Legalisierung Containern**<br>Argumente + Stützung |
|---|---|---|
| **M1:** Containern: Gegen das Wegwerfen | Beitrag zum Klimaschutz | ... |
| **M2:** Grafik: Wer wirft ...? | ... | ... |
| **M3:** „Strafrecht sollte immer ...“ | ... | ... |
| **M4:** „Lebensmittel spenden wir ...“ | ... | ... |
| **M5:** Grafik: Welche Folgen ...? | ... | ... |

M1

## Containern: Gegen das Wegwerfen

Von Jens Hertling

*Zwei Studentinnen haben gegen ihre Verurteilung wegen Containerns eine Verfassungsbeschwerde eingereicht. Die Anwältin Sarah Lincoln erläutert in einem Interview die Hintergründe.*

**Warum holen die beiden Studentinnen Lebensmittel aus dem Müll?**

Weltweit wird ein Drittel aller Lebensmittel weggeworfen. Es ist deshalb eine sehr dringende Notwendigkeit, jetzt zu handeln. In Deutschland sind es 18 Millionen Tonnen jährlich. Vieles davon ist noch verwertbar. Genießbare Lebensmittel aus dem Müll zu retten, ist ein aktiver Beitrag zum Klimaschutz.

**Was soll mit der Verfassungsklage erreicht werden?**

Erstens geht es darum, ein Grundsatzurteil zu erstreiten. Gesellschaftlich unschädliches Verhalten darf nicht bestraft werden. Zweitens soll die Verfassungsklage mehr Menschen auf das Problem der Lebensmittelverschwendung aufmerksam machen. Wir möchten einen gesellschaftlichen und politischen Diskurs zum Thema antreiben und auch dazu beitragen, dass politische Lösungen gefunden werden.

*Kommentare*

Mia16: Das ist ja alles schön und gut. Aber es kann doch nicht sein, dass ich viel Geld für Lebensmittel bezahle und andere sie sich kostenlos nehmen dürfen! Das wäre extrem unfair!

Rapha007: Die Idee der Studentinnen klingt erst einmal toll. Sie bedenken aber nicht, dass sie damit dem Einzelhandel schaden. Es ist ein Problem, wenn Leute sich an Lebensmitteln bereichern, die der Supermarkt teuer eingekauft hat.

Sultan_XO: Das Containern sollte auf keinen Fall bestraft werden. Wir leben in einer Verschwendungsgesellschaft, in der Dinge weggeworfen werden, die noch brauchbar sind. Bestraft werden sollten die, die Lebensmittel auf eine umweltschädigende Weise wegschmeißen, und nicht diejenigen, die sie wieder aus den Containern holen.

M2

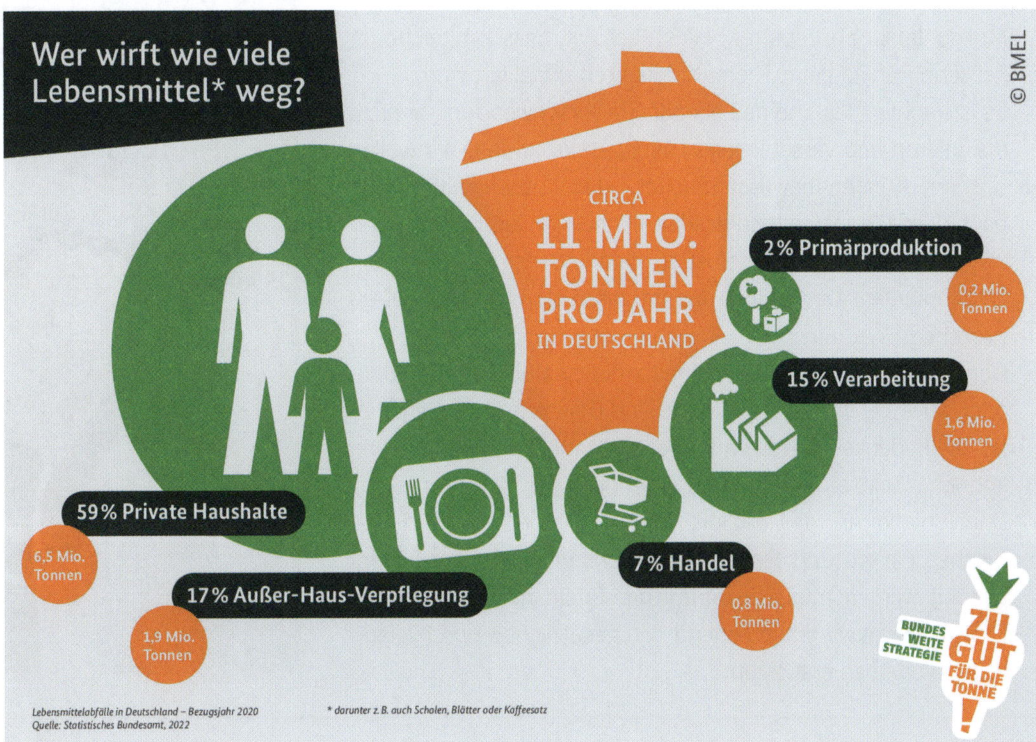


© BMEL

BMEL = Bundesministerium für Ernährung und Landwirtschaft

M3

## „Strafrecht sollte immer das letzte Mittel sein“

*Till Steffen (Die Grünen) ist Justizsenator in Hamburg und hat die Debatte angestoßen. Er geht davon aus, dass sein Antrag auf der Justizministerkonferenz durchgehen wird.*

„Containern muss legalisiert werden. Es kann nicht sein, dass Menschen vor Gericht stehen, weil sie brauchbare Lebensmittel vor der Vernichtung gerettet haben. Das Strafrecht sollte immer das letzte Mittel sein. Deshalb habe ich einen entsprechenden Antrag für die Konferenz der Justizminister der Bundesländer gestellt. Wenn Menschen beim Containern Schlösser beschädigen, ist das natürlich weiterhin Sachbeschädigung, viele Supermärkte bringen solche Sicherungen aber erst gar nicht an. Wer an diese ungesicherten Container geht, muss allerdings selbst entscheiden, was er für essbar hält. Die Verantwortung dafür, dass die Lebensmittel genießbar sind, tragen die Supermärkte nur so lange, wie sie die Ware verkaufen.

Das Thema Lebensmittelverschwendung ist natürlich größer, auch private Haushalte können etwas dagegen tun. Vonseiten der Justiz wollen wir aber zumindest die Regelung zum Containern ändern. Noch besser wäre es, wenn die Lebensmittel gar nicht erst in den Containern landen würden, sondern die Läden noch enger mit den Tafeln[1] zusammenarbeiten würden. Für kleinere Betriebe und jedes einzelne Lebensmittel wird das aber nicht möglich sein. Deswegen brauchen wir in jedem Fall die Entkriminalisierung des Containerns.“

[1] Die Tafeln: gemeinnützige Organisation, die Lebensmittel, die nicht mehr verkauft werden können, an Bedürftige verkauft

M4

## „Lebensmittel spenden wir an Tafeln“

*Kristina Schütz ist Pressesprecherin der REWE Group. Die Supermarktkette ist weiterhin gegen eine Legalisierung von Containern.*

„In den Containern sind Lebensmittelabfälle aus Warenrücknahmen, Lebensmittel, die verschimmelt sind oder mit verschimmelter Ware in Kontakt gekommen sind. Mögliche Gesundheitsrisiken kann ein Mülltaucher nicht immer erkennen. Deshalb sind die Mitarbeiter in den Märkten angehalten, die Müllcontainer abzusperren. Hinzu kommt, dass zahlreiche juristische Punkte beim Thema Containern ungeklärt sind.

Es ist wichtig, das Thema Lebensmittelverschwendung breit zu diskutieren und verschiedene Lösungen zu finden. Wir wollen unseren Kunden bewusst machen, dass Lebensmittel auch nach dem Mindesthaltbarkeitsdatum noch genießbar sind. Und als Lebensmittelhändler selbst so viele Lebensmittel wie möglich verkaufen. Das gelingt uns im Jahresdurchschnitt bei 99 Prozent.

Der Joghurt, dessen Mindesthaltbarkeitsdatum bald abläuft, oder der Apfel mit der Druckstelle sind Beispiele für Lebensmittel, die bedenkenlos verzehrt, aber nicht mehr verkauft werden können. Solche Lebensmittel spenden wir daher in ganz Deutschland an die lokalen Tafeln. Verdorbene Produkte, frisches Fleisch und Fisch oder Lebensmittel, die permanent gekühlt werden müssen, dürfen die Tafeln nicht annehmen. Diese müssen wir entsprechend den gesetzlichen und hygienischen Vorgaben entsorgen.“

**M5**

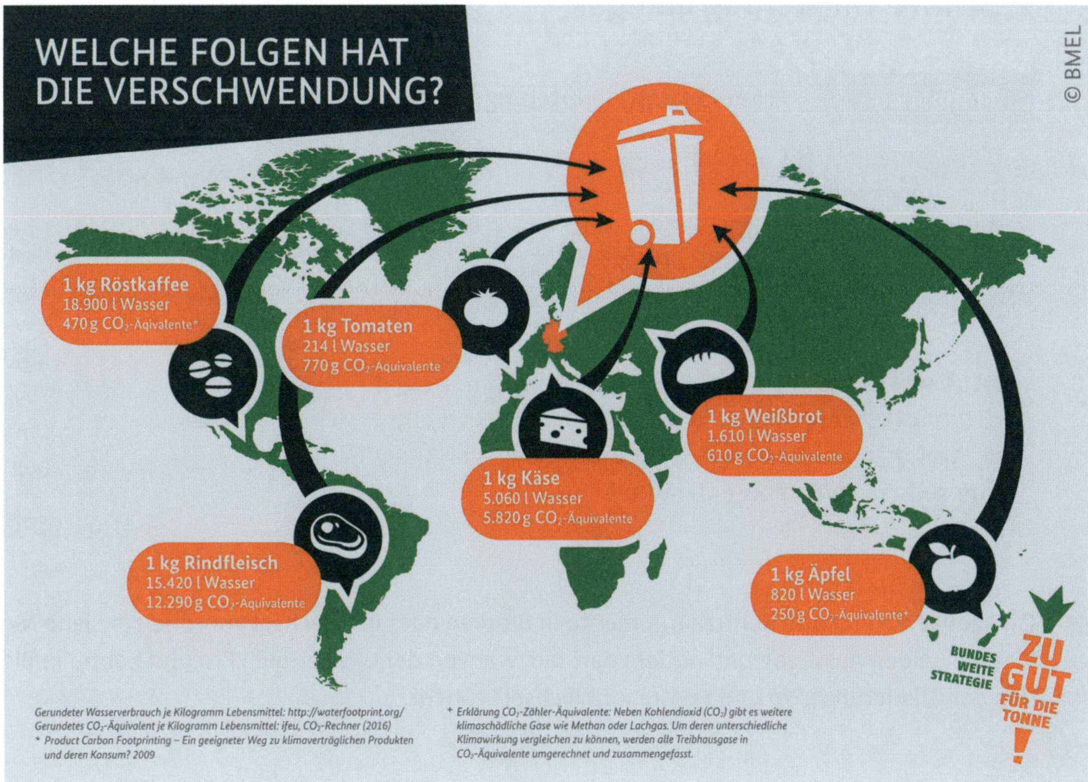


BMEL = Bundesministerium für Ernährung und Landwirtschaft

**3** **Sollte man das Containern legalisieren? Zu dieser Frage führst du im Hauptteil deiner Erörterung verschiedene Pro- und Kontra-Argumente (inkl. Beispiele, Zitate oder Belege) an und ziehst dann ein Fazit.**

**a** **Kreuze an, nach welchen Kriterien du deine Argumente auswählen solltest.**

| | richtig | falsch |
|---|---|---|
| Mit wenigen stichhaltigen Argumenten kann ich besser überzeugen als mit vielen weniger starken Argumenten. | ☐ | ☐ |
| Es ist gut, möglichst viele Argumente anzuführen, auch wenn sie nicht alle stark sind. | ☐ | ☐ |
| Ich sollte am besten die Argumente verwenden, die in mehreren Materialien auftauchen. | ☐ | ☐ |
| Für meine eigene Position sollte ich die stärksten Argumente auswählen. | ☐ | ☐ |
| Ich sollte für meine Position Argumente wählen, die ich gut stützen kann. | ☐ | ☐ |
| Wenn ich schwache Argumente der Gegenseite wähle, kann ich diese besser entkräften. | ☐ | ☐ |
| Mit möglichst starken Argumenten der Gegenseite kann ich besonders gut überzeugen. | ☐ | ☐ |

**b** **Entscheide, ob du für oder gegen die Legalisierung des Containerns argumentieren willst. Kreuze an:**

☐ Ich bin für die Legalisierung des Containerns. ☐ Ich bin gegen die Legalisierung des Containerns.

**c** **Markiere dann in deiner Stoffsammlung in unterschiedlichen Farben jeweils zwei Pro- und zwei Kontra-Argumente, die du in deiner Erörterung verwenden willst.**

## 2. Schritt: Gliederung anlegen

**Information** **Pro-und-Kontra-Erörterung: Die Gliederung**

Die Argumente pro und kontra können unterschiedlich angeordnet werden.

**1) Pro und Kontra in Blöcken**
Hier werden die Pro- und Kontra-Argumente (und Stützungen) blockweise gegenübergestellt: zuerst die der Gegenposition, dann die der eigenen Position.

**2) Pro und Kontra im Wechsel**
Hier führst du Argumente (und Stützungen) gegen und für deine Position im laufenden Wechsel an. Die Gegenargumente kannst du hierbei sofort entkräften.

**Pro und Kontra in Blöcken**

**Gegenposition**
Argument 1
Argument 2
...

**Eigene Position**
Argument 1
Argument 2
...

**Fazit**

**Pro und Kontra im Wechsel**

Argument pro
Argument kontra
Argument pro
Argument kontra
...

**Fazit**

**4** Du kannst die Pro- und Kontra-Argumente in Blöcken oder im Wechsel anordnen (▶ siehe Merkkasten).

**a** Lies die beiden Aussagen und notiere darüber, wer von der Gliederung „Pro und Kontra in Blöcken“ und wer von der Gliederung „Pro und Kontra im Wechsel“ spricht.

____________________ ____________________

Ich biete abwechselnd Pro- und Kontra-Argumente an, damit ich die Argumente der Gegenseite sofort entkräften kann. Wichtig ist dabei aber, dass die Argumente gut zusammenpassen.

Ich führe erst die Argumente der Gegenposition und dann im zweiten Teil alle Argumente für meine Position an, damit sie den Lesern besser im Gedächtnis bleiben. Beim Schreiben kann ich mich nacheinander auf die beiden Seiten (Pro und Kontra) fokussieren.

**b** Kreuze an, nach welchem Prinzip du deine Erörterung gliedern willst.

**5** Sollte das Containern legalisiert werden? Erstelle mit Hilfe deiner Stoffsammlung eine Gliederung für den Hauptteil deiner Erörterung mit zwei Pro- und zwei Kontra-Argumenten.

Einleitung: Lebensmittelverschwendung geht uns alle an.

Hauptteil: ____________________

____________________

____________________

____________________

____________________

Fazit: Containern sollte ____________________

## 3. Schritt: Die Pro-und-Kontra-Erörterung ausformulieren

**6** **Schreibe mit Hilfe deiner Vorarbeiten deinen Artikel für die Schülerzeitung in dein Heft. Gehe so vor:**

**a** **Entscheide, wie du in deinem Beitrag ins Thema einführen und zum Hauptteil überleiten möchtest. Formuliere eine der folgenden Einleitungsideen aus oder schreibe eine eigene Einleitung.**

A Lebensmittelverschwendung ist ein Thema, das uns alle angeht. Manche gehen aktiv gegen dieses Problem vor, indem sie ... Allerdings ... Es lohnt sich also, darüber nachzudenken, ob ...
B Habt ihr schon einmal zufällig in den Müllcontainer eines großen Supermarkts geschaut? Dann ist euch vielleicht aufgefallen, dass ... Die Lebensmittel einfach mitzunehmen, wäre aber verboten. Warum eigentlich? Wäre eine Legalisierung ...? Da diese Frage kontrovers diskutiert wird, ...
C Nachdem vor Kurzem zwei Studentinnen ..., wurden sie ... verurteilt. Nun soll das Verfassungsgericht .... Deshalb stellt sich die Frage, ...

**b** **Verfasse auf der Basis deiner Gliederung (▶ S. 26) den Hauptteil deines Beitrags. Du kannst die folgenden Formulierungshilfen nutzen.**

| | | |
|---|---|---|
| **Ein Argument nennen** | | • Befürworter/Gegner der Legalisierung des Containerns argumentieren ...<br>• Außerdem hätte eine Legalisierung des Containerns zur Folge, dass ...<br>• Das für mich wichtigste Argument ist (jedoch), dass ... |
| **Ein Argument stützen** | **Beispiel:** | • Als Beispiel lässt sich anführen, dass ...<br>• Ich selbst habe zum Beispiel erlebt, wie ... |
| | **Beleg:** | • So belegt eine Studie aus dem Jahr ..., dass ...<br>• Auch die Pressesprecherin der ... / die Anwältin ... / der Justizsenator ... argumentiert mit ... |
| | **Zitat:** | • Die Pressesprecherin der ... / Die Anwältin ... / Der Justizsenator ... erklärt: „...“<br>• ... bezeichnet das als „...“. |
| **Zu einem Gegenargument überleiten** | | • Dem lässt sich jedoch entgegenhalten, dass ...<br>• Diesem Argument für/gegen die Legalisierung des Containerns kann man folgendes Pro-/Kontra-Argument gegenüberstellen: ...<br>• Eingewendet werden könnte dagegen allerdings, dass ... |

**c** **Formuliere ein Fazit. Du kannst die folgenden Formulierungsbausteine zu Hilfe nehmen:**

A Zurück zur Ausgangsfrage: Sollte man ...? Wenn ich die Argumente für und wider ...
B Wenn ich ... abwäge, komme ich zu dem Schluss, dass ...
C Wenn man bedenkt, dass ... würde ich mir wünschen / empfehlen, dass ...

**7** **Welche Überschrift passt besonders gut zu deinem Artikel? Wähle aus und begründe in deinem Heft.**

A Gegen die Verschwendung: Containern sollte endlich legalisiert werden!
B Argumente für und gegen die Legalisierung des Containerns
C Die Legalisierung des Containerns löst nicht unsere Probleme
D Warum Containern (nicht) legalisiert werden sollte

⊕ **8** **Formuliere selbst eine „packende“ Überschrift für deinen Artikel.**

# Eine Parabel interpretieren

## Eine Parabel erschließen und verstehen

**Information** **Die Parabel**

**Parabeln** (griech. *parabole:* Gleichnis) sind kurze, **gleichnishafte Texte.** Das bedeutet, **das Gesagte** ist noch nicht **das Gemeinte,** es steht als Gleichnis für etwas anderes und muss in einem **übertragenen Sinn** verstanden werden.
Um herauszufinden, was gemeint ist, bietet die Parabel **Hinweise und Vergleichsansätze.** Wenn in einer Parabel beispielsweise eine Aufbruchssituation geschildert wird, lässt sich diese mit vielen konkreten Aufbruchssituationen im Leben vergleichen (z. B. mit einer neuen Beziehung, einem Ortswechsel, einer beruflichen Entwicklung) und insgesamt als Mut zur Veränderung deuten. **Da Leserinnen und Leser Parabeln** also **unterschiedlich deuten** können, sind sie in diesem Sinn **vieldeutige Texte.**
Ein Hilfsmittel für die Erschließung von Parabeln ist, sich den **Text als Bildebene** vorzustellen, **die man als Leserin oder Leser auf eine konkrete Sachebene überträgt.**

**1** **Lies das Merkwissen und den Titel der Parabel. Notiere erste Ideen dazu, was mit dem Titel in einem übertragenen Sinn gemeint sein könnte. Welche konkreten Lebenssituationen fallen dir ein, in denen man mit starkem Gegenwind rechnen muss?**

### Bertolt Brecht: In Erwartung großer Stürme (1938)

In einem alten Buch über die Fischer der Lofoten[1] lese ich: Wenn die ganz großen Stürme erwartet werden, geschieht es immer wieder, daß einige der Fischer ihre Schaluppen[2] am Strand vertäuen und sich an Land begeben, andere aber eilig in See stechen. Die Schaluppen, wenn überhaupt seetüchtig, sind auf hoher See sicherer als am Strand. Auch bei ganz großen Stürmen sind sie auf hoher See durch die Kunst der Navigation zu retten, selbst bei kleineren Stürmen werden sie am Strand von den Wogen zerschmettert. Für ihre Besitzer beginnt dann ein hartes Leben. R

1 die Lofoten: Inselgruppe in Norwegen

2 die Schaluppe: kleines Segelboot

**2 a** **Erkläre mit Hilfe der Markierungen im Text, wie die Fischer auf einen schweren Sturm reagieren können und welche Konsequenzen das für sie haben kann.**

Die Fischer können

Sie können aber auch

**b** **Welches Gegensatzpaar beschreibt die Handlungsweisen der Fischer am besten? Kreuze an.**

☐ Übermut oder Weitblick ☐ Leichtfertigkeit oder Schwerfälligkeit ☐ Wagemut oder Furchtsamkeit

**3** **Untersuche den Aufbau der Parabel.**

**a** **Kreuze die Variante an, die den Aufbau des Textes richtig und genau darstellt.**

| A ☐ | B ☐ | C ☐ | D ☐ |
|---|---|---|---|
| Einleitung | Einleitung | Geschichte | Geschichte |
| Geschichte | Geschichte | | |
| Fragestellung | Konsequenz/Lehre | | Konsequenz/Lehre |

**b** **Begründe deine Wahl mit Hilfe des Textes.**

Ein Ich-Erzähler

Der letzte Satz

**4** **Bestimme die Wirkungsabsicht des ersten Satzes. Kreuze an.**

☐ A Durch den Hinweis auf das alte Buch soll deutlich werden, dass die Geschichte nicht mehr aktuell ist und für moderne Leser/-innen keine Bedeutung mehr hat.

☐ B Der Satz dient dem Spannungsaufbau. Denn eine Geschichte über Fischer auf den Lofoten ist exotisch und interessant.

☐ C Bei den Leserinnen und Lesern soll der Eindruck entstehen, dass es sich um eine wahre und nicht um eine frei erfundene Geschichte handelt. Das alte Buch bezeugt die Echtheit der Geschichte.

**5 a Entschlüssele die Bildebene der Parabel, indem du jeder Formulierung in der linken Spalte der Tabelle eine Bedeutung aus dem Wortspeicher zuordnest. Schreibe auf die Linien rechts.**

Gefahr • Furchtsamkeit • ~~alle Menschen~~ • ideeller oder materieller Besitz • Widerstand/Mut

| **Gesagtes** (Text- bzw. Bildebene) | **Gemeintes** (übertragene Bedeutung = Sachebene) |
|---|---|
| Fischer | *alle Menschen;* |
| Schaluppe | |
| Sturm | |
| Navigation auf hoher See | |
| Strand | |

**b Kreuze an, welche Lehre sich ganz allgemein aus dieser Parabel ziehen lässt.**

A ☐ Der Mensch hat Naturgewalten nichts entgegenzusetzen.

B ☐ Wer sich Gefahren und Problemen stellt, hat bessere Chancen, sie zu meistern.

C ☐ Man sollte immer vorsichtig sein.

**6 Stelle mit Hilfe der Information rechts eine Vermutung dazu an, welche Intention (Wirkungsabsicht) Bertolt Brecht mit seiner Parabel verbunden haben könnte.**

*Die Parabel soll möglicherweise darauf hinweisen,*

**Bertolt Brecht** (1898–1956) musste während des Nationalsozialismus ins Exil gehen und hat z. B. in seinem Drama „Der unaufhaltsame Aufstieg des Arturo Ui“ aus dem Jahr 1941 eine Parabel über die Machtergreifung Hitlers, den Aufstieg einer Diktatur und den Verlust individueller Rechte verfasst.

**7 Woran erkennst du, dass es sich bei „In Erwartung großer Stürme“ um eine Parabel handelt? Kreuze an.**

☐ A Das Gesagte muss in einem übertragenen Sinn gedeutet werden.

☐ B Aus der Geschichte lässt sich eine Lehre ziehen.

☐ C Es ist eine kurze, gleichnishafte Erzählung.

☐ D Die Geschichte ist von großer Dramatik und sehr spannend.

⊕ **8 Parabeln sind vieldeutig. Probiere aus, wie sich das konkret Gemeinte verändert, wenn du anstelle der Fischer eine andere Personengruppe deiner Wahl einsetzt, z. B. Schüler/-innen, ein Liebespaar oder eine Fußballmannschaft. Trage dein Ergebnis in die Tabelle von Aufgabe 5 ein.**

# Die Parabel schriftlich interpretieren

**Methode** **Eine Parabel interpretieren**

- Nenne in der **Einleitung** den Titel, den Namen der Autorin / des Autors, die Textsorte, das Entstehungsjahr und das Thema des Textes.
- Lege im **Hauptteil** die Ergebnisse deiner Textuntersuchung dar und arbeite dabei mit Textbelegen (▸ S. 91–92).
  Triff je nach Aufgabenstellung z. B. Aussagen zu den folgenden Punkten:
  – Inhalt und Aufbau der Parabel,
  – Übertragung des Gesagten auf das Gemeinte und Lehre der Parabel,
  – typische Parabel-Merkmale.
- Fasse zum **Schluss** deine Ergebnisse noch einmal in einer knappen Deutung zusammen.

Verfasse die Interpretation im Präsens und drücke dich fachlich angemessen aus (Fachbegriffe).

**1** **Verfasse eine vollständige Interpretation der Parabel in deinem Heft.**

**a Übertrage die Einleitung richtig in dein Heft.**

Bertolt Brechts Geschichte/Parabel „In Erwartung großer Stürme" aus dem Jahr 1938 thematisiert/deutet am Beispiel der Fischer von den Lofoten die Konsequenzen/Leitlinien unseres Handelns in einer alltäglichen Problemlage / außergewöhnlichen Gefahrensituation.

**b Beschreibe zu Beginn deines Hauptteils den Aufbau der Parabel und fasse ihren Inhalt dabei knapp zusammen. Nutze dafür die folgenden Satzanfänge und deine Vorarbeiten aus den Aufgaben 2 und 3 (▸ S. 29).**

Zu Beginn der Parabel zitiert ein Ich-Erzähler aus ... Darin wird beschrieben, dass einige Fischer ...
Denn selbst bei großen Stürmen kann ein geschickter Steuermann ... Die anderen Fischer hingegen ...
Die Konsequenz für sie ist ...

**c Erläutere, wie die Parabel in einem übertragenen Sinn zu verstehen ist. Gehe dabei auf die Bild- und die Sachebene ein und arbeite mit Textbelegen. Nutze dafür deine Ergebnisse aus den Aufgaben 5 und 6 (▸ S. 30) und die folgenden Formulierungsbausteine.**

– Die Parabel von den Fischern kann in einem übertragenen Sinn als eine Geschichte über ...
– Sinnbildlich für eine ... steht dabei ... (Z. ...).
– Die „Schaluppen" (Z. 3) können in diesem Zusammenhang ...
– Die Fischer versuchen, ... Dabei lässt sich ... lesen, während der „Strand" (Z. 4) eher für ...
– Betrachtet man die Konsequenzen für ..., dann ergibt sich als Lehre, dass ...
– Diese Lehre lässt sich auf konkrete Lebensbereiche übertragen. Brecht wollte wahrscheinlich ...

**d Erkläre mit Hilfe von Aufgabe 7 (▸ S. 30), woran man erkennt, dass „In Erwartung großer Stürme" eine Parabel ist. Beginne so:**

Der Text weist mehrere typische Merkmale einer Parabel auf. Zum einen ...

**e Formuliere zum Schluss eine knappe Deutung. Du kannst dabei auch auf eine konkrete Situation aus deiner Lebenswelt eingehen, z. B.:**

Die Parabel zeigt, dass ... Diese Erkenntnis kann in vielen Situationen nützlich sein. Sie lässt sich z. B. anwenden, wenn ...

# Ein Gedicht interpretieren

## Ein Gedicht untersuchen und verstehen

**Methode** **Talking to the Text – Erste Annäherung an ein Gedicht**

Beginne deine Gedichtuntersuchung mit der Methode **Talking to the Text.** Nutze dazu:
- knappe **Notizen** (z. B. Fachbegriffe, Deutungsideen, Fragen, Leseeindrücke),
- verschiedenfarbige **Markierungen** (z. B. für verschiedene rhetorische Mittel),
- **Buchstaben** und **Zeichen:** Reim (z. B. abab), Metrum (z. B. xx́), Wichtiges (!).

**1** **Halte im „Talking to the Text" (▸ Methode) alles fest, was dir an dem Gedicht auffällt. Ergänze dafür Markierungen im Text und Notizen in der Randspalte.**

### Georg Weerth: Die hundert Männer von Haswell* (1845/46)

Die hundert Männer von Haswell, a
Die starben an einem Tag; b
Die starben zu einer Stunde; c
Die starben auf einen Schlag. b

Und als sie still begraben,
Da kamen wohl hundert Fraun;
Wohl hundert Fraun von Haswell,
Gar kläglich anzuschaun.

Sie kamen mit ihren Kindern,
Sie kamen mit Tochter und Sohn:
„Du reicher Herr von Haswell,
Nun gib uns unsern Lohn!"

Der reiche Herr von Haswell,
Der stand nicht lange an;
Er zahlte wohl den Wochenlohn
Für jeden gestorbnen Mann.

Und als der Lohn bezahlet,
Da schloss er die Kiste zu.
Die eisernen Riegel klangen,
Die Weiber weinten dazu.

*Notizen in der Randspalte:*

Anapher → Betonung des schrecklichen Unglücks; Klimax (Steigerung) → starke Wirkung

kein öffentliches Aufsehen?
Wiederholung

gleiche Aussage variiert → Nachdruck

* Anmerkung des Autors Georg Weerth: „In den Kohlengruben zu Haswell kamen im September vorigen Jahres hundert Menschen ums Leben. – Der Urteilsspruch lautete: Göttliche Heimsuchung. Man versicherte aber, es sei dies Unglück durch die Nachlässigkeit der Grubenbesitzer entstanden."

**Methode** **Leitfragen zur Gedichtuntersuchung I: Inhalt und Sprechsituation untersuchen**

Im Anschluss an dein **Talking to the Text** (▸ S. 32) solltest du das Gedicht genauer untersuchen. Dabei helfen dir die Leitfragen auf dieser und der nächsten Seite.

1 **Thema, Inhalt, Aufbau**
- Worum geht es in dem Gedicht? Geht es z. B. um Gefühle, Politik, Gesellschaft oder Natur?
- Ist eine Handlung erkennbar? Wird eine bestimmte Situation oder ein Ereignis beschrieben?

2 **Die Sprechsituation**
- Tritt ein lyrisches Ich/Wir in Erscheinung oder ist der lyrische Sprecher nicht im Text greifbar?
- Wird eine bestimmte Haltung, Stimmung oder Position des Sprechers erkennbar?
- Gibt es einen Adressaten oder eine Adressatin? Wird jemand / ein Du direkt angesprochen?

**2** **Erschließe den Inhalt des Gedichts genauer.**

**a** **Fasse die fünf Strophen jeweils in einem Satz zusammen, indem du die Satzanfänge links richtig ergänzt. Ziehe dazu Verbindungslinien.**

| | |
|---|---|
| 1 Bei einem Grubenunglück in Haswell ... | A ... und überlässt die Frauen ihrer Verzweiflung. |
| 2 Im Anschluss an das Begräbnis ... | B ... indem er den Wochenlohn auszahlt. |
| 3 Begleitet von ihren Kindern fordern sie ... | C ... finden 100 Grubenarbeiter den Tod. |
| 4 Der Grubenbesitzer erfüllt die Forderung, ... | D ... suchen die Witwen den Grubenbesitzer auf. |
| 5 Damit betrachtet er seine Pflicht als erfüllt ... | E ... den Lohn ihrer Männer ein. |

**b** **Erkläre, warum die Frauen weinen (vgl. V. 20), obwohl sie den Wochenlohn ihrer Männer erhalten.**

**c** **Welche Formulierung trifft das Thema und die Aussage des Gedichts am besten? Kreuze an.**

☐ A Das Gedicht führt das verantwortungslose und unbarmherzige Handeln von Unternehmern gegenüber ihren Arbeitern an einem tragischen Beispiel vor Augen.

☐ B Das Gedicht von Georg Weerth zeigt, wie Frauen schon in der Mitte des 19. Jahrhunderts entschlossen für ihre Rechte kämpfen.

☐ C Das Gedicht thematisiert, wie sich Arbeiterrechte und Unternehmerinteressen fair und zum Vorteil von allen Beteiligten vereinbaren lassen.

**3** **Streiche die falschen Aussagen zur Sprechsituation durch.**

In dem Gedicht tritt ein/kein lyrisches Ich in Erscheinung. Es ist / Es ist nicht genau erkennbar, wer von dem Ereignis in Haswell berichtet. Obwohl der Sprecher das Verhalten des Grubenbesitzers nicht direkt bewertet, / Indem der Sprecher das Verhalten des Grubenbesitzers klar bewertet, wird deutlich, dass er auf der Seite der Verstorbenen und ihrer Familien steht.

**Methode** **Leitfragen zur Gedichtinterpretation II: Formale und sprachliche Mittel untersuchen**

**3 Formaler Aufbau**

Ist das Gedicht in **Strophen** gegliedert? Sind die Strophen gleich gebaut?

- Werden **Verse** wiederholt? Gibt es einen Refrain? Kommen auffällige **Zeilensprünge** vor?
- Ist das Gedicht gereimt? Liegt ein **Reimschema** vor?
- Gibt es ein durchgängiges **Metrum?**

**4 Sprachliche und rhetorische Mittel**

- Werden **sprachliche Bilder** (Vergleiche, Metaphern, Personifikationen) verwendet?
- Werden **Wörter oder Sätze am Satz- oder Versanfang wiederholt** (Anapher)?
- Gibt es **Wortneuschöpfungen** (Neologismen)?
- Dominiert eine **bestimmte Wortart?**

Es reicht nicht, die formalen und sprachlichen Eigenschaften eines Gedichts nur zu benennen. Du musst sie mit Blick auf den Inhalt des Textes auch **deuten,** d. h. in ihrer **Wirkungsabsicht erklären.**

**4** **Untersuche die formalen Gestaltungsmittel des Gedichts und deute sie.**

**a Bestimme die Reimform. Ergänze dazu die Buchstabenfolge neben dem Gedicht (▶ S. 32).**

**b Prüfe, ob ein regelmäßiges Metrum vorliegt. Setze dafür im Text (▶ S. 32) die Betonungszeichen.**

**c Entscheide, welche Beschreibungen und Deutungen auf Reim (A und B) und Metrum (C und D) zutreffen. Kreuze jeweils an.**

A ☐ Jeweils der zweite und vierte Vers der Strophen reimen sich. Das betont besonders in den letzten Strophen die verschiedenen Perspektiven von Grubenbesitzer und Witwen.

B ☐ Das Gedicht hat kein erkennbares Reimschema. Das passt zu der aufgewühlten und verstörenden Situation, die beschrieben wird.

C ☐ Das völlig unregelmäßige Metrum unterstreicht, dass die Situation zu eskalieren droht.

D ☐ Das schlichte, nicht ganz regelmäßige Metrum passt zu einem politischen Lied.
Es wirkt eindringlich und betont die Interessen der sozial Benachteiligten.

**5** **Lies die Sätze A bis D und prüfe jeweils, welcher der vier Fachbegriffe rechts in die Lücke passt. Ziehe dann eine Verbindungslinie.**

**Ironie**

**Anapher**

**Metapher**

**Wiederholung**

A Mit der „Kiste" und den „eisernen Riegeln" (V. 18/19) wird die Geldkassette des Herrn von Haswell beschrieben. Versteht man diese Worte aber als ..., kann damit auch gemeint sein, dass er den Fall abschließt und sein Herz gegenüber dem Leid verhärtet.

B Das Gedicht gewinnt durch die ... von Aussagen eine große Eindringlichkeit.

C Besonders eindringlich wirkt die dreifache ... in der ersten Strophe, mit der der erschütternde Tod von hundert Männern herausgestellt wird.

D Die Aussage „Der stand nicht lange an" (V. 14) kann als ... des Sprechers gedeutet werden. Denn das rasche und scheinbar freundliche Entgegenkommen des Herrn von Haswell entpuppt sich als Herzlosigkeit.

# Das Gedicht schriftlich interpretieren

**Methode** **Eine Gedichtinterpretation schreiben**

- In der **Einleitung** nennst du die Art des Textes (z. B.: Gedicht oder genauer: Sonett), den Titel, die Autorin / den Autor, das Entstehungsjahr und das Thema.
- Im **Hauptteil** gibst du die Ergebnisse deiner Untersuchung (▸ S. 32–34) geordnet wieder:
  - Fasse den Inhalt strophenweise zusammen.
  - Bestimme die Sprechsituation: Gibt es ein lyrisches Ich oder einen Adressaten?
  - Benenne formale und sprachliche Mittel und deute sie, indem du ihre Wirkung erläuterst.
  - Ordne den Text in seine Epoche ein oder setze den Text in Beziehung zu anderen Gedichten mit dem gleichen Motiv (z. B. Liebe, Natur, Politik).
- Gehe zum **Schluss** auf die Gesamtwirkung des Textes ein oder nimm Stellung.
- **Belege deine Aussagen** zum Text mit Textstellen und zitiere dabei korrekt (▸ S. 91–92).

**1** **Verfasse eine vollständige Interpretation in deinem Heft.**

**a** **Formuliere die Einleitung. Nutze dein Ergebnis aus Aufgabe 2 c (▸ S. 33) und setze den Anfang fort:**
Georg Weerth problematisiert in seinem 1845/46 entstandenen Gedicht „…" …

**b** **Verfasse zu Beginn des Hauptteils eine strophenweise Zusammenfassung. Übernimm dabei nicht den Wortlaut des Textes, sondern finde mit Hilfe von Aufgabe 2 a (▸ S. 33) eigene knappe Formulierungen, z. B.:**
Die 1. Strophe berichtet, dass bei einem Grubenunglück …

**c** **Nutze deine Ergebnisse aus Aufgabe 3 (▸ S. 33), um die Sprechsituation darzustellen, z. B.:**
In dem Gedicht gibt es weder ein … noch wird ein Adressat … Dennoch bezieht der Sprecher klar Stellung für … und gegen … Dies wird z. B. deutlich, wenn er …

**d** **Deute formale und sprachliche Mittel mit Bezug zum Inhalt. Greife dabei auf die Aufgaben 4 und 5 (▸ S. 34) zurück und nutze die Formulierungshilfen. Denke daran, deine Aussagen mit Textstellen zu belegen.**
Das Gedicht besteht aus fünf … mit je vier … Der Reim entspricht dem Schema a…, wodurch … Das Metrum … In der 1. Strophe fällt das Stilmittel der Anapher auf. Dreimal werden die Worte „…" (V. …) wiederholt. Dadurch … Eine ähnliche Wirkung wird in der 1. Strophe durch …

**e** **Ordne das Gedicht mit Hilfe der Information rechts zeitlich und in Bezug auf sein Thema in die Epoche des Vormärz ein.**
**TIPP: Beziehe die Anmerkung des Autors (▸ S. 32) zu seinem Gedicht mit ein.**

> In der **Epoche des Vormärz** (ca. 1830-1848) brachte die fortschreitende Industrialisierung unzumutbare Arbeitsbedingungen und Armut mit sich. Das Aufbegehren gegen diese Situation wird in politischen Liedern und Gedichten dieser Zeit thematisiert.

**f** **Fasse zum Schluss die wesentlichen Ergebnisse in deinem Heft zusammen und nimm Stellung, z. B.:**
Das Gedicht berichtet kommentarlos, aber in einer eindringlichen Sprache von … Damit übt es unmissverständlich Kritik an … Diese Einstellung des Sprechers kann ich teilen / nicht teilen, weil …

⊕ **2** **Versetze dich in die Lage einer der Frauen und schreibe aus ihrer Sicht einen inneren Monolog. Was geht ihr durch den Kopf, als sie vor dem Haus des Grubenbesitzers steht? Du kannst z. B. so beginnen:**
Ich bin so wütend auf diesen feinen Herrn. Wie soll ich jetzt bloß …?

# Eine Dramenszene interpretieren

## Eine Dramenszene untersuchen und verstehen

**Methode** **Eine Dramenszene untersuchen**

Die folgenden Untersuchungsschwerpunkte helfen dir dabei, eine Dramenszene genau zu verstehen, und dienen dir zudem als Vorbereitung deiner schriftlichen Interpretation (▶ S. 40–41):

1 **Stellung der Szene im Handlungsverlauf** (sofern das gesamte Drama bekannt ist):
   – Wo steht die Szene im Handlungsverlauf? Was ist ihr vorausgegangen, was folgt ihr?

2 **Inhalt und Thema der Szene**
   – Was geschieht in der Szene? Welche Figuren treten auf? Wie verläuft das Gespräch?

3 **Figuren- und Gesprächsanalyse**
   – Wie stehen die Figuren zueinander **(Figurenkonstellation)?** Welche **Absichten** verfolgen sie?
   – Wie verhalten sich die Figuren? Verändert sich ihr **Verhalten** im Laufe des Gesprächs?
   – Welche **Gedanken und Gefühle** werden deutlich? Achte auch auf Regieanweisungen.
   – Wie sind die **Redeanteile** der Figuren verteilt? Wer ergreift die Initiative, wer reagiert?
   – Was zeichnet die **Sprache** einer Figur aus (Sprachstil, Wortwahl, rhetorische Mittel)?

TIPP: Lies die **Regieanweisungen** aufmerksam.

**1** **Lies den Ausschnitt aus der Szene „Nacht“ und unterstreiche wichtige Textstellen.**

Johann Wolfgang Goethe

### Faust. Der Tragödie erster Teil (1808), Szene „Nacht“ (Auszug)

*Der Gelehrte Heinrich Faust, ein hochqualifizierter Wissenschaftler, gibt sich mit seinem bisher angeeigneten Wissen nicht zufrieden. Aus dem Wunsch zu erkennen, „was die Welt im Innersten zusammenhält“, wendet er sich der Magie zu und beschwört den Erdgeist. Enttäuscht muss er jedoch feststellen, dass er dessen Erscheinung nicht gewachsen ist. Sein Assistent Wagner, der Faust trotz der späten Stunde sprechen gehört hat, kommt in dessen Studierzimmer.*

FAUST:
[...]
*Es klopft.*
O Tod! ich kenn's – das ist mein Famulus[1] –
Es wird mein schönstes Glück zunichte!
Dass diese Fülle der Gesichte[2]
Der trockne Schleicher stören muss!
*Wagner im Schlafrock und der Nachtmütze, eine*
*Lampe in der Hand. Faust wendet sich unwillig.*
WAGNER:
Verzeiht! ich hör Euch[3] deklamieren[4];
Ihr[3] last gewiss ein griechisch Trauerspiel?
In dieser Kunst möcht ich was profitieren,
Denn heutzutage wirkt das viel.
Ich hab es öfters rühmen hören,
Ein Komödiant könnt einen Pfarrer lehren.
FAUST:
Ja, wenn der Pfarrer ein Komödiant ist;
Wie das denn wohl zuzeiten kommen mag.
WAGNER:
Ach! wenn man so in sein Museum[5] gebannt ist
Und sieht die Welt kaum einen Feiertag,

Kaum durch ein Fernglas, nur von Weiten,
Wie soll man sie durch Überredung leiten?
FAUST:
Wenn ihr's nicht fühlt, ihr werdet's nicht erjagen,
Wenn es nicht aus der Seele dringt
Und mit urkräftigem Behagen
Die Herzen aller Hörer zwingt.

Sitzt ihr nur immer! Leimt zusammen,
Braut ein Ragout[6] von andrer Schmaus
Und blast die kümmerlichen Flammen
Aus eurem Aschenhäufchen 'raus!
Bewundrung von Kindern und Affen,
Wenn euch darnach der Gaumen steht;
Doch werdet ihr nie Herz zu Herzen schaffen,
Wenn es euch nicht von Herzen geht.

**Wagner:**
Allein der Vortrag macht des Redners Glück;
Ich fühl es wohl, noch bin ich weit zurück.

**Faust:**
Such' Er[7] den redlichen Gewinn!
Sei Er kein schellenlauter Tor[8]!
Es trägt Verstand und rechter Sinn
Mit wenig Kunst sich selber vor;
Und wenn's euch Ernst ist, was zu sagen,
Ist's nötig, Worten nachzujagen?
Ja, eure Reden, die so blinkend sind,
In denen ihr der Menschheit Schnitzel kräuselt[9],
Sind unerquicklich wie der Nebelwind,
Der herbstlich durch die dürren Blätter säuselt!

**Wagner:**
Ach Gott! die Kunst ist lang;
Und kurz ist unser Leben.
Mir wird, bei meinem kritischen Bestreben,
Doch oft um Kopf und Busen bang.
Wie schwer sind nicht die Mittel zu erwerben,
Durch die man zu den Quellen steigt!
Und eh man nur den halben Weg erreicht,
Muss wohl ein armer Teufel sterben.

**Faust:**
Das Pergament, ist das der heil'ge Bronnen[10],
Woraus ein Trunk den Durst auf ewig stillt?
Erquickung hast du nicht gewonnen,
Wenn sie dir nicht aus eigner Seele quillt.

**Wagner:**
Verzeiht! es ist ein groß Ergetzen[11],
Sich in den Geist der Zeiten zu versetzen;
Zu schauen, wie vor uns ein weiser Mann gedacht,
Und wie wir's dann zuletzt so herrlich weit gebracht.

**Wagner:**
O ja, bis an die Sterne weit!
Mein Freund, die Zeiten der Vergangenheit
Sind uns ein Buch mit sieben Siegeln.
Was ihr den Geist der Zeiten heißt,
Das ist im Grund der Herren eigner Geist,
In dem die Zeiten sich bespiegeln.
Da ist's denn wahrlich oft ein Jammer!
Man läuft euch bei dem ersten Blick davon:
Ein Kehrichtfass und eine Rumpelkammer
Und höchstens eine Haupt- und Staatsaktion[12]
Mit trefflichen pragmatischen Maximen[13],
Wie sie den Puppen wohl im Munde ziemen!

**Wagner:**
Allein die Welt! des Menschen Herz und Geist!
Möcht jeglicher doch was davon erkennen.

**Faust:**
Ja, was man so erkennen heißt!
Wer darf das Kind beim Namen nennen?
Die wenigen, die was davon erkannt,
Die töricht g'nug ihr volles Herz nicht wahrten,
Dem Pöbel[14] ihr Gefühl, ihr Schauen offenbarten,
Hat man von je gekreuzigt und verbrannt.
Ich bitt Euch, Freund, es ist tief in der Nacht,
Wir müssen's diesmal unterbrechen.

**Wagner:**
Ich hätte gern nur immer fortgewacht,
Um so gelehrt mit Euch mich zu besprechen.
Doch morgen, als am ersten Ostertage,
Erlaubt mir ein' und andre Frage.
Mit Eifer hab' ich mich der Studien beflissen;
Zwar weiß ich viel, doch möcht' ich alles wissen.
*Ab.*

**Faust** *(allein):*
Wie nur dem Kopf nicht alle Hoffnung schwindet,
Der immerfort an schalem Zeuge klebt,
Mit gier'ger Hand nach Schätzen gräbt,
Und froh ist, wenn er Regenwürmer findet!
[...]

---

1 der Famulus: Assistent; meist älterer Student, der Hilfsdienste leistet
2 die Gesichte: Visionen
3 Euch/Ihr: respektvolle Anredeform (bis ins 19. Jh.)
4 deklamieren: kunstgerecht vortragen
5 das Museum: alte Bezeichnung für Studierstube
6 das Ragout: Gericht aus Fleischstückchen
7 Er: Anredeform für Untergebene (bis ins 19. Jh.)
8 ein schellenlauter Tor: Narr mit Glöckchen an der Kappe
9 Schnitzel kräuseln: durch Rhetorik etwas vormachen, indem man alte Schnitzel (Teilchen) neu zusammensetzt
10 der Bronnen: Brunnen
11 das Ergetzen: Ergötzen, Freude
12 die Haupt- und Staatsaktion: historischer Stoff auf Wander- und Puppenbühnen
13 pragmatische Maximen: nützliche Lebensregeln
14 der Pöbel: ungebildete Menge

**2** **Ordne den Auszug aus der Szene „Nacht“ in den Handlungsverlauf ein. Was ist ihr vorausgegangen, was folgt ihr? Ergänze hierzu das Schaubild. Nutze bei Bedarf die Formulierungen aus dem Wortspeicher.**

Fausts Entschluss, sich das Leben zu nehmen • Fausts Klage über die Grenzen der Wissenschaft • Glockengeläut zum Ostersonntag und glückliche Erinnerungen • erfolglose Hinwendung zur Magie

|  | → |  | → | Gespräch zw. Wagner und Faust | → |  | → |  |
|---|---|---|---|---|---|---|---|---|

**Verlauf von Fausts Krise in der Szene „Nacht“**

**3** **Analysiere die Gesprächssituation, indem du die folgenden Fragen beantwortest. Halte deine Ergebnisse stichwortartig fest.**

Welche Figuren treten auf und in welcher Beziehung stehen sie? ______________________

______________________

Welche Absichten verfolgen die Figuren? ______________________

______________________

Was geschieht im Verlauf des Gesprächs? ______________________

______________________

**4** **Im Gespräch zwischen Faust und Wagner werden Meinungen gegenübergestellt.**
**a** **Ordne jede der Meinungen A bis G einer der beiden Figuren zu, indem du eine Linie ziehst.**
**b** **Belege jede Meinung am Text, indem du die Zeilenangabe notierst.**

A Mit guter Rhetorik kann man bei seinen Zuhörern große Wirkung erzielen (vgl. Z. ______).

C Bei einer Rede kommt es vor allem auf die Rhetorik an (vgl. Z. ______).

B Man kann nicht vermitteln, wovon man nicht selbst überzeugt ist (vgl. Z. ______).

Wagner

Faust

E Aus Büchern kann man nichts lernen, man muss die Dinge selbst herausfinden (vgl. Z. ______).

D Wer wirklich etwas zu sagen hat, benötigt keine Redekunst (vgl. Z. ______).

F Aus Texten vergangener Zeiten kann man viel lernen (vgl. Z. ______).

G Es ist illusorisch, aus der Geschichte lernen zu wollen (vgl. Z. ______).

**5** **In den Aussagen Fausts und Wagners kommen verschiedene Vorstellungen von Wissenschaft zum Ausdruck.**

**a** **Fasse diese Vorstellungen knapp zusammen und gib Textbelege an.**
**Nutze dabei die Hinweise in der Information rechts. Schreibe in dein Heft, z. B.:**
*Wagner ist der Meinung, dass man aus der Vergangenheit ... (vgl. Z. ...). Geprägt von barocken Vorstellungen will er sein Wissen vor allem daraus schöpfen, dass er sich ...*
*Faust hingegen ...*

**b** **Beschreibe in deinem Heft, wie Faust versucht, Wagner von seiner Meinung zu überzeugen. Führe passende Textbelege an.**

Die **Vorstellungen von Wissenschaft** unterliegen einem historischen Wandel: Für das 17. Jahrhundert, dem Zeitalter des **Barock,** ist es typisch, sich nicht an der Erfahrung der Natur zu orientieren, sondern auf die **Autorität der antiken Gelehrsamkeit** zurückzugreifen. Man vertieft sich in die Schriften der klassischen Autoren. Mit dem Vordringen **aufklärerischen Denkens** im 18. Jahrhundert wird hingegen der selbstständige Gebrauch der **Vernunft** propagiert. Im **Sturm und Drang** (ca. 1770–1785) schließlich wird neben dem **Verstand** und der **Erfahrung** auch das **Gefühl** als ein wichtiger Zugang zur Wirklichkeit betont.

**6** **Untersuche Wagners Gesprächsverhalten und Sprache.**

**a** **Lies die Szene (▸ S. 36 f.) erneut und markiere Auffälliges.**

**b** **Streiche im Beispieltext die falschen Aussagen durch und trage Zeilenangaben für Textbelege ein.**

**c** **Vervollständige im Heft den letzten Satz: Wie wirkt Wagners Ausdrucksweise?**

Wagner tritt als fauler / wissbegieriger Assistent auf (vgl. Z. ____). Er gibt ein bisschen an / gibt sich bescheiden, wenn er damit kokettiert, wie viel er noch lernen muss / was er schon alles kann (vgl. Z. ____). Auf die Einwände Fausts geht er ein / nicht ein (vgl. Z. ____). Er träumt von Ruhm und Ansehen, weiß aber vieles nur aus Büchern / aus eigener Erfahrung (vgl. Z. ____). Wagner drückt sich sehr geschraubt / einfach aus (vgl. Z. ____) und wirkt dadurch ...

**7** **Wie verhält sich Faust gegenüber Wagner? Kreuze bei jeder Aussage an, ob sie zutrifft oder nicht.**

| | trifft zu | trifft nicht zu |
|---|---|---|
| A Faust kommentiert spöttisch Wagners Aussagen. | ☐ | ☐ |
| B Faust bewundert Wagners Eifer. | ☐ | ☐ |
| C Faust macht sich über Wagners Bemühungen lustig. | ☐ | ☐ |
| D Faust verweist Wagner empört des Raumes. | ☐ | ☐ |

**8** **Untersuche Fausts Sprache.**

**a** **Lies die Szene (▸ S. 36 f.) ein weiteres Mal und markiere mit einer anderen Farbe Auffälliges.**

**b** **Kreuze an, welche der unten genannten sprachlichen Mittel du im Text gefunden hast.**

**c** **Notiere im Heft beispielhaft Textbelege für die sprachlichen Mittel, die du ausgewählt hast, und beschreibe ihre Wirkung.**

| | | |
|---|---|---|
| A ☐ Metapher | B ☐ Vergleich | C ☐ Anapher |
| D ☐ Ausruf | E ☐ rhetorische Frage | F ☐ Ironie |

# Die Dramenszene schriftlich interpretieren

**Methode** **Schreibplan für die Interpretation einer Dramenszene**

- In der **Einleitung** nennst du Szene und ggf. den Akt, die Art des Textes (z. B. Komödie, Tragödie), den Titel des Stücks, den Namen des Autors / der Autorin, das Entstehungsjahr bzw. das Jahr der Erstaufführung (sofern angegeben) und das Thema der Szene.
- Im **Hauptteil** ordnest du die Szene knapp in den Handlungsverlauf ein, gibst den Inhalt der Szene kurz mit eigenen Worten wieder und verfasst schließlich eine Interpretation der Figurenbeziehung und des Dialogs. Dabei nimmst du das Verhalten der Figuren im Verlauf des Gesprächs und die Sprache besonders in den Blick. Belege deine Aussagen mit Zitaten.
- Ziehe zum **Schluss** ein Fazit, beurteile die Szene oder bewerte das Verhalten der Figuren.

**1** **a** **Welche Formulierung trifft das Thema der Szene? Kreuze an.**

Es geht um ...

A ☐ die Bedeutung der Rhetorik für ein erfolgreiches Wissenschaftlerleben.

B ☐ eine Problematisierung von Fausts Erkenntnisstreben.

C ☐ die Gegenüberstellung zweier völlig entgegengesetzter Wissenschaftlertypen.

D ☐ eine Kritik der Buch-Gelehrsamkeit.

**b** **Markiere im folgenden Auszug aus einer Interpretation Textstellen, in denen der Dialog gedeutet wird.**
**TIPP: Deutungen erklären, stellen Zusammenhänge her, ziehen Schlussfolgerungen.**

> Faust kritisiert Wagners Positionen. Dessen Eintreten für das Studium antiker Quellen (vgl. Z. 66–71) kontert er mit dem Hinweis, dass „die Zeiten der Vergangenheit / [...] uns ein Buch mit sieben Siegeln“ (Z. 74 f.) seien. Damit versucht er, Wagner für die Gefahr zu sensibilisieren, dass der Forscher nur seine eigenen Vorurteile in die alten Texte hineinliest: „Was ihr den Geist der Zeiten heißt, / Das ist im Grund der Herren eigner Geist, / In dem die Zeiten sich bespiegeln.“ (Z. 76 ff.)

**Formen der Redewiedergabe**
- **wörtliches Zitat,** z. B.: *Bezüglich seiner Vortragskunst äußert Wagner selbstkritisch: „[...] noch bin ich weit zurück.“ (Z. 40)*
- **indirekte Rede mit Konjunktiv,** z. B.: *Er meint selbstkritisch, er sei noch weit zurück (vgl. Z. 40).*
- **Paraphrase** (= Wiedergabe mit eigenen Worten), z. B.: *Wagner ist mit seinen rhetorischen Fähigkeiten unzufrieden (vgl. Z. 40).*

**c** **Verwende die drei Formen der Redewiedergabe für Wagners Aussage: „Zwar weiß ich viel, doch möcht’ ich alles wissen.“ (Z. 103) Notiere jeweils auch die Zeilenangabe.**
**TIPP: Achte bei der indirekten Rede auf den Konjunktiv und die Anpassung der Pronomen.**

wörtliches Zitat: ______________________________

______________________________

indirekte Rede: ______________________________

______________________________

Paraphrase: ______________________________

______________________________

**2** **Verfasse eine vollständige Interpretation des Dramenauszugs.**

**a** **Übertrage die Einleitung in dein Heft. Wähle dabei die richtigen Angaben und Formulierungen aus.**
Der vorliegende Auszug aus dem Akt / der Szene „Nacht" des Dramas / Romans „Faust. Der Tragödie erster Teil" von Johann Wolfgang Goethe aus dem Jahre 1808 besteht aus einem Gespräch zwischen Faust, einem Wissenschaftler in der Krise / auf dem Höhepunkt seiner Karriere, und seinem Kollegen / Assistenten Wagner. In den Figuren verkörpern sich dabei zwei verwandte / entgegengesetzte Wissenschaftlertypen.

**b** **Ordne die Szene zu Beginn des Hauptteils in den Handlungszusammenhang ein. Nutze deine Ergebnisse aus Aufgabe 2 (▶ S. 38) und die Informationen aus dem Vorspann der Szene.**
**Schreibe in dein Heft, z. B.:**
Mit der Szene „Nacht" setzt die Dramenhandlung ein. Fausts erster Auftritt zeigt den Protagonisten dabei als einen Wissenschaftler, der mit seinen Erkenntnissen ... Getrieben von dem Wunsch, ..., wendet er sich ... zu und beschwört ... Mit dem Auftritt von ... Wagner, einem Vertreter ..., lernen wir einen ... kennen. Als Faust wieder allein ist, beschließt er ... Durch das Glockengeläut ...

**c** **Fasse anschließend die Handlung des Szenenauszugs im Heft kurz zusammen. Nutze dafür deine Ergebnisse aus den Aufgaben 3 (▶ S. 38) sowie geeignete Satzanfänge aus dem Wortspeicher.**
**TIPP: Schreibe im Präsens (bei Vorzeitigkeit: Perfekt).**

Zu Beginn des Szenenauszugs • Zunächst • Nachdem • Anschließend • Daraufhin • Dann • Als Nächstes • Schließlich • Der Szenenauszugs endet • Zuletzt

**d** **Setze deinen Hauptteil im Heft fort, indem du den Gesprächsverlauf genauer untersuchst sowie die Beziehung der Figuren und ihr Gesprächsverhalten interpretierst. Gehe dabei auch auf sprachliche Auffälligkeiten ein und arbeite mit Textbelegen.**
**TIPP: Deine Vorarbeiten aus den Aufgaben 4, 5, 6, 7 und 8 (▶ S. 38 f.) helfen dir.**

**e** **Formuliere in deinem Heft einen Schluss. Gehe dabei kurz auf die Szene im Ganzen ein und ziehe ein Fazit. Beginne z. B. so:**
Der Dialog mit Wagner unterbricht Fausts einsames nächtliches Grübeln und führt zwei Wissenschaftlertypen vor, die ...
Auf der einen Seite ...

⊕ **3** **Die Figur Faust trägt Merkmale der Epoche des Sturm und Drang. Begründe diese Aussage mit Hilfe der Hinweise in der Information rechts. Schreibe in dein Heft.**

Im Zentrum des **Sturm und Drang** (ca. 1770–1785) steht das geniale Individuum, das seinen Gefühlen folgt und im Namen von Freiheit und Selbstbestimmung leidenschaftlich – aber oft erfolglos – gegen die Begrenzungen durch das Althergebrachte aufbegehrt.

# Einen argumentierenden Sachtext analysieren

## Einen Kommentar erschließen und verstehen

**Information** **Einen argumentierenden Sachtext erschließen I: Die Lesemethode**

Bevor du einen argumentierenden Sachtext, z. B. einen Kommentar, schriftlich analysieren kannst, solltest du ihn sorgfältig erschließen. Die ersten Schritte der **Lesemethode** helfen dir dabei, ein grundsätzliches Verständnis zu entwickeln.

1. **Schritt: Verschaffe dir einen Überblick**
   – Orientiere dich im Text, indem du die Überschriften und die Anfänge der Absätze liest.
   – Betrachte, falls vorhanden, Bilder und Diagramme.
   – Überlege, worum es geht und welche Position der Autor / die Autorin zum Thema einnimmt.
2. **Schritt: Lies den Text zügig und bilde „Verstehensinseln"**
   – Unterstreiche mit Bleistift, was du wichtig findest.
   – Mache dir klar, was du nach deiner ersten Lektüre bereits verstanden hast.
3. **Schritt: Lies den Text Absatz für Absatz intensiv**
   – Kläre die Bedeutung schwieriger Wörter.
   – Fasse die Absätze in Form einer Zwischenüberschrift zusammen.
   – Markiere im Text Schlüsselwörter oder -formulierungen, die zu den Zwischenüberschriften passen.

Bei einem argumentierenden Text erschließt du im Anschluss auch den **Argumentationsaufbau** bzw. die Gedankenführung (▶ S. 45) und die **Sprache** (▶ S. 46).

**1** **Orientiere dich im Text, indem du die Überschrift, den kursiven Vorspann und die ersten Zeilen der Absätze liest. Betrachte außerdem die Karikatur. Kreuze dann an, welche Position der Autor vertritt.**

- ☐ A Digital Detox (digitales Entgiften für gewisse Zeit) ist das beste Mittel gegen den Smartphone-Terror.
- ☐ B Nutzer sind selbst verantwortlich und können ihren Umgang mit dem Smartphone ändern.
- ☐ C Smartphones sind so geschickt designt, dass der Mensch ihren Reizen hilflos ausgeliefert ist.
- ☐ D Wenn man die Einstellungen am Handy ändert, kann man nicht mehr gestört werden.

**2** **Lies den Kommentar zügig durch und unterstreiche aussagekräftige Textstellen mit Bleistift.**

Bastian Brinkmann

### Digital Detox: Es liegt nicht nur am Handy (2019)

*Es ist leicht, dem blinkenden und vibrierenden Smartphone die Schuld daran zu geben, dass man überarbeitet ist. Dabei wird übersehen, wer das Gerät in der Hand hält: der Mensch.*

**1** Das Smartphone ist eine der schlimmsten Erfindungen der Menschheit, es versklavt uns, die ständig aufleuchtenden Büro-E-Mails sind unsprengbare Ketten, es stört unsere Fähigkeit für Beziehungen zu anderen, und wer dem Terror entfliehen und mal wieder richtig Mensch sein will, der fährt übers Wochenende in ein „Digital-Detox"-Hotel, in dem Handys verboten sind. Für diese Thesen gibt es viel Applaus. Es ist offenbar leicht, dem blinkenden und vibrierenden Smartphone die Schuld daran zu geben, dass man überarbeitet ist, obwohl dafür meist die Chefin oder der eigene Ehrgeiz verantwortlich sind. Die Beraterindustrie, Buchautoren und Hotels freuen sich über dieses Missverständnis und auf das große Geschäft, den angeblich so geknechteten Handynutzern digitale Entgiftungstherapien zu verkaufen.

**2** Das Problem der Fundamentalkritik am Smartphone ist, allein die Geräte in den Fokus zu nehmen. Die Digital-Detox-Fans übersehen häufig, wer das Gerät eigentlich in der Hand hält: der Mensch. Der Nutzer selbst trägt auch Verantwortung dafür, wenn er hundert Mal am Tag auf seinen Handybildschirm schaut, wenn er beim Lesen eines Textes schon vor dem Ende des zweiten Absatzes mal schnell eine andere App aufmacht, um zu schauen, was eigentlich dort gerade los ist (na, erwischt?). Wer mitten im Gespräch das Smartphone aus der Hosentasche zieht und anfängt, zu wischen und zu tippen, der kann die Schuld dafür nicht Apple, Facebook oder dem Kapitalismus zuschieben. Wer das macht, kann einfach nur bei seinem Gesprächspartner um Entschuldigung bitten und beim nächsten Mal – wenn's kein Notfall ist – dem Impuls widerstehen.

**3** Natürlich: Die Smartphone-Hersteller und App-Programmierer machen es einem nicht leicht. Das Handy schreit extra in Rot neben dem App-Icon, dass eine neue WhatsApp-Sprachnachricht eingetroffen ist, dass drei Likes für Fotos auf Instagram und 12 441 E-Mails auf einen warten. Das Rot schießt direkt ins Gehirn und schreit Alarm, obwohl die WhatsApp-Sprachnachricht nur nett ist, aber nicht eilig. Die Farbwahl ist natürlich kein Zufall, sondern eine absichtliche Designentscheidung von gut bezahlten Softwareingenieuren im Silicon Valley, die angehalten sind, dass Nutzer möglichst häufig mit dem Handy interagieren. Immerhin gibt es erste Versuche, dieses System zu brechen. Instagram sagt seinen Nutzern mittlerweile deutlich, wenn es keine neuen Urlaubsbilder von entfernten Bekannten mehr zu sehen gibt: Du bist auf dem neuesten Stand.

**4** Smartphone-Nutzer sind den Designtricks der Industrie nicht schutzlos ausgeliefert, sondern können die Systemeinstellungen so ändern, dass das Gerät weniger ablenkend wirkt. Nutzer können die roten Alarmschreier an den Icons abschalten. Wer wissen will, ob eine neue E-Mail gekommen ist, öffnet einfach die App – wie bei einem Briefkasten.

**5** Viele Apps sind zudem in Bonbonfarben gestaltet, um den Nutzer zu reizen. Dagegen hilft, alle Farben vom Handy zu verbannen und sich die Inhalte nur noch in Graustufen anzeigen zu lassen. Das klingt radikal und langweilig, aber das ist genau die Idee. E-Mails schreiben und Nachrichten lesen funktioniert in Grau problemlos, wenn nicht sogar besser. Und falls ein zugeschicktes Foto oder eine Karte nur in Bunt erkennbar ist, ändert man es eben kurz wieder zurück. Wer ein paar Wochen auf Grau umgestiegen ist, erschrickt sich, wenn er sein Handy wieder auf Bunt umstellt, weil die Farben so knallen. Das Eingrauen des Handys ist eine mächtige Funktion. Sie ist tief, wirklich sehr tief in den Einstellungen versteckt. Bei Google gibt es viele Anleitungen.

**3** **Lies den Text Absatz für Absatz intensiv.**

**a Erkläre die folgenden Begriffe aus dem Textzusammenhang. Ziehe Verbindungslinien.**

| | |
|---|---|
| A Entgiftungstherapie (Z. 10) | 1 kommunizieren, in Verbindung treten |
| B Fundamentalkritik (Z. 12) | 2 Drang, Reiz |
| C Impuls (Z. 30) | 3 Entziehungskur |
| D interagieren (Z. 44) | 4 farbige Elemente entsprechend ersetzen |
| E eingrauen (Z. 58) | 5 grundsätzlicher Einwand |

**b Nummeriere die folgenden Zwischenüberschriften für die Absätze 1 bis 5 in der richtigen Reihenfolge.**

- [ ] Eigenverantwortlichkeit der Nutzer
- [ ] Graustufen als wirksamstes Mittel zum Selbstschutz
- [1] Smartphone als Übel und Digital Detox als Rettung und Geldmacherei
- [ ] Keine Schutzlosigkeit der Nutzer gegenüber Systemeinstellungen
- [ ] Industrielle Strategien der Nutzerbindung

**c Markiere im Text Schlüsselwörter, die zu den Zwischenüberschriften passen. Gehe sehr sparsam vor.**
**TIPP: Im ersten Absatz sind die Schlüsselwörter bereits grün markiert.**

**4** **Überprüfe dein Textverständnis, indem du die folgende Aussage erklärst.**

| Das Problem der Fundamentalkritik am Smartphone ist, allein die Geräte in den Fokus zu nehmen. |
|---|

Aus Sicht des Autors lässt diese Grundsatzkritik außer Acht,

**Information** **Einen argumentierenden Sachtext erschließen II: Der Argumentationsaufbau**

In argumentierenden Texten vertreten Autorinnen und Autoren einen bestimmten Standpunkt, von dem sie ihre Leserschaft überzeugen wollen. Dafür nutzen sie mal offen und mal versteckter bestimmte Strategien der **Leserlenkung.** Neben den **sprachlichen Mitteln** (▸ S. 46) spielt dabei vor allem die **Gedankenführung** bzw. der **Argumentationsaufbau** eine wichtige Rolle.
Die folgenden Leitfragen helfen dir dabei, den Argumentationsaufbau zu verstehen:
- Welche **These** oder Position vertritt der Autor oder die Autorin?
- Wird eine **Antithese** oder eine Gegenposition benannt?
- Wird **eingeräumt,** dass Teilaspekte der Gegenposition plausibel sind?
- Wird die eigene These durch **Argumente** begründet und werden **Gegenargumente** entkräftet?
- Wird ein **Fazit** oder eine Schlussfolgerung gezogen?
- In welcher **Reihenfolge** werden These, Antithese und Fazit bzw. die Argumente angeführt?
- Welche **Funktion** haben die einzelnen Absätze?

**5** **a** **Lies den Text noch einmal durch und unterteile ihn grob in drei Blöcke: These, Antithese und Fazit. Kreuze dann an, wie der Text aufgebaut ist.**

☐ These – Antithese – Fazit ☐ Antithese – These – Fazit ☐ Fazit – These – Antithese

**b** **Begründe, warum der Aufbau des Textes im Sinne der Leserlenkung (▸ Information) strategisch klug ist.**

______________________________

______________________________

**6** **Beschreibe die Funktion der Absätze, indem du die folgenden Formulierungen an den richtigen Stellen einträgst. Die Information oben kann dir dabei helfen.**

große Verführungskraft • Missverständnis + Geschäft • Möglichkeiten der Gegenwehr • Digital Detox als Rettung • beste Gegenwehr + Gebrauchsanleitung • Mensch hat Schuld

| 1. Absatz (Anfang)<br>**Antithese:**<br>______<br>______ | 1. Absatz (Fortsetzung)<br>**Entkräftung:**<br>______<br>______ | 2. Absatz (Anfang)<br>**These:**<br>______<br>______ |
|---|---|---|
| 3. Absatz<br>**Einräumung:**<br>______<br>______ | 4. Absatz<br>**Fazit (Anfang):**<br>______<br>______ | 5. Absatz<br>**Fazit + versteckter Appell:**<br>______<br>______ |

**Information** **Einen argumentierenden Sachtext erschließen III: Sprachliche Mittel**

Auch mit Hilfe gezielt eingesetzter **sprachlicher Mittel** können Autorinnen und Autoren ihre **eigene Position untermauern** und ihre **Leserschaft beeinflussen.** Achte auf

- die **Wortwahl:** Gibt es auf- oder abwertende Formulierungen? Gibt es eine Wortwahl, mit der die Autorin oder der Autor ihre/seine Position stützt oder als dringlich darstellt?
- den **Sprachstil:** Ist der Tonfall z. B. provokant, sachlich, umgangs- oder fachsprachlich?
- **rhetorische Mittel:** Wird z. B. mit rhetorischen Fragen, Ironie, Übertreibungen oder mit auffälligen Wiederholungen gearbeitet?
- **Leseransprache:** Werden Leserinnen und Leser direkt angesprochen, z. B. durch eine rhetorische Frage oder einen Appell?

**7** **Wie wirkt der Sprachstil des Textes insgesamt auf dich? Kreuze an.**

☐ sachlich und nüchtern ☐ zuspitzend und provokant ☐ universitär und fachsprachlich

**8** **Markiere im Text Formulierungen orange, mit denen der Autor seine Position stärkt, und Formulierungen blau, mit denen er die Gegenposition schwächt.**
**TIPP: Im zweiten Absatz sind auf- und abwertende Formulierungen bereits markiert.**

**9** **a** **Ordne den sprachlichen Mitteln die richtigen Beispiele und Wirkungen zu. Ziehe Verbindungslinien.**

| sprachliche Mittel | Beispiele | Wirkungsabsichten |
|---|---|---|
| A Hyperbel (Übertreibung; oft als Metapher oder Vergleich) | D „na, erwischt?“ (Z. 22) | G reizt zum Widerspruch |
| B Personifikation (Dinge und Tiere werden vermenschlicht) | E „Büro-E-Mails sind unspreng-bare Ketten“ (Z. 4) | H Einbezug/Aktivierung; Beein-flussung durch Verbindung |
| C Leseransprache | F „Das Handy schreit“ (Z. 34) | I betont, veranschaulicht, stellt heraus |

**b** **Umkreise im ersten Absatz alle Hyperbeln.**

**10** **a** **Lies den Text noch einmal und gib auf einer Skala von 1 bis 10 an, wie überzeugend du den Kommentar von Bastian Brinkmann findest. Notiere dafür eine Zahl in dem Kästchen rechts. Die 1 steht für gar nicht überzeugend, die 10 für sehr überzeugend.** ☐

**b** **Begründe deine Meinung in ein oder zwei Sätzen.**

# Eine Sachtextanalyse verfassen

**Information** **Eine Sachtextanalyse verfassen**

Je nach Aufgabenstellung untersuchst du bei einer Sachtextanalyse den Inhalt, die Gedankenführung (den Argumentationsaufbau), die Sprache und die Intention (Aussageabsicht) des Textes.

- In der **Einleitung** nennst du die Textsorte, den Titel, ggf. das Entstehungsjahr, den Namen der Autorin / des Autors und machst Angaben zum Thema bzw. zur Kernaussage des Textes.
- Im **Hauptteil** fasst du die wesentlichen Aussagen des Textes knapp zusammen, erläuterst dabei die Gedankenführung (den Argumentationsaufbau), gehst auch auf die Sprache ein und benennst abschließend die Intention des Textes.
  Belege deine Untersuchungsergebnisse mit Textbeispielen und zitiere korrekt.
- Zum **Schluss** nimmst du Stellung zum Thema, äußerst einen weiterführenden Gedanken oder ziehst ein Fazit.

Formuliere **sachlich** und verwende das **Präsens.** Gib Aussagen in der indirekten Rede wieder.

**1** **Formuliere eine Einleitung in deinem Heft. Beginne z. B. so:**
In seinem Kommentar mit dem Titel „..." aus dem Jahr ... setzt sich der Autor ... kritisch mit ... auseinander.

**2** **Verfasse auf Grundlage deiner Vorarbeiten den Hauptteil deiner Sachtextanalyse in deinem Heft.**

**a** **Fasse die Kernaussagen des Textes mit eigenen Worten so zusammen, dass die Gedankenführung klar wird. Gehe auch darauf ein, wie der Autor seine Position sprachlich stützt. Nutze den Textanfang und die Tipps für das Schreiben.**

Bastian Brinkmann eröffnet seinen Kommentar mit der Antithese. Diese lautet, dass nur „Digital Detox", und zwar im Sinne eines Komplettverzichts, vor dem Smartphone retten könne (vgl. Z. 3–7). Dabei fordert der Autor seine Leserinnen und Leser jedoch durch seine Wortwahl und insbesondere durch Hyperbeln wie „..." (Z. ...) oder „..." (Z. ...) indirekt zum Widerspruch heraus. Er selbst distanziert sich dann eindeutig von Digital Detox als Heilmittel gegen übermäßige Handynutzung, indem er digitales Entgiften als „Missverständnis" (Z. 9) bezeichnet und darauf aufmerksam macht, dass es im Wesentlichen den Zweck habe, Digital-Detox-Unternehmern gute Geschäfte zu bescheren (vgl. Z. 9–11).
Im zweiten Absatz entfaltet der Autor seine These, nach der ... Er untermauert seine Behauptung ...

**Tipps für das Schreiben:**
- Orientierung: Ziehe für deine Leser/-innen einen roten Faden durch deinen Text.
- Verknüpfung: Mache klar, wie deine Gedanken und Sätze zusammenhängen.
- Deutung: Wiederhole den Text nicht einfach, sondern erkläre ihn auch: Welche Funktion hat ein Abschnitt oder die Wortwahl?

**b** **Stelle am Ende deines Hauptteils die Intention (die Wirkungsabsicht) des Autors kurz dar. Beginne z. B. so:**
Bastian Brinkmann möchte mit seinem Kommentar darauf aufmerksam machen, dass ...

**3** **Überzeugt dich die Position des Autors? Nimm zum Schluss Stellung, z. B.:**
Aus meiner Sicht ist die Position des Autors nachvollziehbar / nicht nachvollziehbar, weil ...

⊕ **4** **Formuliere einen weiterführenden Gedanken zum selbstbestimmten Umgang mit dem Smartphone, z. B. in Bezug auf soziale Netzwerke. Arbeite in deinem Heft.**

# Eine Rede analysieren

## Eine politische Rede erschließen und verstehen

**Information** **Eine Rede erschließen I: Lesemethode (▸ S. 42) und Redesituation**

Bevor du einen argumentierenden Sachtext (z. B. einen Kommentar oder eine Rede) schriftlich analysieren kannst, solltest du ihn sorgfältig erschließen. Die **Lesemethode** (▸ S. 42) und ein Blick auf die besondere **Redesituation** helfen dir, ein grundsätzliches Verständnis zu entwickeln. Für die Klärung der Redesituation sind die folgenden Fragen wichtig:

- Welchen **äußeren Redeanlass** gibt es (z. B. eine Tagung, eine Debatte, eine Gedenkfeier) und welches **Thema** hat die Rede?
- Wer ist der **Redner** oder die **Rednerin?**
- Wie setzt sich das **Publikum** zusammen? Zu wem spricht der Redner oder die Rednerin?
- Spielt der **Ort** eine besondere Rolle (ist es z. B. ein historisch bedeutender Ort)?
- Was ist die **Redeabsicht** (Intention), z. B. überzeugen, informieren, appellieren?

**1** **a** **Orientiere dich im Text, indem du die Überschrift und die ersten Zeilen der Absätze liest.**
**b** **Lies den Text zügig und unterstreiche aussagekräftige Textstellen. Kreuze dann an, worum es dem Bundespräsidenten Frank-Walter Steinmeier in seiner Rede geht.**

Es geht ihm um den Schutz der Demokratie durch ...

- ☐ A die Freiheit sozialer Medien.
- ☐ B die Abschaffung sozialer Medien.
- ☐ C die Regulierung sozialer Medien.
- ☐ D den Ausbau sozialer Medien.

### **Frank-Walter Steinmeier: Demokratie und digitale Öffentlichkeit** (2021)

Ich begrüße Sie zu diesem Forum Bellevue aus bekannten Gründen fast ganz digital, deshalb auch an den Bildschirmen in Europa und den USA. Nicht über die Pandemie, sondern über die Demokratie wollen wir heute sprechen, über die Demokratie und ihre öffentlichen Räume im digitalen Zeitalter. Anlass gibt es wahrlich genug. […]

Wenn es um die Sache der Demokratie geht, ist die digitale Revolution beides – Fluch und Segen, Chance und Gefahr. […] Die Demokratien der Welt müssen ihre Verfasstheit auch im Digitalen sichern, gegen Feinde von innen wie außen. Besonders die Plattformen der sozialen Medien treiben uns um. Es scheint, soziale Medien verstärken das Beste und das Schlimmste in unseren Gesellschaften. Für die Demokratie sind sie deshalb weder Allheilsbringer noch Abrissbirne. Aber die digitalen Medien sind inzwischen fester Bestandteil, ja mehr noch: Mitarchitekten und Taktgeber unseres demokratischen öffentlichen Raums, und deshalb ist es höchste Zeit, dass wir uns intensiver um sie und ihre gesellschaftlichen Folgen kümmern. […]

Der öffentliche Raum einer Demokratie soll so vieles leisten: die Pluralität der Gesellschaft abbilden und allen zugänglich sein, vernünftige Debatten fördern, Räume für neue Ideen und politische Ziele öffnen, verlässliche Informationen bereitstellen und die demokratische Mündigkeit aller bestärken. Diese Ideale weisen uns seit der Aufklärung den Weg. Jeder Schritt weg von ihnen, jede Beschädigung

direkte Ansprache

Thema: Demokratie in sozialen Medien

Gegensatz von Gutem und Schlechtem: soziale Medien verstärken beides

Forderung: Folgen sozialer Medien beachten

Leistungen des öffentlichen Raums

unserer öffentlichen Räume bleibt deshalb nicht folgenlos für die Demokratie.

[...] Wer direkten Zugang zu den Smartphones und Laptops der Menschen hat, wer über den nächsten Inhalt entscheidet, übt zweifellos Macht aus. Den direktesten Zugang zu den Menschen haben heute die sozialen Medien – und ihr werbefinanziertes Geschäftsmodell verlangt Aufmerksamkeit um fast jeden Preis. Die Algorithmen von Facebook und YouTube, Twitter und TikTok lenken unsere Aufmerksamkeit mit eiskalter Präzision [...] Aber auffällig ist: [...] Nichts bindet Menschen offenbar so sehr an ihre Geräte wie Erregung und Empörung, Angst und Wut. [...] Wenig gelten dabei die Werte, auf denen unsere Demokratien gebaut sind: Respekt, Wahrheit, Zivilität, Vernunft, Fakten, Verantwortungsgefühl. Anders als selbst bei einer Boulevardzeitung gibt es keine Redaktion, keinen Presserat und keine Konkurrenz, die mäßigend und kontrollierend einschreiten. Im Gegenteil, Ausgleich und Mäßigung stören das Geschäft. [...] So werden Geschwindigkeit und Zuspitzung belohnt, bleiben Einseitigkeit und Unwahrheit unwidersprochen, Demagogie[1] und Propaganda zu oft ungerügt. Die sozialen Medien prämieren viel zu oft die schnelle Lüge – auf Kosten von Vernunft und Wahrheit. Das Geschäft mit der Aufmerksamkeit wird zur Gefahr für die Demokratie. Und die Feinde der Demokratie nutzen diese Schwachstellen leider am besten. Mit Lug und Trug befeuern sie die Aufmerksamkeitsmaschinen der sozialen Medien gekonnt zum eigenen Vorteil.

[...] Es geht ums Grundsätzliche. Wenn aus jeder Lüge ein Dogma[3] werden kann, jede Debatte zum Schreikrampf verkommt, alle nur noch in ihren Echokammern hocken, jede Meinungsverschiedenheit gleich droht, den demokratischen Gesellschaftsvertrag aufzukündigen, und am Ende niemand dafür verantwortlich sein will, dann sind Politik und Rechtsstaat gefordert. Nicht nur, um Bürgerinnen und Bürger zu schützen, das natürlich auch, sondern um die Existenz der Demokratie zu schützen. [...]

Welche Regeln und Standards werden angewendet, wie kann Transparenz[4] und Vertrauen hergestellt werden? [...] Welche Art von inhaltlichem Eingriff ist zielführend – vorübergehende oder dauerhafte Löschung einzelner Inhalte, Sperrungen von Konten, Warnschilder bei Twitter und anderen, Peer-Review[5] wie auf der Wikipedia, volle Transparenz oder sogar Verbot bei gezielter Werbung, insbesondere politischer Werbung? Alles Fragen, die uns heute berühren können. Und wo liegen die Grenzen sinnvoller Regulierung? [...]

Aber wir können nicht alle Fragen beantworten; indem ich sie einmal aufgefächert habe, wird auch allen Zuhörerinnen und Zuschauern klar: Es sind keine einfachen Fragen. Wir wollen uns heute die Zeit dafür nehmen, diese Fragen zu diskutieren [...]. Seien Sie alle herzlich willkommen. Ich freue mich auf eine spannende und mit Sicherheit erhellende Diskussion mit Ihnen.

1 die Demagogie: Aufwiegelung, politische Hetze
2 das Dogma: Lehrsatz mit Gültigkeitsanspruch
3 die Transparenz: Klarheit, Durchsichtigkeit
4 die Peer-Review: Bewertung durch unabhängige Gutachter

**2** **Untersuche die Redesituation.**

**a** **Ordne die Antworten aus dem Wortspeicher richtig zu. Notiere dazu die Buchstaben in den Kästchen.**

| | |
|---|---|
| A Wissenschaftler/-innen und Bürger/-innen | B der Amtssitz des Bundespräsidenten |
| C Bundespräsident Frank-Walter Steinmeier | D ein Forum für Zukunftsfragen |

Anlass ☐ Redner ☐ Zuhörer/-innen ☐ Ort ☐

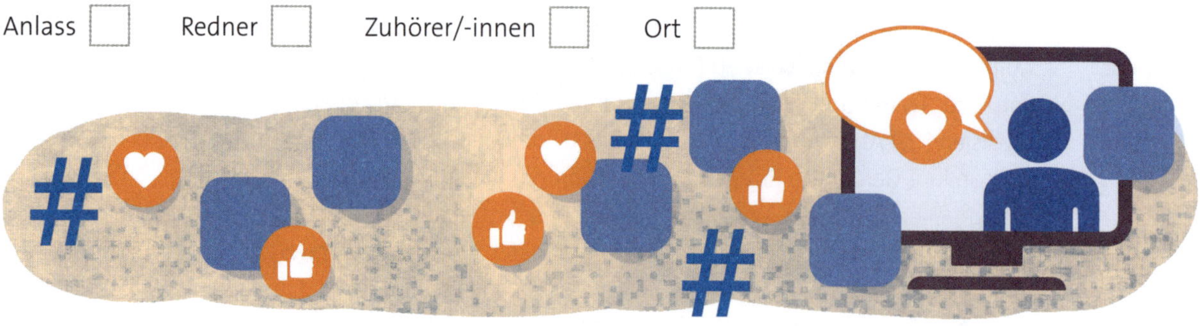

**b** **Erkläre, welche Absicht die Rede im Hinblick auf die nachfolgende Diskussion verfolgt.**

- ☐ A Sie verdeutlicht den Diskussionsteilnehmer/-innen, wie kenntnisreich der Präsident ist.
- ☐ B Sie führt in das Thema ein und gibt wichtige Impulse für die anschließende Diskussion.
- ☐ C Sie erläutert die Regeln für einen konstruktiven Austausch über soziale Medien.
- ☐ D Sie schwört die Zuhörer/-innen auf eine bestimmte Meinung ein.

**3** **a** **Lies den Text Absatz für Absatz intensiv und notiere Anmerkungen in der Randspalte**
**TIPP: Für die ersten Absätze auf Seite 48 ist das bereits gemacht.**

**b** **Ordne den Sinnabschnitten links die Zwischenüberschriften richtig zu. Ziehe Verbindungslinien.**

| | |
|---|---|
| Z. 1–5 | A Werte des öffentlichen Raums in einer Demokratie |
| Z. 6–16 | B Werte unserer Demokratie in Gefahr |
| Z. 17–24 | C Forderung nach staatlichem Eingriff angesichts der Gefahren |
| Z. 25–32 | D Aufruf zur Diskussion |
| Z. 33–45 | E Macht durch Aufmerksamkeitslenkung aus Gewinnstreben |
| Z. 46–53 | F Fragen zur Umsetzung einer Regulierung sozialer Medien |
| Z. 54–61 | G Begrüßung und Thema |
| Z. 62–67 | H Soziale Medien als Taktgeber demokratischen Austauschs; Folgen |

**c** **Markiere im Text Schlüsselwörter, die zu den Zwischenüberschriften passen. Gehe sehr sparsam vor.**
**TIPP: In den ersten zwei Sinnabschnitten sind bereits entsprechende Schlüsselwörter markiert.**

**4** **Überprüfe dein Textverständnis, indem du in der folgenden Zusammenfassung Falsches durchstreichst.**

> Soziale Medien gefährden/unterstützen die Demokratie, weil sie aus Verantwortung/Gewinnsucht auf eine ausgewogene Berichterstattung / Inhalte von großem Empörungspotenzial setzen. Die Selbstkontrolle dieser Medien funktioniert / funktioniert nicht. Deshalb muss/kann der Staat / die Gesellschaft die Kontrolle der sozialen Medien zur Wahrung der Demokratie vernachlässigen/verschärfen.

**Information** **Eine Rede erschließen II: Argumentationsaufbau und Argumenttypen**

Redner und Rednerinnen nutzen bestimmte Strategien, um ihre Zuhörerschaft zu überzeugen. Neben den **sprachlichen Mitteln** (▶ S. 52) spielt dabei die Argumentation eine wichtige Rolle.
Die folgenden Leitfragen helfen dir, die Argumentation zu verstehen:

- Welche **Position** vertritt der/die Redner/-in? Welche **Thesen** werden aufgestellt?
- Mit welchen **Argumenten** und **Beispielen** werden die Thesen untermauert?
  Werden dabei besondere **Argumenttypen** eingesetzt? Zum Beispiel:
  - **Faktenargumente,** die auf überprüfbare Tatsachen verweisen,
  - **normative Argumente,** die auf allgemein akzeptierten Wertmaßstäben beruhen,
  - **Autoritätsargumente,** die sich auf anerkannte Experten oder Organisationen stützen,
  - **analogisierende Argumente,** die auf dem Vergleich mit ähnlichen Sachverhalten beruhen.
- Werden **Gegenargumente** genannt und entkräftet?

**5** **a Lies die grün markierten Textstellen (▶S. 49) und notiere, welchen Argumenttyp (▶ Information) Steinmeier bevorzugt nutzt.**

______________________________

**b Kreuze an.**

Normative Argumente wirken überzeugend, wenn ...

☐ A sie originell präsentiert werden. ☐ B sie sich auf Expertenmeinungen berufen.

☐ C die Normen gesellschaftlich anerkannt sind. ☐ D die Normen detailliert erläutert werden.

**6** **Verschaffe dir einen Überblick über den Aufbau der Rede. Lies dafür die Zusammenfassungen der Sinnabschnitte A-F und notiere jeweils, welche Funktion sie übernehmen. Der Wortspeicher hilft dir dabei.**

Vertiefende Begründung: Werte • ~~Erste Begründung~~ • Grundposition / zentrale These • Fazit + Bestätigung der Position • Fragen + Appell • Vertiefende Begründung: Gefahr

A ______________________________

Demokratie durch Regulierung sozialer Medien schützen

B Erste Begründung

Soziale Medien sind folgenreiche Meinungsmacher. Man muss sie beachten.

C ______________________________

Öffentlicher Raum: Vernunft, Mündigkeit, Debattenkultur, Ideale der Aufklärung

D ______________________________

Unmoralische, weil gewinnorientierte Aufmerksamkeitslenkung; Empörungskultur

E ______________________________

Der Staat muss regulieren.

F ______________________________

Art der Regulierung? Aufruf zur Diskussion

**Information** **Eine Rede erschließen III: Sprachliche und rhetorische Mittel**

Auch mit Hilfe gezielt eingesetzter **sprachlich-rhetorischer Mittel** können Rednerinnen und Redner ihre **eigene Position untermauern** und ihre **Zuhörerschaft beeinflussen.**

| Wirkungsabsicht | Sprachlich-rhetorische Gestaltungsmittel | Beispiele |
|---|---|---|
| **Aufwertung** der eigenen Position; Betonung gemeinsamer Werte | **Fahnenwörter** (Wörter, mit denen Positives verbunden wird) | *Freiheit, Frieden, Verantwortung* |
| **Abwertung** der Gegenposition; Warnung vor Gefahren | **Stigmawörter** (Wörter, mit denen Negatives verbunden wird) | *Terror, Lüge, Überwachungsstaat* |
| **Polarisierung, Dramatisierung Emotionalisierung** | **Antithese** (Gegensatz)<br>**Hyperbel** (Übertreibung)<br>**Klimax** (Steigerung) | – *Fleiß – Faulheit*<br>– *das Schrecklichste*<br>– *Sorge, Not, Tod* |
| **Veranschaulichung** | **sprachliche Bilder** (z. B. Metaphern und Vergleiche) | – *im Graubereich*<br>– *eine fesselnde Rede* |
| **Nachdruck, Eindringlichkeit** | **Wiederholungen, paralleler Satzbau** und **Aufzählungen** | *„Wir brauchen Regeln, Regeln, Regeln!"* |
| **Aktivierung, Aufforderungen, Einflussnahme** | **Aufrufe und Appelle** | – *„Jetzt oder nie!"*<br>– *„Machen Sie mit!"* |
| **Gemeinschaftsgefühl wecken; persönliche Einbindung** | **Wir-Sätze** und **direkte Ansprache** von Zuhörer/-in | – *„Unser Ziel ist ..."*<br>– *„Wie Sie wissen ..."* |
| **Einbezug** in Überlegungen | **rhetorische Fragen** (Scheinfragen; Antwort ist klar) | *„Wer will denn Ärger?"* |

**7** **Benenne die sprachlich-rhetorischen Mittel und erkläre ihre Wirkungsabsicht in Stichworten.**

A „Lüge – ... Wahrheit" (Z. 41) Mittel: ______

Wirkungsabsicht: Gegensätze aufzeigen, um ______

B „Mitarchitekten und Taktgeber" (Z. 14) Mittel: ______

Wirkungsabsicht: ______

C „und deshalb ist es höchste Zeit" (Z. 15) zwei Mittel: ______

Wirkungsabsicht: ______

D „Erregung und Empörung, Angst und Wut" (Z. 32) zwei Mittel: ______

Wirkungsabsicht: ______

**8** **a** **Lies die Rede ein weiteres Mal intensiv. Umrahme dabei Fahnenwörter und Stigmawörter und unterstreiche weitere sprachlich-rhetorische Mittel. Im ersten Teil der Rede ist dies bereits gemacht.**

**b** **Bestimme die Wirkungsabsicht der sprachlich-rhetorischen Mittel mit Hilfe der Information.**

# Die Rede schriftlich analysieren

**Information** **Eine Redeanalyse verfassen**

- In der **Einleitung** machst du in wenigen Sätzen Angaben zu folgenden Aspekten: Redner/-in, Datum, Ort, Publikum, Anlass, Titel und Thema der Rede sowie Redeabsicht (Intention) im Hinblick auf das Publikum.
- Im **Hauptteil** fasst du die wesentlichen Aussagen der Rede knapp zusammen. Dabei erläuterst du den Argumentationsaufbau und gehst auch auf die genutzten Argumenttypen (▶ S. 51) ein. Außerdem benennst du ausgewählte sprachliche Mittel und erläuterst ihre Wirkungsabsicht.
  Belege deine Ergebnisse mit Textbeispielen und zitiere korrekt. Gib Aussagen in der indirekten Rede wieder.
- Dein **Schlussteil** enthält eine Stellungnahme, einen weiterführenden Gedanken oder ein Fazit.

**1** **Formuliere im Heft eine Einleitung. Beginne z. B. so:**
Bundespräsident … hält im März 2021 … auf dem … in … eine Rede mit dem Titel „…". In den Auszügen seiner Rede übt er Kritik an … und fordert … Im Hinblick auf sein Publikum verfolgt er die Absicht, …

**2** **Verfasse auf der Grundlage deiner Vorarbeiten den Hauptteil der Redeanalyse in deinem Heft. Fasse die Kernaussagen des Textes so zusammen, dass die Gedankenführung klar wird. Gehe dabei auch darauf ein, wie der Redner seine Position durch Argumente und sprachliche Mittel stützt.**

Nach der Begrüßung nennt Steinmeier das Thema seiner Rede. Er betont es nachdrücklich, indem er es wiederholt: „über die Demokratie […], über die Demokratie" (Z. 3 f.), und zwar unter den Bedingungen einer digitalen Öffentlichkeit, will er sprechen (vgl. Z. 5).
Im Anschluss legt er seine Grundposition dar, nämlich dass die Demokratie vor demokratiefeindlichen Tendenzen in den sozialen Medien geschützt werden müsse. Er begründet die Relevanz dieser Position, indem er darauf hinweist, dass die sozialen Medien die Öffentlichkeit in Demokratien maßgeblich mitgestalten würden. Zur Veranschaulichung nutzt er die Metaphern „Mitarchitekten und Taktgeber" (Z. 14).

**Tipps für das Schreiben:**
– Beschreibung: Beschreibe und benenne Aspekte des Textes, z. B. in Bezug auf seinen Aufbau oder seine sprachlichen Mittel, mit Hilfe von **Fachbegriffen.**
– Deutung: Wiederhole den Text nicht einfach, sondern **erkläre** ihn auch: Welche **Funktion** hat ein Abschnitt oder haben einzelne Gedankengänge im Argumentationsaufbau? Welche **Wirkungsabsicht** verfolgen Argumenttypen und sprachlich-rhetorische Mittel?
– Textbelege: Belege deine Deutungen, indem du zitierst oder paraphrasierst (▶ S. 91–92).

**3** **Wie schätzt du die Gefahr ein, die von den sozialen Medien für ein demokratisches Miteinander ausgeht? Nimm zum Schluss kurz Stellung, formuliere einen weiterführenden Gedanken oder ein Fazit, z. B.:**
– Ich stimme Steinmeier zu / nicht zu / teilweise zu, weil …
– Zum Thema … scheint mir der folgende Gesichtspunkt ebenfalls wichtig: …
– Zusammenfassend kann man sagen, dass Steinmeier die Richtung der anschließenden Diskussion …

⊕ **4** **Bewerte in deinem Heft Steinmeiers Umgang mit normativen Argumenten. Erkennst du Stärken oder Schwächen dieses Argumenttyps?**

# Sprachvarietäten untersuchen

## Was kannst du schon?

**1** **a** **Was bedeuten die folgenden Sätze? Verbinde jeden Satz mit einem Pfeil mit seiner hochdeutschen „Übersetzung". (6 Punkte)**
**b** **Ordne jeden Satz einer Sprachvarietät zu. Trage in die Kästchen die richtigen Buchstaben ein: A = Bildungssprache/Fachsprache; B = Dialekt; C = Jugendsprache; D = Netzsprache (6 Punkte)**

| | Satz | Übersetzung |
|---|---|---|
| ☐ | Dat finge ich joot! | Wir kommen! |
| ☐ | Schleich di! | peinlich/komisch |
| ☐ | Mer kumme! | Im Zweifel für den Angeklagten! |
| ☐ | cringe | See you later! / Bis später! |
| ☐ | CUL8R | Das finde ich gut! |
| ☐ | In dubio pro reo! | Geh weg! |

**2** **Notiere unter jedem Satz, in welcher Situation er gesprochen bzw. geschrieben werden und an wen er sich richten könnte (Adressaten)? (4 Punkte)**

A Der Begriff „Sprachvarietät" bezeichnet in der Linguistik verschiedene Varianten einer Sprache, z. B. Dialekte, Jugendsprache, Bildungssprache.

Situation: ____________________ Adressat/-in: ____________________

B Chill mal deine Base!

Situation: ____________________ Adressat/-in: ____________________

**3** **Formuliere die folgenden Sätze in Bildungssprache. Streiche dazu umgangssprachliche Ausdrücke durch und notiere auf die Zeile darüber mögliche Alternativen. (6 Punkte)**

Für Kiddies bis zum 10. Lebensjahr ist es echt easy, mehrere Sprachen gleichzeitig zu lernen. Die meisten Kids haben total Bock auf diesen bilingualen Spracherwerb, der haufenweise Benefits mit sich bringt.

**4** **a** **Überprüfe deine Lösungen mit Hilfe des Lösungsheftes. Notiere deine Punktzahl neben den Aufgaben.**
**b** **Vergleiche dein Ergebnis mit der jeweiligen Höchstpunktzahl. Trage ein, wie du die einzelnen Aufgaben gelöst hast: ✓ = das meiste richtig; ? = noch etwas unsicher.**

| **Aufgabe** | **1** ☐ | **2** ☐ | **3** ☐ |
|---|---|---|---|
| Weitere Übungen | Seite 55 | Seite 55 | Seite 56 |

# Sprachvarietäten unterscheiden und korrekt verwenden

**Information** **Sprachvarietäten**

Es gibt viele Varianten der deutschen Sprache, sogenannte Sprachvarietäten, z. B.:

- Die **Standardsprache** ist die allgemein verbindliche Form unserer Sprache, wie sie besonders im Schriftlichen verwendet wird.
- Die **Bildungssprache** ist eine **besondere Form der Standardsprache** und wird z. B. im Unterricht verwendet. Merkmale sind z. B.: vollständige Sätze, korrekte Grammatik, Verwendung von Fachbegriffen/Fremdwörtern, z. B.: *Die Bildungssprache ist eine Sprachvarietät.*
- Die **Alltagssprache** (Umgangssprache) wird bei der **täglichen mündlichen Kommunikation** verwendet. Merkmale sind: unvollständige Sätze, nicht korrekte Grammatik, umgangssprachliche Verwendungen, z. B.: *Ich versteh' echt gar nix.*
- Die **Dialekte (Mundarten),** z. B. **Kölsch, Plattdeutsch, Bairisch,** weichen von der Standardsprache ab und sind an eine bestimmte geografische Region gebunden.
- Die **Jugendsprache** verändert sich schnell. Merkmale sind: **Anglizismen** (*spoilern, safe*), **bildliche Ausdrücke** (*Hackenporsche*), **Neologismen**, also **Wortneubildungen** (*chillig*), Abkürzungen (*wtf*) und **Wortverstärker/Übertreibungen** (*echt, krass*).
- Die **Netzsprache** spielt zum Beispiel beim Chatten eine Rolle. Merkmale sind: **Abkürzungen,** z. B.: *bb (bye-bye), LOFL (lying on the floor laughing);* **Emoticons,** z. B.: ☺, sowie **Leetspeak,** z. B.: *n8 = Nacht, G4m3 = Game.*

**TIPP:** Je nach Gesprächssituation und Adressat/-in wechseln wir zwischen den Varietäten einer Sprache, z. B. zwischen Bildungs- und Alltagssprache. Man nennt das **Code-Switching** oder **Registerwechsel.**

**1** Welche Sprachvarietäten findest du im folgenden Beitrag eines Reiseblogs? Markiere in unterschiedlichen Farben:

- zwei Ausdrücke in Dialekt = gelb
- zwei Ausdrücke in Jugendsprache = grün
- zwei Beispiele von Netzsprache = blau

### Juwi in Paris

Moin Leude! Endlich hab ich Zeit, euch upzudaten:

Paris is so unfassbar nice!

Na ja, bis auf das Schietwedder … aber hey, als Hamburgerin kein Problem ☹. Die Stadt is auf jeden Fall mega: Klar war ich bei den bekannten Sehenswürdigkeiten wie dem Eiffelturm und Montmartre sofort am Start … Aber toll auch die Cafés, die kleinen Gassen, die alten Häuser. Einfach durch die Stadt cruisen – perfekt!

Krass anstrengend is der Sprachkurs: jeden Tag vier Stunden. Das is manchmal echt 2much. Aber: „Wat mutt, dat mutt!", sagte schon mein Opa ☺.

Schönes WE! gn8, eure Juwi

**2 a** Begründe, warum Juwi in ihrem Blog vor allem Alltags- und Jugendsprache verwendet. Berücksichtige dabei die Gesprächs-/Schreibsituation und ihre Adressaten.

**b** Einen Ausdruck wie „gn8“ (▶ Z. 11) nennt man Leetspeak. Übersetze den Ausdruck „gn8“ und erkläre, wie sich das Wort zusammensetzt.

gn8 bedeutet ______ . Bei diesem Ausdruck steht

„g“ für ______

**c** Erkläre beispielhaft, inwiefern die Bloggerin Formen des Code-Switchings verwendet.

**3 a** Welche zwei Sprachvarietäten könnte Juwi wählen, wenn sie ihren Text in einem Reisemagazin für Erwachsene veröffentlichen wollte? Kreuze an:

- ☐ Bildungssprache
- ☐ Standardsprache
- ☐ Netzsprache
- ☐ Jugendsprache
- ☐ Dialekt

**b** Formuliere die folgenden Sätze in Bildungs- und in Standardsprache um.

> Die Stadt is auf jeden Fall mega: Klar war ich sofort bei den bekannten Sehenswürdigkeiten wie dem Eiffelturm und Montmartre am Start … Aber toll auch die Cafés, die kleinen Gassen, die alten Häuser. Einfach durch die Stadt cruisen – perfekt!

## Sprachvarietäten erkennen

**1** **Kreuze an, ob die folgenden Aussagen richtig oder falsch sind. (5 Punkte)** ☐

| | richtig | falsch |
|---|---|---|
| Der Begriff „Sprachvarietät“ bezeichnet verschiedene mögliche Schreibweisen eines Wortes, z. B.: Friseur – Frisör. | ☐ | ☐ |
| Der Begriff „Sprachvarietät“ bezeichnet verschiedene Varianten einer Sprache, z. B. Standardsprache, Dialekt, Jugendsprache. | ☐ | ☐ |
| Bildungssprache ist in jeder Gesprächssituation und für jeden Adressaten geeignet, das heißt, ich kann sie immer verwenden. | ☐ | ☐ |
| Je nach Gesprächssituation und Adressat wechseln wir die Sprachvarietät. | ☐ | ☐ |

**2** **Ergänze den Text mit den passenden Begriffen aus dem Wortspeicher. (8 Punkte)** ☐

> Sprachvarietäten • Standardsprache • Bildungssprache • Dialekt • Gesprächspartner • Code-Switching • Alltagssprache • Jugendsprache

### Polyglott dank Schule?!

Auf dem Schulhof herrscht „babylonische“ Sprachenvielfalt: Je nach ____________________ wechseln wir zwischen verschiedenen ____________________. Das nennt man ____________________. Bittet man z. B. die Lehrerin oder den Lehrer um ein Gespräch, wählt man meist die ____________________. Wenn man mit Freunden spricht, nutzt man ____________________ oder ____________________. Unterhält man sich mit jemandem, der aus der gleichen Region stammt, spricht man den passenden ____________________. Zurück im Unterricht wechseln die Schülerinnen und Schüler erneut das Sprachregister, wenn sie den Stickstoffkreislauf oder das Kommunikationsquadrat von Schulz von Thun erklären. Denn hier soll vor allen Dingen ____________________ gesprochen werden.

**3** **Vergleiche deine Ergebnisse mit dem Lösungsheft und notiere, wie viele Punkte du bekommst.**

| ☺ 13–10 Punkte | 😐 9–6 Punkte | ☹ 5–0 Punkte |
|---|---|---|
| Gut gemacht! | Gar nicht schlecht, aber lies dir den Merkkasten auf der Seite 55 noch einmal genau durch. | Arbeite die Seiten 55–56 noch einmal genau durch. |

# Grammatik

## Was kannst du schon?

**1** **a** Schreibe die Wortgruppen in Klammern im richtigen Kasus in die Lücken. (6 Punkte)
TIPP: Die Präpositionen bestimmen den Kasus des folgenden Wortes / der folgenden Wortgruppe.
**b** Markiere den Kasus der eingesetzten Wortgruppen wie folgt:
Genitiv = gelb, Dativ = orange, Akkusativ = grün. (6 Punkte)

### Wenn Bücher brandgefährlich sind

Manche Bücher sind eine wahre Bereicherung im oft ______________________ ([der] triste Alltag). Wie mag also eine Welt ohne ______________________ (die aufregenden Leseerlebnisse) aussehen? Der Science-Fiction-Roman „Fahrenheit 451“ von Ray Bradbury spielt in ______________________ (ein fiktiver Staat), in dem das Lesen von ______________________ (alle Bücher) streng verboten ist. Mit Hilfe ______________________ (eine umfunktionierte Feuerwehr), die nicht mehr mit Wasserspritzen, sondern mit ______________________ (Flammenwerfer) ausgerüstet ist, werden die Bücher aufgespürt und vernichtet.

**2** Entscheide jeweils, ob die markierte Verbform im Singular oder im Plural stehen muss.
Streiche die falsche Verbform durch (4 Punkte).

Bücher zu lesen und zu besitzen, gilt / gelten in dieser amerikanischen Stadt der Zukunft als systemfeindlich. Der Grund: Selbstständiges Denken und Handeln ist / sind tabu. Stattdessen soll / sollen Dauerbeschallung und Drogen die Gesellschaft bei Laune halten. Kein Bürger und keine Bürgerin scheint / scheinen etwas zu vermissen.

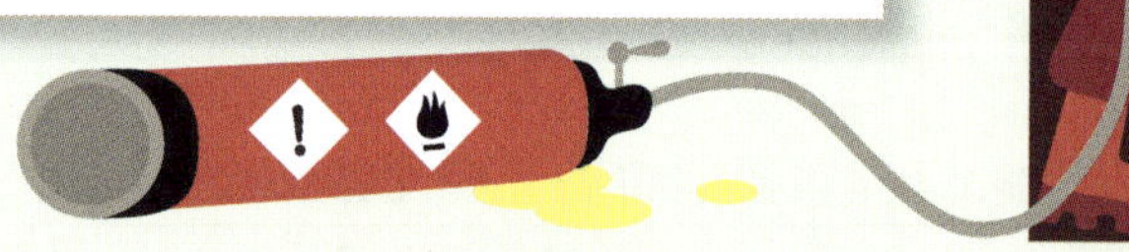

**3** Die folgenden Sätze sollen in indirekter Rede stehen.
Fülle die Lücken mit Verbformen im Konjunktiv I.

Die politische Führung ist der Meinung, das Wissen aus Büchern ______________________ (tragen) zu „antisozialem“ Verhalten bei. Auch der Feuerwehrmann Guy Montag glaubt lange, er ______________________ (machen) das Richtige, bis ihm eines Tages seine Nachbarin die banale Frage stellt, ob er glücklich ______________________ (ist).

**4** **a** **Füge mit Hilfe der Frageprobe in den folgenden Adverbialsätzen die passenden Konjunktionen am Anfang der Sätze ein und setze die fehlenden Kommas. (6 Punkte)**

**b** **Notiere hinter den Sätzen in Klammern, um welche Art von Adverbialsatz es sich handelt. (3 Punkte)**

Vorsicht Fehler!

A ____________ der Feuerwehrmann Guy Montag als Lesender enttarnt wird flieht er aus der Stadt zu den „Büchermenschen" in die Wälder. (____________)

B ____________ der Inhalt der Bücher vor dem Vergessen gerettet wird haben diese Dissidenten zahlreiche Bücher auswendig gelernt. (____________)

C ____________ die Stadt durch einen Krieg zerstört worden ist gehen die Büchermenschen in der Hoffnung auf einen Neubeginn zurück. (____________)

**5** **Formuliere den folgenden Satz neu, indem du den Schachtelsatz in mehrere kürzere, aber vollständige Sätze auflöst. (2 Punkte)**

> Es ist erschreckend, dass, wenn man die Aussagen über Zensur und Unterdrückung in diesem Roman mit unserer heutigen Realität vergleicht, viele Parallelen entdeckt, weshalb der Roman, obwohl er in den 1950er-Jahren erschienen ist, keineswegs an Aktualität verloren hat.

____________

____________

____________

____________

____________

**6** **a** **Überprüfe deine Lösungen mit Hilfe des Lösungsheftes. Notiere deine Punktzahl neben den Aufgaben.**

**b** **Vergleiche dein Ergebnis mit der jeweiligen Höchstpunktzahl. Trage ein, wie du die einzelnen Aufgaben gelöst hast: ✓ = das meiste richtig; ? = noch etwas unsicher.**

| Aufgabe | 1 ☐ | 2 ☐ | 3 ☐ | 4 ☐ | 5 ☐ |
|---|---|---|---|---|---|
| Weitere Übungen | Seite 60 | Seite 61 | Seite 62–64 | Seite 70–71 | Seite 66–67 |

# Grammatikwissen wiederholen und anwenden

## Präpositionen bestimmen den Kasus

**Information** Präpositionen bestimmen den Kasus

**Präpositionen bestimmen den Kasus** des folgenden Wortes / der folgenden Wortgruppe (meist ein Nomen mit Nomenbegleiter), z. B.: ***bei*** *schlechtem Wetter* (Dativ), ***wegen*** *des Gewitters* (Genitiv).

- **Präpositionen mit Akkusativ:** *bis, durch, für, gegen, ohne, um, wider,* z. B.:
  *Wider alle Erwartungen wurde das Buch ein Erfolg.*
- **Präpositionen mit Dativ:** *ab, aus, bei, dank, gegenüber, mit, nach, nahe, seit, von, zu,* z. B.:
  *Die Romanverfilmung unterscheidet sich deutlich von dem Roman.*
- **Präpositionen mit zwei Kasus (Dativ oder Akkusativ):** Einige Präpositionen stehen je nach Bedeutung mit dem Dativ oder dem Akkusativ, z. B.: *an, auf, hinter, in, neben, über, unter, vor, zwischen.*
  – Bei der Frage „Wo ...?“ steht der Dativ, z. B.: *Das Buch liegt auf dem Tisch.*
  – Bei der Frage „Wohin ...?“ steht der Akkusativ, z. B.: *Er legt das Buch auf den Tisch.*
- **Präpositionen mit Genitiv:** *anstatt, aufgrund, dank, mittels, seitens, statt, trotz, während, wegen, zwecks,* z. B.: *Dank der Rezension habe ich jetzt einen Überblick über den Romaninhalt.*

**1** **Fülle die Lücken mit den angegebenen Wortgruppen. Achte beim Schreiben auf die richtigen Kasusendungen bei den Nomen und ihren Begleitern.**

### The Hate U Give

Der Debütroman „The Hate U Give“ von Angie Thomas erzählt schonungslos ehrlich von Rassismus und Gewalt gegen Schwarze. Die 16-jährige Starr Carter lebt in zwei Welten (zwei Welten): in _____ (ihr verarmtes Viertel), in dem sie wohnt, und in _____ (die Privatschule), an der sie fast die einzige Schwarze ist. Als sie mit _____ (ihr bester Freund Khalil) von _____ (eine Party) nach Hause fährt, wird Khalil bei _____ (eine Polizeikontrolle) vor _____ (ihre Augen) von _____ (ein weißer Polizist) erschossen. Starr rückt als einzige Zeugin ins Zentrum der öffentlichen Aufmerksamkeit.

Khalil war unbewaffnet. Bald wird landesweit über _____ (sein Tod) berichtet. Soll sie vor _____ (das Geschworenengericht) gegen _____ (der Polizist) aussagen?

# Auf Subjekt-Verb-Kongruenz achten

**Infokasten** **Auf Kongruenz von Subjekt und Verb achten**

- In einem Satz muss sich das **Verb** (die gebeugte Verbform) **im Numerus an das Subjekt anpassen (Subjekt-Verb-Kongruenz),** d.h.: Ein singulares Subjekt erfordert ein Verb im Singular, ein plurales Subjekt erfordert ein Verb im Plural, z. B.: *Das Buch gefällt mir. Jugendromane gefallen mir.*
- Wenn das **Subjekt aus mehreren Teilen** besteht, die mit *und* oder *sowie* verbunden sind, steht das Verb in der Regel im Plural, z. B.: *Dieser Krimi und jener Science-Fiction-Roman sind hoch im Kurs.*
- **Mengenangaben:** Wenn einem singularischen Mengenbegriff (z. B.: *Anzahl, Gruppe, Hälfte, Masse, Mehrzahl, Menge, Paar, Reihe*) das Gezählte im Plural folgt (*Filme, Leute, Jugendliche*), dann steht das Verb überwiegend im Singular, kann aber auch im Plural stehen. Beides ist richtig, z. B.: *Eine Menge Filme ist/sind an Bücher angelehnt.*

**1** **Markiere im folgenden Text das Subjekt und entscheide dann, ob die markierte Verbform im Singular oder Plural stehen muss oder ob beide Formen möglich sind. Streiche die jeweils falsche Verbform durch.**

## Gefährliche Gemeinschaft?

Wohin ein übersteigertes Gemeinschaftsgefühl und eine unkontrollierte Gruppendynamik führen kann/können, zeigt der Roman „Die Welle“ (1981) von Morton Rhue:
Die Fragen und das Unverständnis seiner Klasse über das Mitläufertum der Menschen während des Nationalsozialismus veranlasst/veranlassen den Geschichtslehrer Ben Ross zu einem heiklen Unterrichtsexperiment: Er möchte seinen Schülern beweisen, dass Anfälligkeit für faschistoides Handeln und Denken in jedem von uns steckt/stecken. In den nächsten Unterrichtsstunden ruft er „Die Welle“, eine autoritäre Gemeinschaft, ins Leben, der die Mehrheit der Schülerinnen und Schüler begeistert folgt/folgen. Die „Bewegung“, die er auslöst, droht/drohen ihn und sein Vorhaben zu überrollen: Das Experiment gerät außer Kontrolle.

⊕ **2** **Singular oder Plural? Setze in den folgenden Sätzen die Verbformen im richtigen Numerus ein.**

A Die radikale Veränderung der Figuren, die der Leser miterlebt, und der Ausgang des Experimentes

______________________ (sein) an Spannung kaum zu überbieten.

B Besonders nachdenklich macht die Tatsache, dass der Roman samt seiner späteren Verfilmung auf einer

wahren Begebenheit ______________________ (beruhen), die sich 1967 an einer

kalifornischen Highschool ereignete.

# Der Konjunktiv in der indirekten Rede

**Information** **Der Konjunktiv I in der indirekten Rede**

Mit der **indirekten Rede** gibt man wieder, was jemand anderes gesagt hat. Anders als in der direkten Rede steht das Verb in der indirekten Rede im **Konjunktiv I:**

- **direkte Rede (im Indikativ):** *Die Schauspielerin: „Ich **spiele** die Rolle meines Lebens."*
- **indirekte Rede (im Konjunktiv I):** *Die Schauspielerin erklärt, sie **spiele** die Rolle ihres Lebens.*

**Bildung des Konjunktivs I**
Der Konjunktiv I wird durch den Präsensstamm des Verbs (Infinitiv ohne *-en*) und die Personalendungen für den Konjunktiv I gebildet, z. B.:
**Präsensstamm:** *komm-en*
**Konjunktiv I:** *ich komm-e, du komm-est, er/sie/es komm-e, wir komm-en, ihr komm-et, sie komm-en*

**1** **Für die Schülerzeitung sollst du den Film „Ziemlich beste Freunde" rezensieren. Hierfür bittest du deine Freunde um ihre Einschätzungen. Gib ihre Aussagen in indirekter Rede im Konjunktiv I wieder.**

## Eine ungewöhnliche Freundschaft

Klara: „‚Ziemlich beste Freunde' ist ein berührender Film, der zeigt, wie unverhofft ein Mensch in das Leben treten kann und zu einem guten Freund wird."

Iliyas: „Mir gefällt, dass das Thema Behinderung mit großer Wertschätzung, aber auch mit viel Humor behandelt wird."

Luca: „Es fasziniert mich, dass diese ungewöhnliche Begegnung zwischen einem französischen Multimillionär und einem vorbestraften Kleinkriminellen tatsächlich stattgefunden hat."

**Information** **Ersatzformen für den Konjunktiv I**

Wenn der Konjunktiv I nicht vom Indikativ Präsens zu unterscheiden ist, verwendet man in der Regel den **Konjunktiv II** oder die ***würde*-Ersatzform,** z. B.:

| Indikativ | → Konjunktiv I | → Konjunktiv II | → *würde*-Ersatzform |
|---|---|---|---|
| *Er sagt: „Wir feiern.“* | *Er sagt, sie feiern.* | *Er sagt, sie feierten.* | *Er sagt, sie würden feiern.* |

Der Konjunktiv II wird in der Regel vom **Präteritum Indikativ** abgeleitet und mit der Personalendung des Konjunktivs gebildet, z. B.: *ich ging-e, du ging-est, er ging-e, wir ging-en, ihr ginget, sie ging-en.*

TIPP: Wenn bei der indirekten Rede durch den Redebegleitsatz deutlich wird, wer der Sprecher oder die Sprecherin ist, kann man anstelle des Konjunktivs auch den Indikativ verwenden, z. B.:
*Die Autorin erklärt, dass ihr das Schreiben manchmal schwerfällt/schwerfalle.*
*Laut dem Regisseur sind/seien Literaturverfilmungen spannende Projekte.*

**2** **Ergänze im folgenden Text die richtigen Verbformen im Konjunktiv. Entscheide, wann du den Konjunktiv I und wann du den Konjunktiv II verwenden solltest.**

### Ziemlich beste Freunde – die wahre Geschichte

*Über acht Millionen Menschen haben „Ziemlich beste Freunde“ im Kino gesehen – die Tragikomödie über den querschnittsgelähmten Multimillionär, der als Pfleger einen Kleinkriminellen aus der Pariser Vorstadt engagiert. Jetzt erzählen Abdel Sellou und Philippe Pozzo di Borgo, die realen Vorbilder für den Pfleger und den Multimillionär, ihre Geschichte.*

Das, was sie beide von der ersten Sekunde an zusammengebracht __________ (hat), sei der gemeinsame Humor gewesen, erzählt Abdel Sellou, denn mit Humor und gegenseitigem Respekt __________ (kann) man das Leben und die Welt verändern. „Ziemlich beste Freunde“ __________ (sein) kein Film, der die Leute bloß amüsieren soll, so der ehemalige Intensivpfleger. Viele __________ (glauben), so Sellou, das Thema Behinderung __________ (betreffen) sie nicht. Aber selbst diejenigen, die nie einen Unfall hatten oder erkrankten, __________ (kommen) mit dem Alter in einen Zustand, in dem sie Hilfe __________ (brauchen). Abdel ist der Meinung, man __________ (vergessen) dies allzu oft.

**3** **Gib die folgenden Sätze in indirekter Rede im Indikativ wieder (▶ Merkwissen oben).**

Abdel Sellou: „Ich betreibe mittlerweile eine Hühnerfarm in Algerien und Monsieur Pozzo lebt heute mit seiner Frau in Marokko. Trotzdem sehen wir uns nach wie vor regelmäßig.“

**4** **Indikativ oder Konjunktiv? Streiche in der folgenden Filmrezension die falschen Verbformen durch.**

## „Ziemlich beste Freunde" – ein grandioser Kinoerfolg

*Der junge, arbeitslose Driss (Omar Sy) braucht eigentlich nur einen Bewerbungsstempel, um Arbeitslosenunterstützung beziehen zu können. Doch als er sich bei dem reichen, adeligen Philippe (Francois Cluzet) als Pfleger vorstellt, engagiert dieser spontan den Mann. Neun Wochen lang stand der Film auf Platz 1 der deutschen Kinocharts. Warum war er so erfolgreich? Wir haben nachgefragt:*

Herr Süß, Betreiber des Kinos „Micki", erklärt, worin seiner Meinung nach der Erfolg dieses Filmes liegt/liege. Sein Kino in der Innenstadt von Mahneshausen hat/habe zwei Säle und wird/würde regelmäßig besucht. Aber beim Film „Ziemlich beste Freunde" geriet/geriete das Kino zeitweise in einen Ausnahmezustand, so groß war/wäre die Nachfrage. Das Schicksal von Philippe wird/würde im Film nicht mit falscher Sentimentalität vermittelt, sondern ist/sei Stoff für einige wunderbar bissige Dialoge zwischen dem Adeligen und dem sehr direkten Driss. Das ist/sei sehr erfrischend und trägt/trüge maßgeblich dazu bei, dass der Film gelingt/gelänge, so der Kinobetreiber. Driss nimmt/nehme kein Blatt vor den Mund und keine falsche Rücksicht auf seinen Chef im Rollstuhl, meint die Mitarbeiterin Thea Hinkel vom Filmverleih STUZ, und genau das kommt/komme/käme bei den Zuschauerinnen und Zuschauern an. Zwei Menschen aus vollkommen unterschiedlichen Welten, der eine aus einer Villengegend, der andere aus der Pariser Vorstadt, treffen/ träfen aufeinander und kriegen/kriegten gemeinsam etwas hin. Das packt/packe das Publikum, meint Ute Bassermann, die ein Programmkino in einer hessischen Kleinstadt betreibt. Überzeugend ist/sei der Film aber auch durch seine beiden Hauptdarsteller Omar Sy und Francois Cluzet, meint Bassermann. Letzterer brilliert/brilliere ausschließlich mit seinem Mienenspiel und seiner Stimme, ohne die Behinderung Philippes zu sehr in den Vordergrund zu rücken. Sy dagegen bringt/bringe die Zuschauer mit seiner guten Laune zum Lachen und vermittelt/vermittle eine große Portion Schwung, so Bassermann. Die beiden Hauptdarsteller versprühen/versprühten im Zusammenspiel eine Lebensfreude, die es einfach unmöglich macht/mache, sich dem Charme der Geschichte und ihren Figuren zu entziehen, so das Fazit der Kinobetreiberin.

**Die *würde*-Ersatzform** (▶ S. 63) kann auch verwendet werden, wenn der **Konjunktiv II** mit der **Indikativ-Präteritumform** identisch ist oder als **ungebräuchlich** empfunden wird, z. B.: *Er meint, viele wollten ... → Er meint, viele würden ... wollen. Er sagt, er hälfe gern → Er sagt, er würde gern helfen ...*

**5** **Setze den letzten Satz aus dem Text (▶ Z. 28–30 in die indirekte Rede. Entscheide, an welchen Stellen du die *würde*-Ersatzform verwenden willst (▶ Tippkasten oben).**

## Grammatikwissen sicher anwenden

**1** **Schreibe die Wortgruppen in Klammern im richtigen Kasus in die Lücken. (5 Punkte)**

Wider ______________________ (alle Erwartungen) wurde „Ziemlich beste Freunde" der erfolgreichste französische Film aller Zeiten. Die Geschichte über den Pomery-Manager, der seit ______________________ (ein Sportunfall) halsabwärts gelähmt ist, wurde 2017 sogar von ______________________ (ein amerikanisches Filmteam) neu verfilmt. Trotz ______________________ (die namhafte Besetzung) konnte das Remake aber nicht an ______________________ (der Erfolg) des französischen Originals anknüpfen.

**2** **Entscheide, ob die markierte Verbform im Singular oder Plural stehen muss oder ob beide Formen möglich sind. Streiche falsche Verbformen durch. (4 Punkte)**

Driss' lässige Art und sein fehlendes Mitleid mit dem querschnittsgelähmten Ex-Manager hinterlässt/hinterlassen einen bleibenden Eindruck bei Philippe. Obwohl die Härte und Kriminalität der Pariser Vorstadt nicht vertieft wird/werden, zeigt/zeigen der Film doch die Klassenschranken zwischen Arm und Reich. Dass Driss plötzlich eine Menge Luxusgegenstände zur Verfügung steht/stehen und er mit einem Maserati durch die Gegend düst, ist für die Zuschauer amüsant und bewegend zugleich.

**3** **Gib die folgenden Aussagen in indirekter Rede wieder. Entscheide, ob du den Konjunktiv I oder den Konjunktiv II bzw. die *würde*-Ersatzform verwenden solltest. (2 Punkte)**

Die Filmkritikerin Celina Guckert: „Der Film zeigt, wie das Thema Behinderung mit angemessenem Respekt, aber auch jeder Menge Leichtigkeit angegangen werden kann."

______________________

______________________

______________________

______________________

**4** **Vergleiche deine Ergebnisse mit dem Lösungsheft. Für jede richtige Antwort bekommst du einen Punkt.**

| ☺ 11–9 Punkte | 😐 8–6 Punkte | ☹ 5–0 Punkte |
|---|---|---|
| Gut gemacht! | Gar nicht so schlecht, aber lies dir die Merkkästen auf den Seiten 60–63 noch einmal genau durch. | Arbeite die Seiten 60–64 noch einmal genau durch. |

# Leserfreundlich und stilistisch gut formulieren

## Schachtelsätze vermeiden

**Information** **Schachtelsätze vermeiden**

**Vermeide** lange, **unübersichtliche Schachtelsätze**. Sie machen das Lesen mühsam und hemmen den Lesefluss. Löse solche Schachtelsätze in mehrere kürzere Sätze auf. Beachte folgende Tipps:

- **Vermeide** Schachtelsätze mit **eingeschobenen längeren Nebensätzen zweiten Grades** (Nebensätze, die von Nebensätzen abhängen), also z. B. **nicht:** *Instetten glaubt, dass seine Frau Effi, die eine Affäre mit Crampas hatte, seine Ehre verletzt hat.* → Besser: *Instetten fühlt sich in seiner Ehre verletzt, weil seine Frau Effi eine Affäre mit Crampas hatte.*
- **Vermeide umfangreiche vorangestellte Attribute,** also z. B. **nicht:** *Bei dem in den Jahren 1894/95 in der „Deutschen Rundschau" als Fortsetzungsroman erschienenen Werk „Effi Briest" von Theodor Fontane handelt es sich um einen Fortsetzungsroman.* → Besser: *„Effi Briest" ist ein Gesellschaftsroman von Theodor Fontane und wurde erstmals in den Jahren 1894/95 in der „Deutschen Rundschau" als Fortsetzungsroman veröffentlicht.*

**1** **Die beiden folgenden Sätze (Satz 1 und 2) sollen den Inhalt des Romans „Effi Briest" klar und verständlich auf den Punkt bringen. Überarbeite die Sätze: Bilde aus jedem Schachtelsatz (1 und 2) mehrere kürzere Sätze und löse das vorangestellte Attribut auf. Ein Anfang ist dir vorgegeben.**

### Effi Briest – ein Gesellschaftsroman (1)

**1)** Dem von Theodor Fontane geschriebenem Roman „Effi Briest", einem Klassiker der deutschen Literaturgeschichte, der 1896 als Buch veröffentlich wurde, liegt eine wahre Begebenheit, nämlich ein Gesellschaftsskandal über Ehebruch und Rache, zugrunde. **2)** Effi, die erst 17 Jahre alt ist, als sie auf Wunsch ihrer Eltern den 21 Jahre älteren Baron von Instetten heiratet, weil der ihr eine gute gesellschaftliche Stellung bieten kann, wird in ihrer Ehe von ihrem viel beschäftigten Mann oft allein gelassen und fühlt sich unglücklich, sodass sie eine Affäre mit dem Offizier Crampas beginnt, was, als ihr Ehebruch auffliegt, dazu führt, dass Effi von ihrem Ehemann, ihren Eltern, aber auch von der Gesellschaft verstoßen wird.

1) Der Roman „Effi Briest" von Theodor

**2** **Überarbeite die beiden folgenden Sätze (Satz 3 und 4), sodass sie leserfreundlich und verständlich werden. Bilde aus jedem Schachtelsatz mehrere kürzere Sätze und löse die umgangssprachliche „*dass-wenn*-Kopplung" auf.**
**TIPP: Stelle Satzteile um und verwende neue Konjunktionen, z. B.: *denn, damit*.**

Vermeide „*dass, wenn*-Kopplungen". Sie führen zu Schachtelsätzen und klingen umgangssprachlich, z. B.:
*Er glaubt, dass, wenn ... verstößt ...*
Besser: *Er glaubt, dass ein Verstoß ...*

### Effi Briest – ein Gesellschaftsroman (2)

**3)** Theodor Fontane schildert mit dem Roman „Effi Briest", wie gesellschaftliche Regeln und Zwänge im 19. Jahrhundert, die auch eine klare Rollenverteilung zwischen Mann und Frau vorsehen, funktionieren, wobei die Figur Effi zeigt, dass man, wenn man gegen die bürgerliche festgelegte Rolle verstößt, zwangsläufig scheitern muss. **4)** Dass die Treue zu den gesellschaftlichen Konventionen nicht glücklich macht, zeigt auch die Figur Instetten, der, weil er vom Ehebruch seiner Frau erfährt, sich so verletzt in seiner Ehre fühlt, dass er sich für ein Duell mit Crampas und die Scheidung entscheidet, womit er nicht nur Effis, sondern auch sein eigenes Lebensglück zerstört.

# Gedankliche Zusammenhänge sprachlich deutlich machen

**Information** **Gedankliche Zusammenhänge sprachlich deutlich machen**

Um für die Leser/-innen einen gut nachvollziehbaren Text zu schreiben, muss man auch die gedanklichen Zusammenhänge sprachlich deutlich machen. Hierzu zwei Tipps:

- Nutze **verknüpfende Wörter,** z. B. **Konjunktionen** und **Adverbien,** z. B.: *aber, oder, deshalb, außerdem, trotzdem, jedoch, daher, wenn, sobald, nachdem, denn, damit, weil, obwohl.* Sie signalisieren die Art des gedanklichen Zusammenhangs, z. B. Entgegensetzung, Begründung, Einschränkung, (zeitliche) Folge, z. B.: *Nachdem Effi ihren Mann, ihre Tochter und ihr gesellschaftliches Ansehen verloren hat, erkrankt sie schwer.*
- Nutze **Pronomen** wie z. B. *er, sie, es, diese/-r, jene/-r, sein/-e, ihr/-e oder* (als Relativpronomen) *der, die, das.* Damit stellst du Bezüge her und vermeidest Wortwiederholungen, z. B.: *Weil Effi Ehebruch begeht, wird sie gesellschaftlich verstoßen.*

**1** **Überarbeite den folgenden Text und mache die gedanklichen Zusammenhänge deutlich.**

**a** **Verknüpfe die Sätze 1 und 2 sowie die Sätze 3 bis 5. Du kannst aus den folgenden Verknüpfungswörtern auswählen:** ***damit – somit – obwohl – trotzdem – denn – weil – aber – sodass – womit.***

**b** **Verbinde die Sätze 6 und 7 sowie die Sätze 8 und 9 mit Hilfe von Pronomen.**

### Effi Briest – Ein Gesellschaftsroman (3)

**1)** Effi liebt den viel älteren Baron von Instetten nicht. **2)** Sie heiratet auf Drängen ihrer Eltern den früheren Verehrer ihrer Mutter. **3)** Mit dieser Ehe beginnt für Effi ein eintöniges Leben fernab ihrer Heimat. **4)** Innstetten widmet sich voll und ganz seiner politischen Karriere. **5)** Diese Vernunftehe ist von Anfang an zum Scheitern verurteilt. **6)** Häufig von ihrem Mann allein gelassen, geht Effi eine Liebesbeziehung mit dem Offizier Crampas ein. **7)** Effi ist das Lügen eigentlich zuwider. **8)** Sechs Jahre nach Beendigung der Affäre entdeckt Instetten die Liebesbriefe von Crampas. **9)** Crampas hatte die Liebesbriefe damals an Instettens Frau Effi geschrieben.

# Mit Synonymen abwechslungsreich und treffend formulieren

**Information** **Mit Synonymen abwechslungsreich und treffend formulieren**

- Die störende Wiederholung von Wörtern in eng aufeinanderfolgenden Sätzen kann man vermeiden, indem man **Synonyme** verwendet, also **Wörter mit gleicher oder ähnlicher Bedeutung,** z. B.: *reden, sprechen, sagen* oder *fein, vornehm, edel.*
- Für die Suche nach Synonymen kann man die Thesaurus-Funktion des Textverarbeitungsprogramms nutzen. (→ Registerkarte „Überprüfen" → „Thesaurus"). Prüfe immer, ob das vorgeschlagene Synonym als Ersatzwort wirklich passt.

TIPP: Es ist nicht immer möglich, brauchbare Synonyme für Nomen und Fachwörter zu finden, weil es für sie manchmal keine Wörter mit gleicher oder fast gleicher Bedeutung gibt.

**1** **Im folgenden Text sind Wörter markiert, die sich unnötig wiederholen. Überarbeite den Text, indem du an geeigneten Stellen passende Synonyme einsetzt. Streiche einzelne Wörter und notiere passende Synonyme darüber. Du kannst aus den Wortspeichern auswählen.**
**TIPP: Wenn du Nomen auswechselt, ändert sich manchmal auch der Artikel im Text.**

**Werk:** Roman, Buch, Geschichte

**beschreiben:** hinweisen, erläutern, darlegen, zeigen, beschreiben, kritisieren, erzählen, charakterisieren

### „Fontanes ethisch modernstes Werk"

Der Roman „Effi Briest", der die Geschichte einer Ehebrecherin beschreibt, ist Fontanes berühmtestes Werk. Schon zu Fontanes Lebzeiten wurde es zum Bestseller und in mehreren Auflagen nachgedruckt. Das Werk des poetischen Realismus beschreibt die Geschichte der 17-jährigen Effi Briest, deren unglückliche Zwangsehe mit einem wesentlich älteren Mann eine Lawine tragischer Ereignisse auslöst. Geistreich und detailliert beschreibt Fontane in diesem Werk die bürgerliche Moral im ausgehenden 19. Jahrhundert, in der echte Emotionen keinen Platz hatten. Der Schriftsteller Thomas Mann beschreibt das Werk wie folgt: „Fontanes ethisch modernstes Werk, das am deutlichsten über die bürgerlich realistische Epoche hinaus in die Zukunft weist."

⊕ **2** **Formuliere einige Sätze über dein Lieblingsbuch, deinen Lieblingsfilm oder dein Lieblingscomputerspiel. Schreibe mit Hilfe von Synonymen abwechslungsreich.**

# Formen von Nebensätzen unterscheiden

## Adverbialsätze

**Information** **Nebensätze unterscheiden: Adverbialsätze**

Je nach Funktion im Satz unterscheidet man unterschiedliche Arten von Nebensätzen. **Adverbialsätze nehmen** im Satz zum Beispiel die Stelle einer adverbialen Bestimmung (Satzglied) ein, z. B.: *Nach der Filmpremiere fand eine Podiumsdiskussion statt.* → adverbiale Bestimmung (Wann?)
*Nachdem der Film Premiere gefeiert hatte, fand … statt.* → Adverbialsatz (Wann?)
Adverbialsätze sind Nebensätze, die über die **Umstände eines Geschehens** (Zeit, Ort, Grund, Art und Weise usw.) informieren. Sie werden mit einer **Konjunktion** (z. B.: *weil, als, nachdem, damit, obwohl, indem, wenn, falls, sodass*) eingeleitet und durch **Komma** vom Hauptsatz getrennt.
Adverbialsätze können mit Hilfe der **Frageprobe** (siehe unten) näher bestimmt werden.

**1** **a** Trage zu jeder Art von Adverbialsatz die richtige Frageprobe ein. Schreibe mit Bleistift.
**b** Vergleiche dein Ergebnis mit den Lösungen im Lösungsheft (▶ S. 34) und korrigiere mögliche Fehler.

| Art des Adverbialsatzes | Frageprobe | Konjunktionen |
|---|---|---|
| **Kausalsatz** (Grund, Ursache) | Warum? | *da, weil* |
| **Konditionalsatz** (Bedingung) | | *wenn, falls, sofern* |
| **Finalsatz** (Ziel, Absicht) | | *damit, dass* |
| **Konsekutivsatz** (Folge, Wirkung) | | *sodass* (auch: *so … dass*) |
| **Konzessivsatz** (Einräumung) | | *obwohl, obgleich* |
| **Temporalsatz** (Zeitpunkt/-dauer) | | *nachdem, als, während, bis, bevor, solange, sobald* |
| **Modalsatz** (Art und Weise) | | *indem, als ob* |
| **Adversativsatz** (Gegenüberstellung) | | *wohingegen, während* |

**2** Markiere im folgenden Text alle Nebensätze, umkreise die einleitenden Konjunktionen und notiere in die Klammern dahinter, um welche Art des Adverbialsatzes es sich jeweils handelt. Nutze die Frageprobe.

### Ein Rap auf die Liebe (1)

Wenn sich ein deutscher Regisseur an Hip-Hop-Beats und Jugendsprache versucht, kann das auch schon mal schiefgehen. (______________________________) Dem Film „Das schönste Mädchen der Welt“ gelingt das fast Unmögliche, indem er grandiose Dialoge, Humor und beste Rap-Einlagen auf die Leinwand bringt. (______________________________

______________________________) So waren Kinopublikum und Kritik gleichermaßen begeistert, als diese deutsche Musikkomödie in die Kinos kam. (______________________________)

**3** **a** Überarbeite die folgenden Sätze, indem du den Nominalstil in einen Verbalstil umformulierst. Forme hierzu die unterstrichenen adverbialen Bestimmungen mit Hilfe der angegebenen Konjunktionen in Nebensätze um.

**b** Notiere hinter jedem Satzgefüge, welche Art von Adverbialsatz es enthält.

- Der **Nominalstil** (Häufung von Nomen und Nominalisierungen) macht einen Text stilistisch schwerfällig. Deshalb wird in der Regel der **Verbalstil bevorzugt,** bei dem viele Verben verwendet werden. Dabei werden Satzglieder (z. B. adverbiale Bestimmungen) in Nebensätze aufgelöst, z. B.: *Für das Überarbeiten des Textes ... → Um den Text zu überarbeiten, ...*

### Ein Rap auf die Liebe (2)

*Die 17-jährige Roxy (Luna Wedler) ist neu in der Klasse und wird von allen umschwärmt. Auch Außenseiter Cyril (Aaron Hilmer) ist sofort Feuer und Flamme, rechnet sich jedoch kaum Chancen aus.*

Der 17-jährige Cyril wird von seinen Klassenkameraden <u>wegen der Größe seiner Nase</u> gehänselt. (da, weil)

<u>Trotz des ständigen Spottes und Mobbings seitens der Klasse</u> hat er sein Selbstwertgefühl und das Vertrauen in sein Talent, das Rappen, nicht verloren. (obwohl)

<u>Aufgrund ihrer Unkenntnis der Klassendynamik</u> setzt Roxy sich auf der Klassenfahrt nach Berlin einfach neben Cyril, der sie mit seinem Wortwitz überrascht. (da, weil)

⊕ **4** **Verbinde die Sätze unter A und B jeweils zu einem Satzgefüge mit Adverbialsatz. Schreibe in dein Heft.**

A Cyrill setzt sich nachts eine goldene Maske auf. Er will in den Rap-Battles unerkannt bleiben.

B Er trumpft mit Schlagfertigkeit und Wortwitz auf. Er fühlt sich großartig.

# Relativsätze

**Information** **Nebensätze unterscheiden: Relativsätze**

- Relativsätze sind **Nebensätze,** die ein vorausgegangenes Bezugswort im Hauptsatz (meist ein Nomen) näher erklären. Sie werden mit einem **Relativpronomen** (*der, die, das; welcher, welche, welches*) eingeleitet und durch Komma vom Hauptsatz abgetrennt. Das Relativpronomen bezieht sich auf das Bezugswort im Hauptsatz, z. B.: *Die Filmkomödie, die mit dem Prädikat „besonders wertvoll" ausgezeichnet wurde, überzeugt auch musikalisch.*
- Vor dem Relativpronomen kann auch eine Präposition stehen, z. B.: *Der Film, in dem die Geschichte von „Cyrano de Bergerac" aufgenommen wird, war ein Überraschungserfolg.*
- Relativsätze nehmen im Satz häufig die **Rolle eines Attributs** ein und werden deshalb auch Attributsätze genannt.

**1** **a** **Verknüpfe die Satzpaare unter 1 und unter 2 mit Hilfe eines Relativpronomens jeweils zu Satzgefügen. Achte auf die Kommas. Schreibe auf die Linien unten.**

**b** **Markiere in den Sätzen 4, 5 und 6 die Relativsätze und umkreise das Relativpronomen, das den Relativsatz einleitet. Setze die fehlenden Kommas.**

Vorsicht Fehler!

## „Cyrano de Bergerac" im neuen Gewand (1)

**1)** „Das schönste Mädchen der Welt" ist ein Film. Der Film verlegt das 120 Jahre alte Versdrama „Cyrano de Bergerac" in die Gegenwart. **2)** Die Geschichte des französischen Dichters mit der Riesennase ist unzählige Male neu erzählt und verfilmt worden. Der Dichter kann letztendlich seine Angebetete von seinen inneren Werten überzeugen. **3)** Und das hat seinen Grund: **4)** „Cyrano de Bergerac" verhandelt ein Thema das an Aktualität nicht verliert: die Frage nach innerer und äußerer Schönheit. **5)** Für eine Generation die vom Vergleichszwang auf Instagram & Co. getrieben wird hält auch diese Neuverfilmung eine wichtige Botschaft bereit: **6)** Sei der der du bist.

**2** **Begründe im Heft: Warum kann hier das Adverb „wo" das Relativpronomen ersetzen?**

Hinten im Kino, wo sich die Sitzreihen 30 bis 35 befinden, ist es besonders gemütlich.

## *das* oder *dass*? – Achte auf die Wortart

**Information** | **Relativpronomen *das* oder Konjunktion *dass*?**

Zu Beginn eines Nebensatzes kannst du das **Relativpronomen *das*** leicht mit der **Konjunktion *dass*** verwechseln. Führe daher die folgende **Ersatzprobe** durch:

- Kann ***das*** durch ***welches*** ersetzt werden, handelt es sich um das **Relativpronomen** und du schreibst **s**, z. B.: *Ich freue mich über das Kinoabo, ~~das~~ welches du mir zum Geburtstag geschenkt hast.*

Die **Konjunktion *dass*** kannst du **nicht durch *welches*** ersetzen, z. B.:
*Meine Hoffnung, dass (~~welches~~) ich ein Kino-Abo bekomme, hat sich erfüllt.*

TIPP: Die **Konjunktion *dass*** steht oft **nach Verben des Sagens und Denkens** (z. B.: *meinen, glauben, behaupten, finden, merken, wissen, erklären), z. B.: Ich meine, dass ...; Er erklärt, dass ...*

**1** ***das* oder *dass*? Entscheide bei den folgenden Sätzen, ob es sich um das Relativpronomen *das* oder um die Konjunktion *dass* handelt. Führe die Ersatzprobe durch und streiche das falsche Wort jeweils durch.**

### „Cyrano de Bergerac" im neuen Gewand (2)

Das/Dass die allseits bekannte Geschichte von „Cyrano de Bergerac" damals wie heute das Publikum fasziniert, überrascht wenig. Dies liegt wohl auch daran, das/dass der Stoff so zeitlos und romantisch ist, meint Regisseur Ama Yarin. Cyranos Liebe zu Roxane geht so weit, das/dass er sogar seinem ärgsten Nebenbuhler sein poetisches Talent leiht, nur um seine angebetete Frau glücklich zu wissen. Auch in dem Film „Das schönste Mädchen der Welt" legt der Außenseiter Cyril dem „schönen" Rick die passenden Worte in den Mund. Als begnadeter Rap-Poet schreibt er für Rick coole Songs und romantische SMS. Dumm nur, das/dass Roxy glaubt, das/dass die Texte von Rick stammen. Wird das taffe und schlagfertige Mädchen, das/dass in keine Schublade passt, dem Richtigen ihr Herz schenken?

**2** ***das* (Artikel oder Relativpronomen) oder *dass* (Konjunktion)? Setze die richtigen Formen ein.**

__________ Coming-of-Age-Drama „Das schönste Mädchen der Welt" bietet gute Unterhaltung, einen tollen Soundtrack und Spaß für alle Altersgruppen, und __________ sogar mit Anspruch! Kaum zu glauben, __________ __________ Drehbuch, die Regie und Kamera-Arbeit „made in Germany" sind.

# Infinitivgruppen

**Information** **Nebensätze unterscheiden: Infinitivgruppen**

Obwohl Infinitivgruppen statt eines gebeugten Verbs einen Infinitiv mit *zu* haben, können sie im Satz die Funktion eines Nebensatzes übernehmen. Man nennt sie darum auch Infinitivsätze.
Eine Infinitivgruppe besteht aus einem Infinitiv mit *zu* und mindestens einem weiteren Wort, z. B.:
*Unglücklich verliebt zu sein, bildet den Stoff für viele bekannte Romane und Filme.*
Infinitivgruppen darf man immer durch ein **Komma** vom Hauptsatz trennen.
Ein Komma muss stehen, ...

- wenn die Infinitivgruppe durch *um, ohne, statt, anstatt, außer, als* eingeleitet wird, z. B.:
  *Man braucht viel Kreativität,* ***um*** *eine klassische Geschichte neu* ***zu verfilmen.***
- wenn die Infinitivgruppe von einem Nomen oder einem hinweisenden Wort (z. B.: *daran, darauf, es*) im Hauptsatz abhängt, z. B.: *Der Film zielt darauf ab, eine klare Botschaft zu vermitteln.*

**1** **Im folgenden Text fehlen die Kommas bei den Infinitivgruppen.**
**a** **Unterstreiche im folgenden Text alle Infinitivgruppen und trenne sie durch Kommas ab.**
**b** **Umkreise die Wörter, die ein Komma bei Infinitivgruppen unbedingt verlangen.**

Vorsicht Fehler!

## Verrückt und romantisch zugleich

Zu ahnen, dass die empfundene Liebe keine Erwiderung findet, ist schmerzlich. Seinen Schwarm aber dann noch in die Arme eines anderen zu treiben um Schlimmeres zu verhindern klingt verrückt. Verrückt und romantisch zugleich – und genau das ist der Plot der Komödie „Das schönste Mädchen der Welt“. Durch seine Rolle als Außenseiter findet Cyril nicht den Mut seiner Mitschülerin Roxy seine Gefühle zu gestehen. Als dann der hinterhältige Ober-Macho Benno ein Auge auf Roxy wirft, startet Cyril eine waghalsige Verkupplungsaktion um Roxy vor Benno zu schützen. Der gutmütige, hübsche Rick soll quasi als Benno-Verhinderung das Herz von Roxy erobern. Doch es gibt ein Problem: Rick bringt in Anwesenheit von Roxy kaum ein Wort heraus. Um bei Roxy zu punkten braucht Rick von dem begnadeten Rap-Poeten Cyril dringend ein paar Nachhilfestunden in Sachen Poesie. Als Ghostwriter für Rick schafft es Cyril Roxy mit gefühlvollen Handy-Nachrichten und romantischen Songs zu beeindrucken. Doch wie lange kann Cyril seine eigenen Gefühle für Roxy verbergen?

⊕ **2** **Infinitivsätze werden auch verwendet, um eine Häufung von Nomen (Nominalstil) zu vermeiden.**
**a** **Ersetze die unterstrichenen Textstellen durch Infinitivgruppen. Schreibe in dein Heft.**
**b** **Vergleiche deine Sätze mit den Original. Welche Formulierung findest du stilistisch gelungener?**

Seine Unsicherheit hält Cyril von einem Liebesgeständnis gegenüber Roxy ab. Er vermeidet zum Beispiel das offene Gespräch mit Roxy, obwohl die Chemie zwischen den beiden stimmt.

## Leserfreundlich schreiben, Nebensätze unterscheiden

**1** **Überarbeite den folgenden Schachtelsatz, indem du mehrere kürzere Sätze bildest. Schreibe die überarbeiteten Sätze in dein Heft. (4 Punkte)**

Hermine Huntgeburths Kinofilm „Effi Briest“, der die fünfte Verfilmung von Fontanes Gesellschaftsroman ist, der vielen als Schullektüre vertraut ist, unterscheidet sich besonders am Ende deutlich von der literarischen Vorlage, weil Effi im Roman an der Trennung von Mann und Kind zerbricht, aber im Film die Krise überwindet und ein freies Leben in Berlin führt.

**2** **a Markiere in den folgenden Sätzen jeweils den Adverbialsatz und trenne ihn mit Komma ab. (3 Punkte)**
**b Notiere hinter den Sätzen in Klammern, um welche Art von Adverbialsatz es sich handelt. (3 Punkte)**

Vorsicht Fehler!

A Obwohl „Harry Potter“, „Tschick“ und „Effi Briest“ ganz unterschiedliche Storys haben

gibt es eine Gemeinsamkeit. ( ______________________________ )

B Nachdem diese Werke zunächst als Bücher veröffentlicht wurden erschienen sie später auch als Filme.

( ______________________________ )

**3** **Markiere im folgenden Text alle Infinitivgruppen und trenne sie durch Kommas ab. (4 Punkte)**

Vorsicht Fehler!

Den Jugendroman „Tschick“ von Wolfgang Herrndorf zu lesen kann ich wirklich nur weiterempfehlen. Zwei Jugendliche kommen auf die verrückte Idee einen schrottreifen Lada zu klauen um damit quer durch Deutschland zu reisen. Auch die Verfilmung des Buches ist großartig und schafft es die Atmosphäre des Romans in actionreiche Bilder und witzige Dialoge zu übersetzen.

**4** ***das* oder *dass*? Führe die Ersatzprobe durch und streiche das falsche Wort jeweils durch. (3 Punkte)**

- Wer glaubt, das/dass die Verfilmung eines Bestsellers immer gelingt, irrt gewaltig.
- Der Regisseur Fatih Akin, der den Roman „Tschick“ in ein mitreißendes Roadmovie verwandelte, sagt: „Mich hat am meisten interessiert, das/dass hier jemand in ein Mädchen aus seiner Klasse verliebt ist, das/dass ihn aber nicht beachtet“, so der Regisseur. „So etwas kenne ich aus meinem Leben sehr gut.“

**5** **Vergleiche deine Ergebnisse mit dem Lösungsheft. Für jede richtige Antwort bekommst du einen Punkt.**

| ☺ 17–13 Punkte | 😐 12–8 Punkte | ☹ 7–0 Punkte |
|---|---|---|
| Gut gemacht! | Gar nicht so schlecht, aber lies dir die Merkkästen auf den Seiten 66–74 noch einmal genau durch. | Arbeite die Seiten 66–74 noch einmal genau durch. |

# Rechtschreibung

## Was kannst du schon?

**1** **Kreuze an, welche Strategie dir dabei hilft, die richtige Schreibweise herauszufinden. (3 Punkte)**
**TIPP: In einem Fall helfen zwei Strategien.**

| | zerlegen | ableiten | verlängern |
|---|---|---|---|
| A Stab/p | ☐ | ☐ | ☐ |
| B Reu/äuber | ☐ | ☐ | ☐ |
| C End/tspiel | ☐ | ☐ | ☐ |

**2** **Groß oder klein? Umkreise den richtigen Anfangsbuchstaben. (9 Punkte)**

### Der ganz „normale“ Schreibprozess

Der A/amerikanische Autor Jack Kerouac tippte seinen Roman „On the Road" in nur drei Wochen. Zum S/schreiben nutzte er eine Rolle Architektenpapier von 40 Metern l/Länge. So konnte er ununterbrochen T/tippen, ohne je das Papier der Schreibmaschine wechseln zu müssen.
Stephenie Meyer, die Autorin des Vampirromans „Twilight“, hat beneidenswerterweise beim T/träumen die B/besten Ideen. Sie muss nur etwas S/schlafen, um sich etwas U/ungewöhnliches auszudenken. Auch der Vampir, der durch ihre Romane spukt, erschien ihr N/nachts im Traum.

**3** **Getrennt oder zusammen? Notiere die markierten Wörter oder Wortgruppen korrekt auf den Schreiblinien. (8 Punkte)**

### So lernen die Stars

Während die meisten Kinder und Jugendlichen ruhig?sitzen und dem Unterricht?folgen, wird das Schule?schwänzen bei jungen Stars einfach toleriert! So lautet jedenfalls die Legende! Tatsächlich darf die Schulausbildung aber nicht unter?brochen werden und wochenlang blau?machen ist ohnehin strikt verboten! Allerdings dürfen Kinderstars in Hollywood mit einer Sondergenehmigung auch am Drehort?lernen. Wenn die drei Freunde aus den Harry-Potter-Filmen also zusammen?sitzen und über ihren Zauberbüchern brüten, haben sie in Wirklichkeit echte Hausaufgaben vor sich. Man muss nur genau?hinschauen, um zu erkennen, dass die Fragezeichen in ihren Augen nicht gespielt sind.

**4** **Ergänze die fehlenden Kommas. (10 Punkte)**

## Wie ein 19-Jähriger die Charts stürmt

**1** Als er 2018 das College abbricht ist der 19-jährige Montero Lamar Hill zunächst arbeitslos. **2** Er will Musik machen um als Rapper berühmt zu werden.
**3** Seine Eltern sind von dieser Idee jedoch wenig begeistert da das Musikbusiness allgemein als hart gilt und keine realistischen Erfolgsaussichten bietet. **4** Aber Hill gibt seinen Traum nicht auf und erwirbt einen Beat des Produzenten YoungKio auf den er rappt.
**5** Den Song der auf diese Weise entsteht und den er „Old Town Road" nennt veröffentlicht Hill auf YouTube und SoundCloud. **6** Als Tanz-Challenge wird der Song auf TikTok schnell zum Erfolg. **7** Einen globalen Hype löst jedoch erst ein Remix mit Billy Ray Cyrus einer Country-Legende aus. **8** Hill der sich nun Lil Nas X nennt ist seitdem Stammgast in den internationalen Charts.

**5** **Zu welchen Sätzen aus dem Text in Aufgabe 4 passen die Erklärungen zur Kommasetzung? Notiere die acht Ziffern der Sätze. (8 Punkte)**

A Ein Nebensatz (Adverbialsatz) wird von einer Konjunktion eingeleitet. ______

B Ein Nebensatz (Relativsatz) wird von einem Relativpronomen eingeleitet. ______

C Eine Apposition bestimmt ihr Bezugswort näher. ______

D Eine Infinitivgruppe bildet den Nebensatz. ______

**6** **In dem folgenden Satz ist das Zitat markiert. Setze alle fehlenden Satzzeichen. (3 Punkte)**

Die tiefe und melancholische Stimme des Sängers ist ein Alleinstellungsmerkmal der Band schreibt ein Musikkritiker über AnnenMayKantereit.

**7** **a** **Überprüfe deine Lösungen mit Hilfe des Lösungshefts und notiere deine Punktzahl neben den Aufgaben. Für jede richtige Lösung bekommst du einen Punkt.**
**b** **Vergleiche dein Ergebnis mit der jeweiligen Höchstpunktzahl und trage dann ein, wie du die Aufgaben bewältigt hast: ✓ = das meiste richtig; ? = noch etwas unsicher.**

| **Aufgabe** | **1** ☐ | **2** ☐ | **3** ☐ | **4** ☐ | **5** ☐ | **6** ☐ |
|---|---|---|---|---|---|---|
| Weitere Übungen | S. 78–79 | S. 80–83 | S. 84–87 | S. 88–90 | S. 88–90 | S. 91–92 |

# Wiederholung: Rechtschreibstrategien

**Methode** **Rechtschreibstrategien anwenden**

Folgende Strategien kennst du bereits. Sie helfen dir oft, die richtige Schreibweise zu finden:

- Auf offene oder geschlossene Silben achten, z. B.:
  **offen:** *le-sen* (s summend), *Grü-ße* (s zischend); *Fra-ge, lie-ben* → einfacher Konsonant;
  **geschlossen:** *wis-sen; bes-ser; Klam-mer; Tun-nel; flir-ren* → Konsonant oft verdoppelt.
  TIPP: Um diese Strategien zu nutzen, musst du einsilbige Wörter verlängern.
- **Verlängern am Wortende:** *b/p? trüb → trübe; d/t? Rind → Rinder; g/k? Beleg → Belege.*
  TIPP: Um diese Strategie bei zusammengesetzten Wörtern zu nutzen, musst du sie zerlegen.
- **Ableiten:** *ä/e, au/eu? Träger → tragen; Leute →* kein verwandtes Wort auf *au*.
  TIPP: Um diese Strategie zu nutzen, suchst du nach Wortverwandten mit *a* oder *au*.

**1** **Notiere auf den Schreibzeilen, welche Strategie dir dabei hilft, die markierten Wörter richtig zu schreiben. Streiche die falsch geschriebenen Wörter im Text anschließend durch.**

Vorsicht Fehler!

### Angst vor Feuer

Nur für alle **(A)** ~~Felle~~/Fälle hatte der dänische Schriftsteller und Märchenerzähler Hans Christian Andersen auf seinen Reisen immer ein Seil zur **(B)** Hant/Hand. Er hatte nämlich Angst vor **(C)** Feuer/Fäuer. **(D)** Sollte/Solte es in einem höheren **(E)** Gebeude/Gebäude zu einem **(F)** Brand/Brant kommen, wollte er sich abseilen können. Er wollte gewappnet sein, wenn es **(G)** brent/brennt, und nicht darauf warten müssen, **(H)** geretet/gerettet zu werden.

A ä oder e? > Ableiten: der Fall > die Fälle

B

C

D

E

F

G

H

**2** Setze ein: *b* oder *p*, *d* oder *t*, *g* oder *k*?

### Heimweh nach der Sprache

Ob es nun um einen geschickten Taschendie___, eine Mädchengang oder um Bücher geht, die ein Eigenleben führen – Cornelia Funkes Romane gehören zu den Standardwerken und stehen in jeder Bibliothe___. Doch auch wenn Cornelia Funke als erfol___reiche Schriftstellerin sor___los im Ausland leben kann, empfindet sie häufi___ Heimweh. Ihr Wohnort sei nicht en___gültig festgelegt, betont sie in Interviews. Denn sie vermisst den Klan___ ihrer Muttersprache. Weil sie zum Beispiel Erinnerungen mit bestimmten Wörtern verbindet, erscheinen ihr diese besonders bedeu___sam.

**3** *äu* oder *eu*, *ä* oder *e*? Notiere die Wörter korrekt auf den Schreiblinien.

W?sche • L?te • St?rke • Fr?nd • ger?cherter Fisch • R?tsel • m?nnlich • h?te

**4** Entscheide, ob der Konsonant verdoppelt werden muss. Beachte: Bei den markierten Stellen handelt es sich um besondere Fälle. Welche Buchstaben müssen hier eingesetzt werden?

### Ein Weltrekord

Dorothy Straight ist eine der jüngsten Schriftste___lerinnen, die je ein Buch verö___fentlicht haben. Man ka___n es kaum glauben, aber sie verfa___(s/ß/ss)te „How the World Began" im Alter von nur vier Jahren. Mit dieser Leistung hat sie sich einen Pla___(z/zz/tz) im Guinessbuch der Rekorde gesichert. Damit ist sie natürlich kein Ma___(s/ß/ss)stab für andere. Niemand me___(k/kk/ck)ert, wenn man sein erstes Buch mit zwanzig oder dreißig Jahren auf den Markt bringt.

⊕ **5** Formuliere zu den markierten Stellen in Aufgabe 4 jeweils die Strategie und/oder die Regel, nach der sich die Rechtschreibung richtet.

# Groß- und Kleinschreibung

## Nominalisierungen und Denominalisierungen

**Information** **Nominalisierungen und Denominalisierungen**

**Verben, Adjektive, Adverbien** und **Wörter anderer Wortgruppen** schreibt man in der Regel **groß,** wenn sie **im Satz als Nomen gebraucht** werden, z. B.: *das Schreiben* (Verb), *das Unheimliche* (Adjektiv) oder *das Auf und Ab* (Präposition).

Du kannst Nominalisierungen/Substantivierungen meist an ihren Begleitwörtern erkennen, z. B. an:

- **Artikeln,** z. B.: *das Schreiben, das Für und Wider,*
- **Pronomen** (besonders Indefinitpronomen), z. B.: *nichts Neues, etwas Neues,*
- **Adjektiven,** z. B.: *langes Warten,*
- **Präpositionen** (auch mit Artikeln verschmolzen), z. B.: *beim Verstecken, im Wesentlichen.*

**TIPP:** Wenn Begleitwörter fehlen, führe die **Artikel-Adjektiv-Probe** durch. Kannst du einen oder beide Begleiter ergänzen, schreibe groß, z. B.: *Auch (das richtige) Schreiben will gelernt sein.*

**Vorsicht: Superlative** mit *am* werden kleingeschrieben, z. B.: *Sie schreibt am besten.*

**Denominalisierung:** Wörter, die formgleich als Nomen vorkommen, aber selbst keine Merkmale von Nomen aufweisen, schreibt man **klein,** z. B.: *kraft des Gesetzes; Es tut uns sehr leid.*

**1** **Entscheide, ob die fett gedruckten Wörter nominalisiert sind. Unterstreiche – falls vorhanden – die Begleitwörter (▶ Information) und streiche die falschen Anfangsbuchstaben durch.**

### Currer, Ellis und Acton Bell – drei Pseudonyme

Es ist unglaublich: Bei ihrem **E/erscheinen** im Jahr 1847 werden gleichzeitig drei Romane von drei Brüdern zum **G/großen** Erfolg. Die Romane „Sturmhöhe“, „Jane Eyre“ und „Agnes Grey“ sind *das* Gesprächsthema Nummer **E/eins** in Londons gebildeten Kreisen. Doch die drei Brüder umgibt etwas **G/geheimnisvolles**. Niemand kennt sie oder weiß etwas **G/genaueres**. Sie geben keine Interviews und erscheinen in keinem Salon. Das ist ungewöhnlich, denn auch scheue Autoren lieben im **A/allgemeinen** den Ruhm. Am **W/wahrscheinlichsten** erschien damals die Vermutung, dass sich hinter den Pseudonymen Currer, Ellis und Acton Bell andere Männer verbargen. Nach langem **R/rätseln** entpuppen sich aber die Schwestern Charlotte, Emily und Anne Brontë als die **W/wahren** Verfasserinnen. Eine Sensation! Ob die drei Schwestern das **F/für** und **W/wider** ihres Versteckspiels lange erwogen haben? Eher nicht! Die Gesellschaft schien **D/damals** noch nicht reif für drei Erfolgsautorinnen ihres Formats.

**2** **Unterstreiche in dem folgenden Text drei Denominalisierungen.**

### Wie Landschaften Literatur formen

Emily Brontë hat den rauen englischen Landstrich, in dem sie aufwuchs, zeit ihres Lebens nur selten verlassen. Den heutigen Leserinnen und Lesern ihres Romans „Wuthering Heights“ (deutsch „Sturmhöhe“) kann das nur recht sein. Denn dank der stürmischen Hochmoore Yorkshires finden sich in dem Buch nicht nur unvergessliche Landschaftsschilderungen, der ganze Roman ist wild und leidenschaftlich.

# Schreibung von Zeitangaben und Wochentagen

**Information** | **Zeitangaben und Wochentage**

**Zeitangaben und Wochentage** werden großgeschrieben, wenn sie **Nomen** sind. Du kannst Nomen meist an ihren **Begleitwörtern** erkennen, z. B. an:

- **Artikeln,** z. B.: *der Montag,*
- **Pronomen,** z. B.: *diesen Montag, jeden Freitag,*
- **Adjektiven,** z. B.: *letzten Sonntag,*
- **Präpositionen,** z. B.: *gegen Abend, am (an + dem) Morgen.*

TIPP: Wenn Begleitwörter fehlen, führe die **Artikel-Adjektiv-Probe** durch. Kannst du einen oder beide Begleiter ergänzen, schreibe groß, z. B.: Es ist *(ein schöner) Montag.*

**Zeitangaben und Wochentage** werden **kleingeschrieben,** wenn sie **Adverbien** sind, z. B.: *heute, mittags, montags.*
Bei **kombinierten Angaben** schreibt man die **Adverbien klein** und die **Nomen groß,** z. B.: *heute Morgen, gestern Mittag.*
Für **zusammengesetzte Zeitangaben aus Wochentagen und Tageszeit** gilt:

- Nomen werden großgeschrieben, z. B.: *Sonntagabend,*
- Adverbien werden kleingeschrieben, z. B.: *sonntagabends.*

**1** **Prüfe die Schreibung der markierten Zeitangaben und Wochentage in dem folgenden Reiseblog. Streiche sieben Fehlerwörter durch.**
**TIPP: Achte auf die Begleiter und wende, falls nötig, die Artikel-Adjektiv-Probe an.**

Vorsicht Fehler!

### Auf den Spuren der Brontë-Schwestern

Hier sind wir wieder. Es ist donnerstagvormittag und wir erholen uns von unserem gestrigen Ausflug. Ihr wisst ja, dass Lea und ich nicht nur die Natur, sondern auch die Literatur lieben. Und wenn wir uns schon in Yorkshire herumtreiben, dann müssen wir natürlich auch auf den Pfaden der drei Brontë-Schwestern wandeln, denen wir immerhin Romane wie „Sturmhöhe“ und „Jane Eyre“ verdanken. Also los in die Hochmoore!
Wir starten Morgens so früh, dass selbst das Moor noch zu schlafen scheint. (Ich poste später noch Bilder!) Über den ganzen Vormittag stapfen wir dann bergauf und erreichen erst gegen mittag den geplanten Rastplatz bei den Brontë-Wasserfällen. Hier ist jeder Stein nach den Brontës benannt ☺. Vielleicht ein bisschen viel Fankult, wenn ihr mich fragt. Den nachmittag über erkunden wir die „Feenhöhle“, die aus Emilys Roman bekannt ist. Wir bleiben hier bis zum abend und machen uns dann schleunigst auf den Rückweg. Denn niemand will nachts durch die Hochmoore stapfen. Das könnt ihr mir glauben!
Heute passiert bei uns übrigens nicht viel, Heute werden die Füße hochgelegt. Ich poste also erst morgen wieder, wahrscheinlich am freitagabend. Bis dann!

**2** **Welche markierten Wörter im Text oben sind Adverbien? Notiere sie.**

______________________________

⊕ **3** **Notiere vier Sätze über deine letzte Woche. Verwende dabei zwei Zeitangaben bzw. Wochentage, die du großschreiben, und zwei, die du kleinschreiben musst. Arbeite im Heft.**

# Fremdwörter richtig schreiben

**Information** **Fremdwörter**

- Fremdwörter sind **Wörter, die aus anderen Sprachen kommen.** Meist haben sie sich in Schreibweise und Aussprache noch nicht oder nur zum Teil an die deutsche Sprache angepasst, z. B.: *das Dessert, das Plädoyer, das Management, der Download.*
- **Häufig gebrauchte Fremdwörter** werden manchmal **eingedeutscht**, d. h. in ihrer Schreibweise dem Deutschen angeglichen. In diesen Fällen ist sowohl die eingedeutschte als auch die fremdsprachige Schreibung korrekt, z. B.: *der Friseur/Frisör.*
- Fremdwörter, die als **Fachbegriffe** verwendet werden, werden **nicht eingedeutscht.** Dies gilt auch für viele Fachbegriffe aus dem Deutschunterricht, z. B.: *der Akkusativ, der Lead-Stil.*

**1** **Ergänze in der Tabelle die fehlenden verwandten Formen. Die farbigen Flächen bleiben leer.**

| Nomen im Singular | Nomen im Plural | Adjektiv | Verb |
|---|---|---|---|
| | | | sympathisieren |
| | | | theoretisieren |
| der/die Philosoph/-in | | | |
| | die Theater | | |
| | die Dramen | | |
| | | szenisch | |
| | | intentional | |

**2** **Zu einer modernen Inszenierung von Schillers Drama „Kabale und Liebe" macht sich eine Theaterkritikerin die folgenden Notizen. Rekonstruiere die Fachbegriffe in den Klammern und schreibe sie richtig auf.**

Die (e R g e i) leistet ganze Arbeit. Die (a g e r ö T d i) ist zwar kaum wiederzuerkennen, aber dafür atemlos (r i s n z e n i e t). Schon die (E o p o s i x t i n) wartet mit einem überraschenden (n o f l i k K t) auf. Und Luises Untergang, die (s t r o e p h K a t a) des Stücks, hat man so auch noch nicht gesehen.

Regie,

**3** **Wie lauten die Fachbegriffe für die folgenden rhetorischen Mittel? Notiere sie richtig in deinem Heft und kontrolliere dann mit Hilfe der Tabelle auf Seite 52.**

Übertreibung • Aufforderung • Steigerung • Gegensatz

# Groß- und Kleinschreibung

**1** **Streiche die falsch geschriebenen Anfangsbuchstaben durch. (13 Punkte)**

Vorsicht Fehler!

## Anekdoten

A Der irische Schriftsteller Oscar Wilde war bekannt für sein kurioses A/auftreten. Ob Schal oder Mantel, er liebte das B/bunte. Er war ein echtes Original, das immer für A/aufsehen sorgte. Schon seine L/langen Haare verblüfften die Bürger. Am K/kuriosesten aber war, dass er an einem schönen S/sonntagnachmittag mit einem Hummer an der Leine spazieren ging.

B Ein kleines Mädchen soll D/dank Franz Kafkas Hilfe Trost gefunden haben. Es hatte das K/kostbarste auf der Welt verloren, seine Puppe. Kafka begegnete dem weinenden Mädchen M/morgens im Park und fragte, wer S/schuld an seinem Elend sei. Nachdem er den Grund erfahren hatte, tat das Kind ihm L/leid. Er bat es, auf ihn zu warten, lief mit G/großen Schritten nach Hause und schrieb einen Brief. In diesem Brief erklärte die Puppe dem Mädchen, warum sie plötzlich verreisen musste. Als das Mädchen das H/hörte, konnte es wieder lächeln.

**2** **a Richtig oder falsch? Kreuze an, ob die Regeln korrekt sind. (4 Punkte)**

| | richtig | falsch |
|---|---|---|
| A Zusammengesetzte Zeitangaben schreibt man groß, wenn sie Nomen sind. | ☐ | ☐ |
| B Denominalisierungen schreibt man klein. | ☐ | ☐ |
| C Adjektive können keine Begleitwörter von Nomen sein. | ☐ | ☐ |
| D Superlative mit *am* werden großgeschrieben. | ☐ | ☐ |

**b Berichtige die falschen Regeln. (2 Punkte)**

______________________________

______________________________

**c Notiere zu jeder Regel ein Beispiel aus den Texten (▶ Aufgabe 1). (4 Punkte)**

A ____________ B ____________

C ____________ D ____________

**3** **Vergleiche deine Ergebnisse mit dem Lösungsheft. Für jede richtige Antwort bekommst du einen Punkt.**

| ☺ 23–18 Punkte | 19–12 Punkte | ☹ 11–0 Punkte |
|---|---|---|
| Gut gemacht! | Gar nicht schlecht, aber lies dir die Informationskästen auf den Seiten 80–81 noch einmal genau durch. | Arbeite die Seiten 80–81 noch einmal genau durch. |

# Getrennt- und Zusammenschreibung

## Getrenntschreibung – Nomen + Verb, Verb + Verb

**Information** **Getrenntschreibung – Nomen + Verb, Verb + Verb, Wortgruppen mit *sein***

- **Wortgruppen aus Nomen und Verb** werden **getrennt** geschrieben, z. B.: *Schlittschuh laufen, Fußball spielen.*
- **Wortgruppen aus Verb und Verb** werden **getrennt** geschrieben, z. B.: *einkaufen gehen, liegen lassen.*
- **Wortgruppen mit *sein*** werden **getrennt** geschrieben, z. B.: *froh sein, zufrieden sein, zusammen sein, da sein.*

**Achtung:** Werden die oben genannten Wortgruppen **nominalisiert,** schreibt man sie **zusammen** und **groß,** z. B.: *beim Schlittschuhlaufen, beim Einkaufengehen, das Zusammensein.*

**1** **Setze die großgeschriebenen Wortgruppen richtig ein. Achte darauf, ob die Wortgruppen nominalisiert sind.**

### Akrobatischer Spinnenmann

Tom Holland kennen viele nur als Spiderman. Doch seine ____________ K-A-R-R-I-E-R-E-B-E-G-I-N-N-T auf einer anderen Bühne: Als Musicaldarsteller musste er nicht nur ____________ T-A-N-Z-E-N-L-E-R-N-E-N, sondern auch ____________ S-I-N-G-E-N-Ü-B-E-N. Körperbeherrschung ist bei ihm allerdings bereits in der Schule gefragt. Beim ____________ GERÄTETURNEN oder in der Akrobatik. Der Schritt vom ____________ TRAMPOLINSPRINGEN zu Spiderman erscheint gar nicht so weit. Und wer mühelos eine ____________ MENSCHENPYRAMIDEERKLIMMEN kann, ist immerhin schon mal schwindelfrei.

⊕ **2** **Formuliere Sätze, in denen du die Wortgruppen aus dem Wortspeicher nominalisierst.**

spazieren gehen • Fragen stellen • glücklich sein

____________

____________

____________

# Meist getrennt – Adjektiv + Verb

**Information** Wortgruppen aus Adjektiv + Verb

**Wortgruppen aus Adjektiv + Verb** werden **meist getrennt** geschrieben, z. B.:
*langsam laufen, vernünftig begründen.*
**Ersatzprobe für die Getrenntschreibung:** Kannst du ein Adjektiv durch ein Adjektiv mit ähnlicher Bedeutung ersetzen, schreibst du getrennt, z. B.: *sauber schreiben > ordentlich schreiben.*
**Aber:** Entsteht durch die Verbindung ein Wort mit **neuer Gesamtbedeutung,** schreibt man zusammen. Führe die **Bedeutungsprobe** durch, z. B.:
*schwerfallen (= Mühe bereiten), freisprechen (= Freispruch vor Gericht).*

**1** a **Markiere sieben Wortgruppen, bei denen eine neue Gesamtbedeutung entstehen kann.**
b **Schreibe das zusammengesetzte Wort auf und erkläre die neue Gesamtbedeutung.**

fest?legen • fertig?werden • richtig?stellen • fest?nehmen • schnell?gehen • schwer?fallen • sicher?gehen • sauber?schreiben • nahe?bringen • gut?schreiben

*festlegen: sich auf bestimmte Punkte einigen;*

**2** **Zusammen oder getrennt? Unterstreiche jeweils die richtige Schreibung.**

A In einer Filmkarriere kann manches schief gehen / schiefgehen. Aber nicht bei Meryl Streep!
B Das liegt unter anderem daran, dass sie vielseitig talentiert / vielseitigtalentiert ist.
C Auch wenn sie sich über ihre Opernausbildung lustigmacht / lustig macht, hilfreich war sie.
D Für die Musikkomödie „Mamma Mia!" konnte sie Songs in einem Take fertigstellen / fertig stellen.

**3** **Formuliere mit „festlegen" zwei Sätze in deinem Heft.**

# Meist zusammen – Adverb + Verb, Präposition + Verb

**Information** **Verbindungen aus Adverb + Verb und Präposition + Verb**

- Verbindungen aus **Adverb + Verb** schreibst du **zusammen,** wenn die **Hauptbetonung auf dem Adverb** liegt, z. B.: *Nach dem Sturz sind ihre Träume in sich zusammengefallen.*
  Werden **Adverb und Verb gleich betont,** schreibst du **in der Regel getrennt,** z. B.:
  *Das Paar ist zusammen (auf dem Eis) gefallen.*
  **Erweiterungsprobe:** Kannst du ein Wort oder eine Wortgruppe zwischen Adverb und Verb einfügen, schreibst du getrennt, z. B.: *Die Würfel sind zusammen (auf den Tisch) gefallen.*
- Verbindungen aus **Präposition + Verb** schreibst du in der Regel zusammen, z. B.:
  *anlernen, hinführen, aufzeigen, aufbereiten.*
  Die **Hauptbetonung** liegt bei der Zusammensetzung meist **auf der Präposition.**

**1** **Entscheide, ob du zusammen- oder getrennt schreiben musst. Kreuze an.**

| | getrennt | zusammen |
|---|---|---|
| A Freunde sollten zusammen?halten. | ☐ | ☐ |
| B Sie sollten das Seil zusammen?halten. | ☐ | ☐ |
| C Sie haben den Stein zusammen?getragen. | ☐ | ☐ |
| D Sie haben ihr Geld zusammen?geworfen. | ☐ | ☐ |
| E Er hat im richtigen Moment dazwischen?gefunkt. | ☐ | ☐ |
| F Sie ist bei dem Streit dazwischen?gegangen. | ☐ | ☐ |
| G Er konnte das Auto nicht vorher?sehen. | ☐ | ☐ |
| H Mit diesem Fall müssen wir uns auseinander?setzen. | ☐ | ☐ |

**2** **Setze die Präpositionen mit den Verben so oft wie möglich zusammen. Schreibe in dein Heft.**

an | auf | über | vor

denken | fordern | gehen | legen | nehmen | regen | stellen | treiben

**3** **Notiere zwei weitere Sätze, in denen Präposition und Verb trennbar sind. Du kannst dafür auf die Wörter aus Aufgabe 2 zurückgreifen, z. B.:**

*nachdenken: Ich denke häufig über ihn nach.*

## Getrennt- oder Zusammenschreibung?

**1 a Kreuze an, ob die markierten Wortgruppen zusammen- oder getrennt geschrieben werden. (7 Punkte)**

| | getrennt | zusammen |
|---|---|---|
| A Das Talent der Gorilladame Koko hat man früh?erkannt. | ☐ | ☐ |
| B Es ist ihr nämlich sehr leicht?gefallen zu lernen. | ☐ | ☐ |
| C Ihre Pfleger konnten ihr sogar die Gebärdensprache bei?bringen. | ☐ | ☐ |
| D Auf diese Weise hat sich Koko auch mit Robin Williams gut?unterhalten. | ☐ | ☐ |
| E Die beiden haben oft zusammen?gesprochen. | ☐ | ☐ |
| F Eine Hollywoodkarriere war Koko zwar nicht vorher?bestimmt. | ☐ | ☐ |
| G Aber um ihre Freundschaft zu Robin wurde sie sicher?beneidet. | ☐ | ☐ |

**b Welche Erklärung für die richtige Schreibweise trifft auf welchen Satz zu? Notiere die Buchstaben der Sätze. (7 Punkte)**
**TIPP: In einem Fall musst du mehrere Buchstaben notieren.**

A Präposition und Verb schreibt man zusammen, wenn die Betonung auf der Präposition liegt. ______

B Adjektiv und Verb schreibt man meist getrennt. ______

C Adjektiv und Verb schreibt man zusammen, wenn eine neue Bedeutung entsteht. ______

D Adverb und Verb schreibt man zusammen, wenn die Betonung auf dem Adverb liegt. ______

E Adverb und Verb schreibt man getrennt, wenn Adverb und Verb gleich betont werden und man die Erweiterungsprobe durchführen kann. ______

**2 Mit welcher Probe kannst du feststellen, ob eine Wortgruppe aus Adjektiv und Verb getrennt geschrieben wird? Kreuze an. (1 Punkt)**

A Ersatzprobe ☐ B Erweiterungsprobe ☐ C Bedeutungsprobe ☐

**3 Vergleiche deine Ergebnisse mit dem Lösungsheft. Für jede richtige Antwort bekommst du einen Punkt.**

| ☺ 15–11 Punkte | 10–7 Punkte | ☹ 6–0 Punkte |
|---|---|---|
| Gut gemacht! | Gar nicht schlecht, aber lies dir die Informationskästen auf den Seiten 84–86 noch einmal genau durch. | Arbeite die Seiten 84–86 noch einmal genau durch. |

# Zeichensetzung

## Die Kommasetzung in (komplexen) Satzgefügen

**Information** **Das Komma in (komplexen) Satzgefügen**

- Ein **Satzgefüge** besteht aus einem **Hauptsatz** und mindestens einem **Nebensatz.** Der Nebensatz kann vor, zwischen oder nach dem Hauptsatz stehen und **muss** immer **durch Komma(s)** vom Hauptsatz **abgetrennt werden,** z. B.: *Die Euphorie rund um die englische Band „The Beatles", die als „Beatlemania" bezeichnet wird, gab es auch in Deutschland.*
- Die meisten Nebensätze werden durch **unterordnende Konjunktionen** *(obwohl, weil, dass, nachdem, als* usw.), **Relativpronomen** *(der, die, das; welcher, welche, welches)* oder **Fragepronomen** *(wie, wo, wann* usw. und *ob)* eingeleitet.
- Ein Satzgefüge kann **mehrere Nebensätze** enthalten. Alle Nebensätze werden mit einem Komma abgetrennt, z. B.: *Die Beatles wurden auch deswegen weltberühmt, weil sie ein Lebensgefühl verkörperten, das viele junge Hörer/-innen teilten.*

**1** **Setze in dem folgenden Text alle fehlenden Kommas. Markiere dafür zuerst alle unterordnenden Konjunktionen und Relativpronomen, die die Nebensätze einleiten.**

Vorsicht Fehler!

### Die Beatles fahren mit dem Sonderzug nach Hamburg

Als John Lennon, Paul McCartney, George Harrison und Ringo Starr 1966 in Hamburg zwei Blitzkonzerte gaben, waren sie bereits weltberühmt. Dem üblichen Trubel bei ihrer Ankunft wollten die Beatles entgehen indem sie einen Sonderzug nutzten und bereits vor den Toren Hamburgs ausstiegen. Die vier Musiker staunten daher nicht schlecht dass sich Hunderte kreischender Fans auf dem Bahnsteig tummelten.

Aber die Ankunft der Beatles markierte erst den Anfang eines Tages der Hamburg in eine Art von Ausnahmezustand versetzte. Vor der Konzerthalle herrschte abends ein derartiges Gedränge dass die Polizei eingreifen musste. Viele Fans mit und noch mehr Fans ohne Eintrittskarten die die Band unbedingt erleben wollten verlangten nach Einlass. Die Polizei übernahm die Ticketkontrolle und verfuhr dabei mit großer Strenge. Funfact: Der Bandmanager wurde nicht hereingelassen weil er keine Eintrittskarte vorweisen konnte. Es hätte ja schließlich jeder behaupten können der Manager der berühmtesten Band der Welt zu sein.

**2** **Setze in dem folgenden Text alle fehlenden Kommas. Beachte dabei, dass einige Satzgefüge mehrere Nebensätze enthalten.**
**TIPP: Verschaffe dir einen Überblick über die Sätze in den folgenden zwei Schritten:**
**1. Unterstreiche Konjunktionen, Relativpronomen und Fragepronomen, die Nebensätze einleiten.**
**2. Markiere die Verben am Ende der Nebensätze.**

## Paul McCartney inkognito

**1** Eine Schattenseite des Ruhms ist der Verlust des Privatlebens. **2** Auch Paul McCartney der an sich nicht menschenscheu war brauchte nach einer langen Tournee die ihn mit den Beatles durch zahlreiche Städte und Länder geführt hatte eine Auszeit. **3** Sein Urlaubsziel: Frankreich!

**4** Weil er aber wusste dass er auch auf Frankreichs Straßen bekannt war wie ein bunter Hund legte er sich eine Verkleidung zu die ihn vor zudringlichen Fans schützen sollte. **5** Ein falscher Schnurrbart und eine Brille ohne Gläser die verblüffend echt aussah sollten ihn unkenntlich machen. **6** Das klappte zunächst auch ganz gut! **7** Niemand kümmerte sich um ihn. **8** Als er aber von dem Türsteher eines Nachtclubs der ihn seiner Verkleidung nicht erkannte abgewiesen wurde wusste er was zu tun ist. **9** Er lüftete sein Geheimnis. **10** Als Paul McCartney kommt man schließlich überall rein!

**3** **Welcher Satzbauplan passt zu den Satzgefügen aus dem Text? Notiere die Ziffern der Sätze.**

| Satzbaupläne | Ziffern der Sätze |
| --- | --- |
| Ns 1 ___, Ns 2 ___, Ns 1 (Fortsetzung), Hs 1 ___, Ns 3 ___. | |
| Ns 1 ___, Ns 2 ___, Hs 1 ___, Ns 3 ___. | |
| Hs 1 ___, Ns 1 ___, Hs 1 (Fortsetzung). | |
| Hs 1 ___, Ns 1 ___, Hs 1 (Fortsetzung), Ns 2 ___, Hs 1 (Fortsetzung). | |

⊕ **4** **Formuliere selbst ein Satzgefüge, das zu diesem Satzbauplan passt:**

Ns 1 ___, Ns 2 ___, Hs 1 ___, Ns 3 ___.

# Das Komma bei Infinitivgruppen und Partizipialgruppen

**Information** **Das Komma bei Infinitiv- und Partizipialgruppen (Infinitiv- und Partizipialsätze)**

Bei satzwertigen **Infinitivgruppen** (Infinitivsätzen) ist es immer richtig, ein Komma zu setzen.
Ein **Komma muss** stehen,
- wenn die Infinitivgruppe **durch *um, ohne, statt, anstatt, außer, als* eingeleitet** wird, z. B.:
  *Sie nahmen den Song viele Male auf,* ***um*** *die bestmögliche Qualität zu erzielen.*
- wenn die Infinitivgruppe **von einem Nomen oder einem hinweisenden Wort wie *dazu, daran, darauf* oder *es* im Hauptsatz abhängt,** z. B.:
  *Der Band ist* ***es*** *wichtig, hinter ihrer Musik stehen zu können. Es kommt ihnen* ***darauf*** *an, glaubwürdig zu sein. Sie nutzen die* ***Chance,*** *Stellung zu vielen Themen zu beziehen.*
  Bei einfachen Infinitiven (*zu* + Infinitiv) kann man das Komma weglassen, sofern dadurch keine Missverständnisse entstehen, z. B.: *Die Band versucht(,) zu spielen.*

Bei ***Partizipialgruppen*** darfst du immer ein Komma setzen. Ein Komma **muss** stehen,
- wenn durch ein **hinweisendes Wort** auf die Partizipialgruppe Bezug genommen wird, z. B.:
  *Sich ständig weiterentwickelnd,* ***so*** *definiert sich die Band mit jedem Album neu.*
- die Partizipialgruppe eine **nachgestellte Erläuterung** ist, z. B.:
  *Die Sänger, aus Korea stammend, touren durch die Welt.*

**1 a Markiere in den Sätzen den Infinitiv mit *zu* grün und unterstreiche die gesamte Infinitivgruppe. Trenne dann alle Infinitivgruppen durch Komma ab.**

**b Markiere bei den Infinitivgruppen alle Einleitungswörter und alle hinweisenden Wörter im Hauptsatz orange.**

**c Finde drei Partizipialgruppen und trenne sie durch Komma vom Hauptsatz ab.**

## BTS – eine Boyband aus Korea

Pop in koreanischer Sprache auch K-Pop genannt wurde im Westen in den 2010er-Jahren bekannt. Um die sogenannte Koreanische Welle auszulösen brauchte es aber Megastars wie die Jungs der Boyband BTS. Die Band bestehend aus sieben Sängern bricht seit der „Love-Yourself"-Trilogie alle Rekorde. Dabei kommt es ihr darauf an ehrliche Musik mit echten Emotionen und keine Erfolgsnummern aus der Retorte zu produzieren. Für einen eigenen Weg in der koreanischen Musikbranche stehen auch die einzelnen Charaktere der Band. Suga hat zwar die Möglichkeit genutzt der Boyband beizutreten war aber bereits zuvor ein Musikproduzent und Underground-Rapper. Interviews nutzt er auch dafür politische Statements gegen Hass und Diskriminierung abzugeben. Aber natürlich sind BTS auch ein Produkt der Medien. Die große Kunst ist es in der Musikbranche zu bestehen ohne sich dabei zu sehr zu verbiegen. Vielen gelingt das nicht. Dies bedenkend so machen die sieben Jungs von BTS ihre Sache richtig gut.

# Die Zeichensetzung bei Zitaten

**Information** | **Die Zeichensetzung bei Zitaten I: Satzzeichen**

**Wörtlich wiedergegebene Textstellen** (Zitate) musst du durch **Anführungszeichen** kennzeichnen. Treffen **Punkt, Frage- oder Ausrufezeichen** mit den Anführungszeichen zusammen, stehen die Satzschlusszeichen

- **außerhalb** der Anführungszeichen, wenn sie nicht zu der zitierten Äußerung gehören, z. B.:
  *Reibungen zwischen Künstlern und ihre Produktionsfirmen sind „oft vorprogrammiert".*
  *Warum sind Auseinandersetzungen „oft vorprogrammiert"?*
- **innerhalb** der Anführungszeichen, wenn sie zu der zitierten Äußerung gehören, z. B.:
  *„Warum hat die Band ihr Label gewechselt?", fragt eine Journalistin im Feuilleton.*

**Aber:** Bei einem zitierten Aussagesatz lässt man den Schlusspunkt am Ende des Zitats weg, wenn er am Anfang oder im Innern des Ganzsatzes steht, z. B.:
*Das neue Label tat der Sängerin gut. → „Das neue Label tat der Sängerin gut", erklärt der Kritiker.*

Für die **Kommasetzung** gilt: Wenn dem Zitat eine Redebegleitsatz folgt, musst du ein Komma nach dem schließenden Anführungszeichen setzen. Ein eingeschobener Redebegleitsatz wird in Kommas eingeschlossen.

**1** **In den folgenden Sätzen sind die Zitate markiert. Setze alle fehlenden Anführungszeichen an den richtigen Stellen. Ergänze außerdem fehlende Kommas und Satzschlusszeichen.**

### Musiker und ihre Label – eine Hassliebe!

Eine Musikjournalistin wird zitiert, die sich zum Thema „Musiker und ihre Label!" wie folgt geäußert hat:

A Es gibt immer wieder Ärger zwischen Musiker/-innen und ihren Labeln.

B Dabei gehe es häufig um Fragen des geistigen Eigentums

C Auseinandersetzungen um kreative Prozesse stünden ebenfalls oft im Mittelpunkt.

D Dann betont sie: Und natürlich spielt auch das Geld eine Rolle !

E Mit dem Ausruf Jetzt reicht es ! habe schon mancher seinen Vertrag zerrissen.

F Solange alle an einem Strang ziehen stellt sie klar gibt es keine Probleme

G Aber wehe, wenn ! fügt sie hinzu.

H Wer kenne schließlich nicht den aktuellen Fall von Taylor Swift

I Die Künstlerin habe nach einem Streit zwei alte Alben neu eingesungen

## Information – Die Zeichensetzung bei Zitaten II: Auslassungen, Änderungen, Zusätze

Innerhalb eines gekennzeichneten **Zitats darf der Originaltext** im Normalfall **nicht verändert** werden. Um **Zitate gekonnt** in deinen Text **einzubauen,** hast du aber die folgenden Möglichkeiten:

- **Auslassungen:** Du kannst zitierte Textpassagen kürzen und deine Kürzungen mit Auslassungszeichen **[...]** kennzeichnen, z. B.:
  *Originaltext: Adele singt meist, ob in „Rolling in the Deep" oder „Hello", über ihr Liebesleben.* → *Zitat: „Adele singt meist [...] über ihr Liebesleben."*
- **Geringfügige Änderungen:** Du kannst Zitate deinem Text grammatisch anpassen. Du kennzeichnest diese Anpassung durch **[eckige Klammern],** z. B.:
  *Originaltext: Songtexte gehen oft auf biografische Erfahrungen zurück, sind aber fiktionale Texte.* →
  *Zitat: Die „biografische[n] Erfahrungen" liefern nicht immer den Schlüssel für eine Interpretation.*
  Lässt du Buchstaben weg, kennzeichnest du dies so: *Die „Erfahrung[ ]" ...*
- **Erklärende Zusätze:** Du kannst den inhaltlichen Zusammenhang eines Zitats durch kurze erklärende Zusätze verdeutlichen. Diese stehen ebenfalls in **[eckigen Klammern],** z. B.:
  *Originaltext: Adeles Song ist eine berührende Ballade.*
  *Zitat: „Adeles Song [gemeint ist „Skyfall"] ist eine berührende Ballade."*

**1** **Erkläre stichwortartig, was die eckigen Klammern in dem folgenden Satz jeweils kennzeichnen.**
**TIPP: Nutze die Information oben.**

> Vor der letzten Single-Veröffentlichung Adeles [es geht um „Easy on Me"] war es sechs Jahre lang ruhig um die Künstlerin. Werbung für ihre Single machte sie mit einem „Aufsehen erregende[n] Interview" in der *Vogue*, mit dem sie ihr „Image als [...] normale Frau von nebenan" neu definierte.

**Klammer A:** ______________________________

**Klammer B:** ______________________________

**Klammer C:** ______________________________

**2** **Zitiere die Aussagen A bis C korrekt. Gehe so vor:**
- **Passe die markierte Formulierung in Satz A grammatisch an.**
- **Lass die markierte Formulierung in Satz B aus.**
- **Erkläre das markierte Personalpronomen in Satz C durch einen Zusatz.**

A Originaltext: In der *Vogue* kreiert Adele ein neues Bild von sich.

Zitat: Das ist das ______________________________, das Adele für ihre Fangemeinde entwirft.

B Originaltext: Sie erscheint als eine stilsichere und extravagante Dame von Welt.

Zitat: ______________________________

C Damit hat sie sich gekonnt ins Gespräch gebracht.

Zitat: ______________________________

## Zeichensetzung

**1** a **Setze die fehlenden Kommas in den folgenden Sätzen. (4 Punkte)**

Vorsicht Fehler!

### Musikrekorde

**1** Pharrell Williams ist Rekordhalter weil er mit „Happy“ ein Musikvideo von 24 Stunden Länge aufgenommen hat. **2** „Die Ärzte“ auch die „Beste Band der Welt“ genannt kamen mit dem kürzesten Videoclip ins Guinnessbuch. **3** Das kürzeste Konzert geht auf das Konto der „White Stripes“ die nur einen Akkord anschlugen. **4** Um das empfindliche Ökosystem nicht zu sehr mit Lärm zu belasten gaben die Rocker von Metallica ihr Antarktiskonzert unter einer eigens errichteten Kuppel.

b **Ordne den Sätzen 1 bis 4 jeweils die richtige Erklärung für die Kommasetzung zu. Notiere die Ziffern der Sätze hinter den Erklärungen. (4 Punkte)**

A Eine Infinitivgruppe wird durch Kommas vom Hauptsatz abgetrennt. ______

B Ein Nebensatz, eingeleitet von einer Konjunktion, wird vom Hauptsatz abgetrennt. ______

C Eine Partizipialgruppe wird durch Kommas vom Hauptsatz abgetrennt. ______

D Ein Nebensatz, eingeleitet von einem Relativpronomen, wird vom Hauptsatz abgetrennt. ______

**2** **Setze die fehlenden Kommas in dem folgenden komplexen Satzgefüge. (4 Punkte)**

Paul McCartney berühmt als einer der führenden Köpfe der „Beatles“ erspielte sich im Jahr 2005 einen Weltrekord indem er seine Musik live ins Weltall übertrug wo sie die Astronauten der Internationalen Raumstation pünktlich zum Frühstück erreichte.

**3** **Setze in dem folgenden Satz alle fehlenden Satzzeichen. Achtung: Bei der markierten Formulierung handelt es sich um ein Zitat. (4 Punkte)**

Geht es eigentlich nur noch um Rekorde fragt ein Musikkenner.

**4** **Überprüfe deine Lösungen mit Hilfe des Lösungshefts. Für jede richtige Lösung bekommst du einen Punkt.**

| ☺ 16–12 Punkte | 11–8 Punkte | ☹ 7–0 Punkte |
|---|---|---|
| Gut gemacht! | Gar nicht schlecht, aber lies dir die Informationskästen auf den Seiten 88–92 noch einmal genau durch. | Arbeite die Seiten 88–92 noch einmal genau durch. |

# Ich teste meinen Lernstand

**Wie kannst du mit der folgenden Einheit arbeiten?**

1 Mit dem folgenden Test (▶ S. 94–103) kannst du prüfen, was du im Fach Deutsch alles gelernt hast. Du testest verschiedene Bereiche:
– das Verstehen von literarischen Texten sowie Sachtexten und Grafiken (Aufgaben Teil A),
– Wortbedeutung und Grammatik sowie Rechtschreibung (Aufgaben Teil B und Teil C),
– das Schreiben einer materialgestützten Pro-und-Kontra-Erörterung (Aufgaben Teil D).

2 In dem Test begegnen dir verschiedene Aufgabenarten, z. B. bei Multiple-Choice-Aufgaben die richtige Aussage oder die richtigen Aussagen ankreuzen, Informationen passend zuordnen, Kurzantworten geben, Lückentexte füllen oder zu einem strittigen Thema eine Erörterung schreiben.

3 Du kannst die Antworten mit Hilfe des Lösungshefts selbst überprüfen und mit Hilfe der erreichten Punktzahl deinen Lernstand bewerten.

## A Texte verstehen

Leo N. Tolstoi

### Die drei Söhne (1887)

Drei Frauen wollten am Brunnen Wasser holen. Nicht weit davon saß ein alter Mann auf einer Bank und hörte zu, wie die Frauen ihre Söhne lobten.
„Mein Sohn“, sagte die Erste, „ist so geschickt, dass er alle anderen hinter sich lässt ...“ „Mein Sohn“, sagte die Zweite, „singt so schön wie die Nachtigall! Es gibt keinen, der eine so schöne Stimme hat wie er ...“ „Und warum lobst du deinen Sohn nicht?“, fragten sie die Dritte, als diese schwieg. „Er hat nichts, was ich loben könnte“, entgegnete sie. „Mein Sohn ist nur ein gewöhnlicher Knabe, er hat nichts Besonderes an sich und in sich ...“
Die Frauen füllten ihre Eimer und gingen heim. Der alte Mann aber ging langsam hinter ihnen her. Die Eimer waren schwer und die abgearbeiteten Hände schwach. Deshalb legten die Frauen eine Ruhepause ein, denn der Rücken tat ihnen weh.
Da kamen ihnen drei Jungen entgegen. Der erste stellte sich auf die Hände und schlug Rad um Rad. Die Frauen riefen: „Welch ein geschickter Junge!“ Der zweite sang so herrlich wie die Nachtigall, und die Frauen lauschten andachtsvoll mit Tränen in den Augen. Der dritte Junge lief zu seiner Mutter, hob die Eimer auf und trug sie heim.
Da fragten die Frauen den alten Mann: „Was sagst du zu unseren Söhnen?“ „Wo sind eure Söhne?“, fragte der alte Mann verwundert. „Ich sehe nur einen einzigen Sohn!“

**Aufgabe 1**

**Die dritte Mutter findet keinen Anlass dafür, ihren Sohn zu loben. Kreuze an, warum.** ☐ /1 Punkt

A ☐ Sie mag ihren Sohn und seinen auffälligen Mangel an Talent nicht besonders.

B ☐ Sie will die hervorragenden Talente ihres Sohnes vor den anderen Müttern streng geheim halten.

C ☐ Sie möchte mit den beiden anderen Frauen nicht konkurrieren.

D ☐ Sie schätzt die positiven Eigenschaften ihres Sohnes, hält sie aber nicht für außergewöhnlich.

## Aufgabe 2

**Entschlüssele die Bildebene der Parabel. Übertrage dafür das Gesagte (linke Tabellenspalte) auf die gemeinten Eigenschaften im Wortspeicher. Schreibe in die rechte Spalte.** ☐ /4 Punkte

Hilfsbereitschaft • Stolz und Eitelkeit • Bescheidenheit • Egoismus

| **Gesagtes** (Text- bzw. Bildebene) | **Gemeintes** (übertragene Bedeutung = Sachebene) |
|---|---|
| lobende Mütter | |
| begabte Söhne | |
| nüchterne Mutter | |
| unauffälliger Sohn | |

## Aufgabe 3

**Erkläre die Funktion des alten Mannes in dieser Parabel. Kreuze die richtige Antwort an.** ☐ /1 Punkt

A ☐ Er ist der Erzähler der Geschichte.

B ☐ Er ist ein weiser Mann, der eine Lehre aus den Geschehnissen zieht.

C ☐ Er dominiert als Hauptfigur den Kern der Geschichte.

D ☐ Er vertritt als unbeteiligter Autor die Leserinnen und Leser.

## Aufgabe 4

**Zwei Schüler erklären, wie sie die Lehre der Parabel verstehen. Welche Erklärung überzeugt dich mehr? Begründe.** ☐ /3 Punkte

*Mika*
*Hilfsbereitschaft und Fürsorge sind für die Mitwelt von größerer Bedeutung als ein außerordentliches Talent, das nur mit sich selbst beschäftigt ist.*

*Paul*
*Außerordentlich talentierte Menschen können der Gesellschaft nützlich sein. Dafür müssen sie jedoch klug beraten werden.*

Steffi Unsleber

## Lasst die Jugendlichen in Ruhe!

1 Seit einer Woche diskutieren die Menschen in Deutschland darüber, ob man für Jugendliche ein Pflichtjahr nach der Schule einführen sollte – wahlweise in einer sozialen Einrichtung oder in der Bundeswehr. Erstaunlich viele progressive Menschen haben sich dafür ausgesprochen. Warum nur?

2 Natürlich hätte ein solches Pflichtjahr Vorteile. Pflichtdienste haben einen demokratisierenden Effekt: Alle müssen, denn alle sind gleich. Gleichzeitig würde der Fachkräftemangel in der Pflege abgefedert. Perfekt, oder? Sogar die Konservativen wären glücklich, denn das Nachwuchsproblem der Bundeswehr wäre gelöst. Aber wer die Freiheit eines Menschen so stark beschneiden will, dass er ihm für ein Jahr vorschreibt, wie er seine Zeit verbringen muss, der braucht einen sehr guten Grund dafür. Und so ein bisschen Gesellschaftszusammenhalt und Fachkräftemangel reichen da nicht aus. [...]

3 Dazu kommt: Erinnern sich denn all diese Menschen, die diese streberhaften Forderungen stellen, daran, wie es war, als sie selbst die Schule beendet hatten? Ich erinnere mich noch gut, denn es ist erst 11 Jahre her. Zum ersten Mal in meinem Leben war ich frei. Es war ein schwindelerregendes Gefühl. Ich wollte raus, das Leben und die Welt kennen lernen. Ich fuhr erst nach Osteuropa, dann nach Afrika. Wäre ich gezwungen gewesen, ein Jahr dranzuhängen, um in einem deutschen Pflegeheim oder bei der Bundeswehr zu arbeiten (der Gedanke scheint mir reichlich absurd) – ich hätte alles versucht, um dem zu entgehen. Obwohl ich gerne etwas Sinnvolles tun wollte. Aber ich wollte selbst entscheiden, was. So ging es auch meinen Freundinnen. Eine zog für ein Jahr nach Rumänien und betreute Kinder mit Behinderung, eine machte ein FSJ Kultur in Erlangen, eine kam mit mir nach Tansania, wo wir an einer Schule Englisch unterrichteten. Wir waren damals auf der Suche, denn wir wussten noch nicht, wer wir sind. Uns alle hat diese Zeit nach dem Abitur extrem geprägt. Meine Freundin in Rumänien arbeitet heute als Sozialarbeiterin mit Rumänen in Berlin, die Freundin, die das FSJ Kultur gemacht hat, ist bis heute in ihrer Einrichtung geblieben. Und ich habe immer noch Kontakt zu Menschen, die ich auf dieser ersten Reise nach Tansania kennen gelernt habe. [...]

4 Diese Zeit nach der Schule ist einmalig. Wir sind so empfänglich für Eindrücke wie vielleicht später nie mehr. Umso verheerender wäre es, diese Zeit auch noch zu reglementieren. Denn wer hätte schon die Muße, nach einem Jahr [...] noch ein weiteres, frei gewähltes Entdeckungsjahr irgendwo anders dranzuhängen?

5 Ich habe eine bessere Idee: Ein Freiwilligendienst sollte keine Pflicht sein, sondern ein Recht. Jeder aus der Europäischen Union sollte die Chance haben, einmal in seinem Leben so etwas zu tun, unabhängig vom Alter und vom Einkommen. Mit einer guten Organisation im Rücken, einem angemessenen Taschengeld. Und einem Sprachkurs zur Belohnung. Denn wichtiger als eine deutsche Gesellschaft, die zusammenwächst, ist die europäische. Erzwingen kann man das nicht. Aber man kann die besten Voraussetzungen dafür schaffen.

## Aufgabe 5

**Richtig oder falsch? Kreuze jeweils an, ob die Position der Autorin korrekt wiedergegeben wird.** /4 Punkte

| | richtig | falsch |
|---|---|---|
| A Ein soziales Pflichtjahr für Jugendliche nach der Schule ist sinnvoll. ..... | ☐ | ☐ |
| B Die Einführung eines Pflichtjahres muss sehr gut begründet sein. ....... | ☐ | ☐ |
| C Nach der Schule sollten Jugendliche in ihrer Entscheidung frei sein. ..... | ☐ | ☐ |
| D Das Recht auf einen Freiwilligendienst wäre eine gute Alternative. ...... | ☐ | ☐ |

## Aufgabe 6

**Beschreibe den Argumentationsaufbau, indem du die Funktion der einzelnen Absätze bestimmst. Ergänze die entsprechenden Absatznummern. Absatz ...** /5 Punkte

☐ erläutert die Antithese und entkräftet sie mit Blick auf Freiheitseinschränkungen.

☐ begründet die Einstellung der Autorin auf der Basis ihrer persönlichen Erlebnisse.

☐ plädiert für das Recht auf einen Freiwilligendienst.

☐ betont noch einmal, wie wichtig Entscheidungsfreiheit für die persönliche Entwicklung ist.

☐ verweist auf die Aktualität des Themas und stellt die Ausgangsfrage.

## Aufgabe 7

**Wie stützt die Autorin ihre eigene Position und wie schwächt sie die Gegenposition? Markiere in der folgenden Auswahl aufwertende Formulierungen grün und abwertende rot.** /6 Punkte

| | |
|---|---|
| A „die Freiheit [...] so stark beschneiden" (Z. 16 f.) | B „vorschreibt" (Z. 18 f.) |
| C „diese streberhaften Forderungen" (Z. 25 f.) | D „die Welt kennen lernen" (Z. 32) |
| E „Diese Zeit nach der Schule ist einmalig." (Z. 58) | F „Umso verheerender" (Z. 60 f.) |

## Aufgabe 8

**Welche Wirkungsabsicht verfolgt die Autorin durch die Verwendung rhetorischer Fragen? Lies das folgende Beispiel aus dem Text und kreuze dann an.** ☐ /1 Punkt

„Denn wer hätte schon die Muße, nach einem Jahr […] noch ein weiteres, frei gewähltes Entdeckungsjahr irgendwo anders dranzuhängen?" (Z. 62 ff.)

A ☐ Sie fordert ihre Leserinnen und Leser mit Nachdruck zum Handeln auf.

B ☐ Sie bezieht ihre Leserschaft mit ein und rechnet fest mit Zustimmung.

C ☐ Sie schürt Ängste, indem sie übertreibt und die Situation dramatisiert.

D ☐ Sie provoziert ihre Leserschaft durch ironische Anmerkungen.

## Aufgabe 9

**Handelt es sich insgesamt um einen informierenden oder um einen meinungsbildenden bzw. argumentierenden Text? Begründe deine Einschätzung.** ☐ /2 Punkte

______________________________

______________________________

______________________________

## Aufgabe 10

**Erkläre in deinem Heft, inwiefern sich dieses Säulendiagramm auf den Text beziehen lässt.** ☐ /4 Punkte

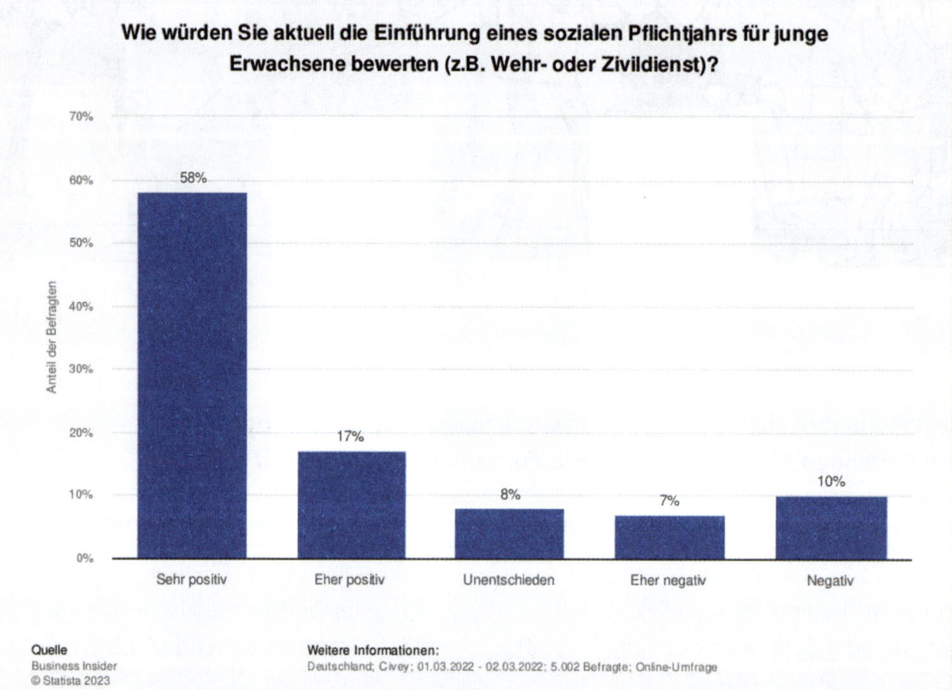

## B Wortbedeutung und Grammatik

### Aufgabe 11

**Prüfe Kasus und Numerus. Markiere Fehler und korrigiere sie in der Randspalte.** ☐ /8 Punkte

Vorsicht Fehler!

Ein Beweis dafür, dass Menschen soziale Wesen sind, leitet Forscherinnen und Forscher daraus ab, dass sie bereits in der Frühzeit in eine Sippe zusammengelebt haben. Ohne dieser Gemeinschaft wäre es schwierig geworden, auf die Jagd zu gehen und den Nachwuchs aufzuziehen. Fürsorge und Hilfsbereitschaft sind jedoch nicht nur zweckmäßig, sondern steigert auch das Ansehen, sodass die soziale Bindung des Menschen an die Gruppe von manchen auch als Egoismus betrachtet werden. Übrigens setzen auch Tiere ihr Leben für ihre Familie ein, jedoch nicht wegen dem Ansehen, sondern zum Schutz ihren Art.

### Aufgabe 12

**Verdeutliche die gedanklichen Zusammenhänge, indem du die inhaltlich richtigen Verknüpfungen unterstreichst.** ☐ /4 Punkte

Altruismus ist das Gegenteil von Egoismus, denn/aber/damit Altruismus bedeutet völlige Selbstlosigkeit. Egoismus obwohl/trotzdem/dagegen heißt, die eigenen Interessen in den Mittelpunkt zu stellen. Vielmehr/Jedoch/Deswegen ist auch altruistisches Verhalten nicht immer selbstlos. Es ist nur scheinbar altruistisch, nachdem/sodass/wenn es um nichts anderes als die Anerkennung in der eigenen Gruppe geht.

## Aufgabe 13

**Die folgenden Sätze sind unübersichtlich und daher schwer zu verstehen. Bestimme jeweils die Art des Fehlers. Notiere dafür vor den Sätzen** ☐ /3 Punkte
- **ein A für eine lange Wortgruppe zwischen zwei Teilen eines Prädikats,**
- **ein B für einen Schachtelsatz,**
- **ein C für ein umfangreiches vorangestelltes Attribut.**

☐ Ein typisches Beispiel für altruistisches Verhalten ist ein ehrenamtliches Engagement, sei es im Altenheim oder im Sportverein, da ehrenamtliches Engagement unentgeltlich ist und darauf basiert, dass die ehrenamtlichen Helferinnen und Helfer, die ganz verschiedenen Altersgruppen angehören, in ihrer Freizeit tätig sind.

☐ Allerdings muss man diese von vielen als höchstes und erstrebenswertestes Ziel verstandene Freizeit nicht automatisch als Zeit zum Faulenzen begreifen.

☐ Wenn sie für ihre Arbeit wertgeschätzt werden, fällt es den in Schulen, Sportvereinen oder zum Beispiel bei der Tafel tätigen Ehrenamtlern häufig nicht schwer, ihre Freizeit zu opfern.

## Aufgabe 14

**Formuliere abwechslungsreich. Notiere dafür auf den Linien hinter den markierten Wörtern geeignete Synonyme. Die Zahlen geben an, wie viele Synonyme du finden sollst.** ☐ /10 Punkte

Viele große (1) ____________ Philosophen sagten (1) ____________,

der Mensch sei ein selbstbezogener (1) ____________ Einzelgänger.

Dass er mit anderen zusammenlebe, geschehe nur, um die eigene Existenz zu garantieren (1) ____________

____________. Dieser Meinung ist von der Forschung allerdings auch widersprochen worden.

Psychologen etwa heben hervor (2) ____________ ____________

____________, dass es für Menschen sehr (2) ____________

wichtig ist, in einer Gruppe (1) ____________ zu

leben (1) ____________, um psychisch gesund zu bleiben.

## C Rechtschreibung

### Aufgabe 15

**Unterstreiche falsch geschriebene Wörter und verbessere sie in der Randspalte.** ☐ /9 Punkte

Achtung Fehler!

Wir alle sollten im Alltag zusammen halten und aufmerksamsein wenn es um unsere Mitmenschen geht. Es gibt viele Gründe dafür anderen etwas gutes zu tun. Mäzene die Künstler und Künstlerinnen finanzieren ohne eine direkte Gegenleistung zu erwarten sind ein interessantes Beispiel dafür. Ohne ihre groß zügigen Spenden könnten viele Kunstwerke garnicht entstehen. Das reiche Privatpersonen viele Abermillionen Spenden muss aber nicht immer auf Altruismus beruhen. Manche setzen sich Kraft ihres Geldes auch selbst ein Denk mal.

### Aufgabe 16

**Im Text fehlen alle Kommas. Ergänze sie.** ☐ /7 Punkte

### Aufgabe 17

***das* oder *dass*? Kreise die jeweils richtige Schreibung ein.** ☐ /6 Punkte

Auch das/dass Sponsoring ist eine gängige Form der Unterstützung. Es sollte jedoch jedem klar sein, das/dass Sponsoring eine Marketingmaßnahme großer Firmen ist. Das/Dass ist die Idee dahinter: Als Gegenleistung für das/dass Geld, das/dass der Sponsor gibt, erwartet er, das/dass sein Produkt oder das/dass sein Firmenlogo öffentlichkeitswirksam präsentiert wird.

# D Materialgestützt eine Pro-und-Kontra-Erörterung schreiben

### Aufgabe 18

**In einem Projekt zur Frage „Wie geht es nach der Schule weiter?“ beschäftigt ihr euch mit „Freiwilligendiensten“. Verfasse als Diskussionsgrundlage einen Beitrag, in dem du erörterst, was für einen Freiwilligendienst (pro) und was dagegen (kontra) spricht.**
**Ziehe dann ein Fazit, indem du eine Empfehlung abgibst. Die Materialien M1 bis M4 (▶ S. 102–103) helfen dir, überzeugende Argumente zu finden und diese zu stützen.**

☐ / 25 Punkte

**M1**

## Christiane Bertelsmann: Freiwilliges Soziales Jahr – viele Varianten

Heute entscheiden sich pro Jahr etwa 100 000 Menschen für einen Freiwilligendienst – nicht nur im sozialen Bereich, also dem klassischen FSJ, sondern auch in der Denkmalpflege, im Sport, in Theatern oder Heimatmuseen (FSJ Kultur) oder für ein Freiwilliges Ökologisches Jahr (FÖJ), das es seit 1993 gibt. Mit dem Aussetzen der Wehrpflicht und damit auch des Zivildienstes kam 2011 der Bundesfreiwilligendienst (BFD) dazu. Er steht im Gegensatz zum FSJ auch Menschen offen, die älter als 27 sind. Noch relativ neu sind seit 2009 das FSJ Politik und das seit 2007 existierende FSJ Schule. [...] Bezahlt wird der Freiwilligendienst mit einem Taschengeld, die Obergrenze liegt hier bei derzeit 390 Euro pro Monat. Die Kindergeldzahlung läuft weiter. Zum einjährigen FSJ gehört ein pädagogisches Programm mit Workshops und Seminaren über insgesamt 25 Tage. Übrigens gilt bei den Freiwilligendiensten die sogenannte Arbeitsmarktneutralität: Freiwillige sind kein Ersatz für reguläre Arbeitskräfte, sondern gelten als unterstützende zusätzliche Hilfskräfte.

**M2**

## „Tolle Momente. Spannende Aufgaben. Viel Spaß.“ – Das ist ein FSJ!

**EINSZUEINS:** Warum habt ihr beiden euch für ein FSJ entschieden?

**Celine Kürten:** Nach der Schule wollte ich erst etwas Praktisches machen und nicht direkt studieren. Ich wollte schon immer etwas mit Sport machen und neue Erfahrungen sammeln. Da ich bereits seit vielen Jahren Fußball spiele, war sofort klar: Wenn ich ein FSJ mache, dann im Sport. Durch unseren Vereinsvorsitzenden bin ich dann auf den Freiwilligendienst im Sport und die Stelle beim Fußballkreis Düren aufmerksam geworden.

**Alexander Nüsser:** Ich habe über Freunde bereits ein paar Jahre vor meinem Abitur vom Freiwilligendienst im Sport erfahren. Ich habe mich dann über das Stellenportal der Sportjugend erkundigt und bin somit auf den Fußballkreis Düren gestoßen. Ich war überzeugt davon, dort wichtige Erfahrungen im sozialen Bereich sammeln zu dürfen und davon zu profitieren. [...]

**EINSZUEINS:** Warum engagiert ihr euch im Ehrenamt?

**Nüsser:** Ganz einfach. Es bereitet mir Freude. Ich habe mich selbst als Kind sehr über junge Trainer/-innen gefreut und daher möchte ich das zurückgeben.

**Kürten:** Mir macht es ebenso Spaß, mit Kindern zu arbeiten. In meiner Kindheit hatte ich tolle Momente mit meinen Trainern und Trainerinnen. Dieses Glück möchte ich weitergeben und auch die Möglichkeiten bei mir im Dorf erweitern. Zudem will ich den Mädchenfußball unterstützen und Mädchen für den Fußball begeistern. [...]

M3

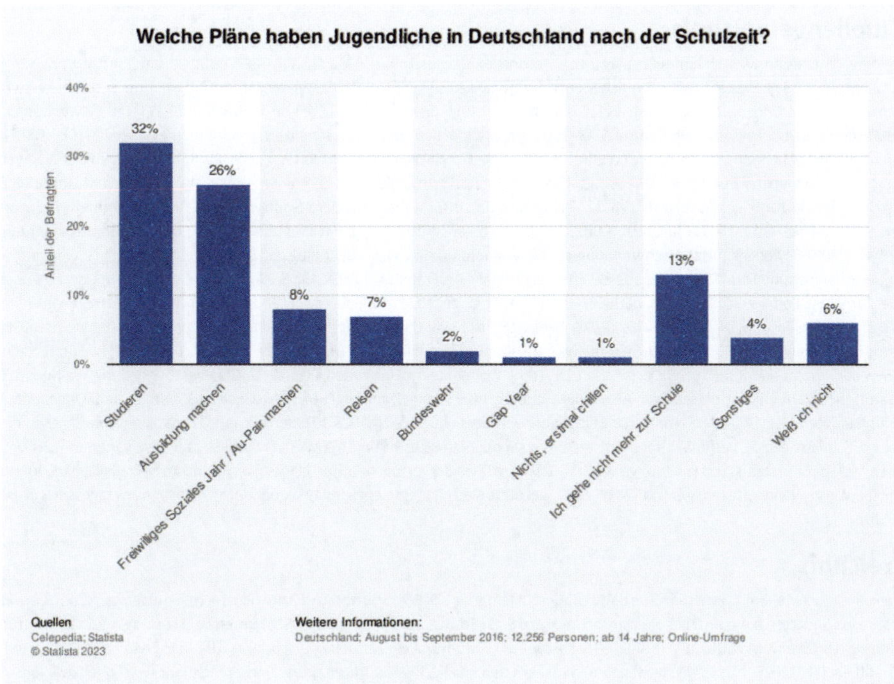


M4

## Annette Kögel / Erik Milas: Bundesfreiwilligendienst – wieso jeder Dritte ihn abbricht

Sie sind in Kiezküchen tätig, engagieren sich für Menschen mit Behinderungen oder pflegen ökologisch wertvolle Biotope: die „Bufdis“, das sind die Teilnehmerinnen oder Teilnehmer am Bundesfreiwilligendienst (BFD). [...] Doch jetzt gibt eine Entwicklung vielen Beteiligten Anlass zur Besorgnis: Nach aktuellen Angaben der Bundesregierung hört rund ein Drittel der jungen Männer und Frauen mit dem Bufdi-Dienst vorzeitig wieder auf. Aber warum?

„Ich habe auch überlegt, abzubrechen“, sagt Sheana Gabriel. Die junge Frau absolviert ihren BFD an einer Schule in Nordrhein-Westfalen und fühlt sich prinzipiell wohl, wie sie dieser Zeitung berichtet. Die ihrer Schilderung nach aber schlechte Organisation bedeute jedoch viel Stress: „Ich werde in mehreren Bereichen dringend gebraucht und kann mich dadurch schlecht auf eine Sache einlassen. Man ist ein Springer“, beschwert sich die 20-Jährige. Schlecht für die motivierte junge Frau, ungünstig für die Einsatzstelle und auch wenig vorteilhaft für die Kinder und Jugendlichen, die möglicherweise wechselnde Ansprechpartner haben. [...]

Heidi Wagner absolvierte 2017 einen BFD in einer Kita in Berlin. Sie fand die Arbeit mit den Kindern bereichernd – auf Seminaren hörte sie aber oft Beschwerden der anderen Freiwilligen: keine gute Einarbeitung, kein Lerneffekt, keine konkrete Aufgabenbeschreibung – das seien Gründe, warum sich manche alleingelassen fühlen. [...]

Jaana Eichhorn von der Deutschen Sportjugend im Deutschen Olympischen Sportbund macht auf einen anderen Punkt aufmerksam: „Unser BFD geht bis zum 31. August – und viele fangen ihre Ausbildung bereits am 1. August an.“ Andere möchten vor dem Studienbeginn die Sommermonate noch gerne zum Reisen nutzen, auch das sei aus der Perspektive der Bufdis verständlich. [...]

# Deutschbuch

Gymnasium

## Autoren- und Quellenverzeichnis

**S. 6–7:** Staltner, Lisa: Nachgefragt: Was steckt wirklich hinter Cosplay und Rollenspielen? (gekürzt). Nach: Magazin „Miss". Verfügbar unter: https://www.miss.at/nachgefragt-was-steckt-hinter-cosplay-und-rollenspielen/. **S. 8:** Warum verkleiden sich Menschen? [04.03.2019] (gekürzt). Nach: Wissen.de. Verfügbar unter: https://www.wissen.de/karneval-warum-verkleiden-sich-menschen. **S. 9:** Wahl, Christin: Schöne bunte Cosplay-Welt [02.06.2014] (gekürzt). Nach: Welt.de. Verfügbar unter: https://www.welt.de/print/welt_kompakt/print_lifestyle/article128619233/Schoene-bunte-Cosplay-Welt.html. **S. 18–19:** Demirci, Katja: Krempel „zu verschenken" – Behaltet euren Scheiß! [08.10.2017] (gekürzt). Nach: Tagesspiegel.de. Verfügbar unter: https://www.tagesspiegel.de/berlin/behaltet-euren-scheiss-6121804.html. **S. 23:** Hertling, Jens: Containern: Gegen das Wegwerfen [17.02.2019] (gekürzt). Nach: Lebensmittelpraxis.de. Verfügbar unter: https://lebensmittelpraxis.de/hersteller-mobile/26113-containern-gegen-das-wegwerfen.html. **S. 24:** Steffen, Till: Strafrecht sollte immer das letzte Mittel sein [04.06.2019] (gekürzt). Nach: Zeit.de. Verfügbar unter: https://www.zeit.de/die-antwort/2019-06/lebensmittelverschwendung-containern-zero-waste-essen-nachhaltigkeit. **S. 24:** Franzke, Amna; Frisse, Juliane u. Kainz, Constanze: Lebensmittel spenden wir an Tafeln [04.06.2019] (gekürzt). Nach: Zeit.de. Verfügbar unter: https://www.zeit.de/die-antwort/2019-06/lebensmittelverschwendung-containern-zero-waste-essen-nachhaltigkeit. **S. 28:** Brecht, Bertolt: In Erwartung großer Stürme. In: Bertolt Brecht. Große kommentierte Berliner und Frankfurter Ausgabe, Bd. 19. Suhrkamp Verlag, Frankfurt 1997, S. 437. **S. 32:** Weerth, Georg: Die hundert Männer von Haswell. In: Conrady, Das Buch der Gedichte. Cornelsen, Berlin 1996. **S. 36–37:** Goethe, Johann Wolfgang: Faust. Der Tragödie erster Teil. Hrsg. von Wolf Dieter Hellberg. Philipp Reclam jun., Stuttgart 2022, S. 17–19. **S. 42–43:** Brinkmann, Bastian: Digital Detox [02.11.2019] (gekürzt). Nach: Süddeutsche.de. Verfügbar unter: https://www.sueddeutsche.de/digital/digital-detox-es-liegt-nicht-nur-am-handy-1.4414919. **S. 48–49:** Steinmeier, Frank-Walter: Demokratie und Digitale Öffentlichkeit [01.03.2021] (gekürzt). Nach: Bundespräsident.de. Verfügbar unter: https://www.bundespraesident.de/SharedDocs/Reden/DE/Frank-Walter-Steinmeier/Reden/2023/01/230125-Verabschiedung-Wollseifer-ZDH.html. **S. 94:** Tolstoj, Leo N.: Die drei Söhne. In: Sämtliche Erzählungen. Übersetzt von Alexander Eliasberg. Insel Verlag, Frankfurt 1961. **S. 96:** Unsleber, Steffi: Lasst die Jugendlichen in Ruhe! [11.08.2018] (gekürzt). Nach: Taz.de. Verfügbar unter: https://taz.de/Kommentar-Pflichtjahr-nach-der-Schule/!5524511/. **S. 102:** Bertelsmann, Christiane: Freiwilliges Soziales Jahr – Viele Varianten [15.03.2018] (gekürzt). Nach: Süddeutsche.de. Verfügbar unter: https://www.sueddeutsche.de/karriere/freiwilliges-soziales-jahr-viele-varianten-1.3902454. **S. 102:** „Tolle Momente. Spannende Aufgaben. Viel Spaß!" – Das ist das FSJ! Interview. (gekürzt). Nach: Fvm.de. Verfügbar unter: https://www.fvm.de/fsj-freiwillige/. **S. 103:** Kögel, Annette u. Milas, Erik: Bundesfreiwilligendienst – Wieso jeder Dritte ihn abbricht [24.05.2018] (gekürzt). Nach: Tagesspiegel.de. Verfügbar unter: https://www.tagesspiegel.de/berlin/wieso-jeder-dritte-ihn-abbricht-8425765.html.

## Bildquellenverzeichnis

**Cover:** Shutterstock.com/bekulnis (Buchstaben), Cornelsen/Christiane Grauert (Illustration); **S. 6: li.** Shutterstock.com/Piyato, **re.** Shutterstock.com/guruXOX; **S 8: li.** Shutterstock.com/Andre Luiz Moreira, **re.** Shutterstock.com/Nicholas Simon Jackson; **S. 15:** Shutterstock/AJR_photo; **S. 23 unten u. 25:** Bundesministerium für Ernährung und Landwirtschaft (BMEL); **S. 98:** Business Insider (2. März 2022). Wie würden Sie aktuell die Einführung eines sozialen Pflichtjahrs für junge Erwachsene bewerten (z.B. Wehr- oder Zivildienst)? © Statista 2023 (Zugriff am 09.10.2023, https://de.statista.com/statistik/daten/studie/1294660/umfrage/soziales-pflichtjahr-wehr-oder-zivildienst/); **S. 103:** Celepedia & Statista (3. November 2016). Welche Pläne haben Jugendliche in Deutschland nach der Schulzeit? © Statista 2023 (Zugriff am 09.10.2023, https://de.statista.com/statistik/daten/studie/627990/umfrage/umfrage-was-die-generation-z-nach-der-schule-machen-will-in-deutschland-2016/); **S. 104:** PEFC Deutschland e.V.

Redaktion: Christian Köpcke, Hamburg

Illustrationen:
Nils Fliegner, Hamburg: S. 13, 16–23 oben, 24, 54–74
Christiane Grauert, Milwaukee (USA): S. 4, 10, 28–51, 94–97, 99–100
Uta Bettzieche, Leipzig: 76–91

Umschlaggestaltung: Corinna Babylon und Jule Kienecker (Berlin) unter Verwendung eines Fotos von Shutterstock/bekulnis und einer Illustration von Christiane Grauert (Milwaukee/USA)

Layout: werkstatt für gebrauchsgrafik, Berlin
Technische Umsetzung: Reemers Publishing Services GmbH, Krefeld

**www.cornelsen.de**



Druck: Drukarnia Dimograf Sp. z o.o., Bielsko-Biała

**Ausgabe ohne interaktive Übungen**
1. Auflage, 2. Druck 2026
ISBN 978-3-06-200112-3

**Ausgabe mit interaktiven Übungen**
1. Auflage, 1. Druck 2024
ISBN 978-3-06-200117-8

PEFC
PEFC/32-31-076
**PEFC-zertifiziert**
Dieses Produkt stammt aus nachhaltig bewirtschafteten Wäldern und kontrollierten Quellen
www.pefc.pl